MARCO POLO

Jetzt ist Wochenende!

100 Kurztrips in & um Deutschland

DAS BESTE ZUERST

Highlight-Ziele **4**
Best of am Wasser **6**
Best of Aktivität **8**
Best of Stadt & Kultur **10**
Best of im Grünen **12**

Die Wochenend-Ziele

Im Norden

- **01** Leeuwarden **18**
- **02** Groningen **20**
- **03** Norddeich mit Juist & Norderney **22**
- **04** Leer & Emden **24**
- **05** Carolinensiel & Wangerooge **26**
- **06** Ribe & der Nationalpark Vadehavet **28**
- **07** Sylt **30**
- **08** Amrum **32**
- **09** St. Peter-Ording **34**
- **10** Flensburg **36**
- **11** Cuxhaven **38**
- **12** Bremen **40**
- **13** Kiel **42**
- ★ **14** Hamburg **44**
- **15** Lüneburg & die Heide **46**
- **16** Lübeck & Travemünde **48**
- **17** Fehmarn **50**
- **18** Kopenhagen **52**
- **19** Wismar **54**
- **20** Schwerin **56**
- **21** Rostock **58**
- **22** Ahrenshoop **60**
- **23** Stralsund **62**
- **24** Rügen **64**
- ★ **25** Usedom **66**
- **26** Waren & die Müritz **68**
- **27** Neustrelitz & Feldberger Seen **70**
- **28** Nationalpark Wollin **72**
- **29** Stettin **74**

Im Westen

- **30** Bergen **80**
- **31** Zwolle **82**
- **32** Amsterdam **84**
- **33** Den Haag **86**
- **34** Domburg **88**
- **35** Brügge **90**
- ★ **36** Brüssel **92**
- **37** Münster & das Münsterland **94**
- **38** Essen **96**
- **39** Düsseldorf **98**
- **40** Köln **100**
- **41** Winterberg & das Sauerland **102**
- **42** Marburg **104**
- ★ **43** Monschau & der Nationalpark Eifel **106**
- **44** Vulkaneifel **108**
- **45** Koblenz & Umgebung **110**
- **46** Frankfurt **112**
- **47** Cochem & Burg Eltz **114**
- **48** Trier **116**
- **49** Luxemburg **118**

In der Mitte & im Osten

- 50 Hannover **124**
- 51 Kassel **126**
- 52 Goslar & der Brocken **128**
- 53 Quedlinburg & das Bodetal **130**
- 54 Potsdam **132**
- ★ 55 Berlin **134**
- 56 Lübbenau & der Spreewald **136**
- 57 Posen **138**
- 58 Breslau **140**
- 59 Leipzig **142**
- 60 Eisenach **144**
- 61 Weimar **146**
- 62 Dresden **148**
- ★ 63 Sächsische Schweiz **150**
- 64 Frankenwald **152**
- 65 Coburg **154**
- 66 Würzburg **156**
- 67 Bamberg **158**
- 68 Fichtelgebirge **160**
- 69 Karlsbad **162**
- 70 Pilsen **164**
- ★ 71 Prag **166**

Im Süden

- 72 Kaiserslautern & der Pfälzerwald **172**
- 73 Heidelberg **174**
- ★ 74 Straßburg **176**
- 75 Colmar **178**
- 76 Basel **180**
- 77 Bern **182**
- 78 Freiburg **184**
- 79 Die Feldbergregion **186**
- 80 Bad Wildbad & Calw **188**
- 81 Stuttgart **190**
- 82 Tübingen **192**
- ★ 83 Sigmaringen & die Schwäbische Alb **194**
- 84 Konstanz & die Reichenau **196**
- 85 Bregenz & der Bregenzerwald **198**
- 86 Montafon **200**
- ★ 87 Engadin **202**
- 88 Immenstadt & Oberstdorf **204**
- 89 Lechtal **206**
- 90 Füssen **208**
- 91 Innsbruck & das Stubaital **210**
- 92 Ammersee **212**
- 93 Augsburg **214**
- 94 Nürnberg **216**
- 95 Regensburg **218**
- 96 München **220**
- 97 Königssee **222**
- 98 Salzburg **224**
- 99 Passau **226**
- 100 Wien **228**

ZU GUTER LETZT

Register **230**
Impressum **231**
Lifehacks für den Kurzurlaub **232**

★ HIGHLIGHT-ZIELE

★ 14 Hamburg
„Tor zur Welt", den Namen verdankt die Hansestadt ihrem Hafen, weltoffen und bunt ist auch das Treiben an Alster, Reeperbahn und Elbchaussee.
▶ S. 44

★ 25 Usedom
Ruhe und frische Luft erwarten dich an traumhaften Stränden, in traditionsreichen Seebädern und im naturbelassenen Hinterland.
▶ S. 66

★ 36 Brüssel
Die kulturelle Vielfalt der EU-Hauptstadt zieht Freunde alter Kunst und Jugendstilkenner ebenso an wie Comicfans und Pommestester.
▶ S. 92

★ 43 Monschau & Nationalpark Eifel
Nach der Rursee-Radtour geht's ins mittelalterliche Fachwerkstädtchen.
▶ S. 106

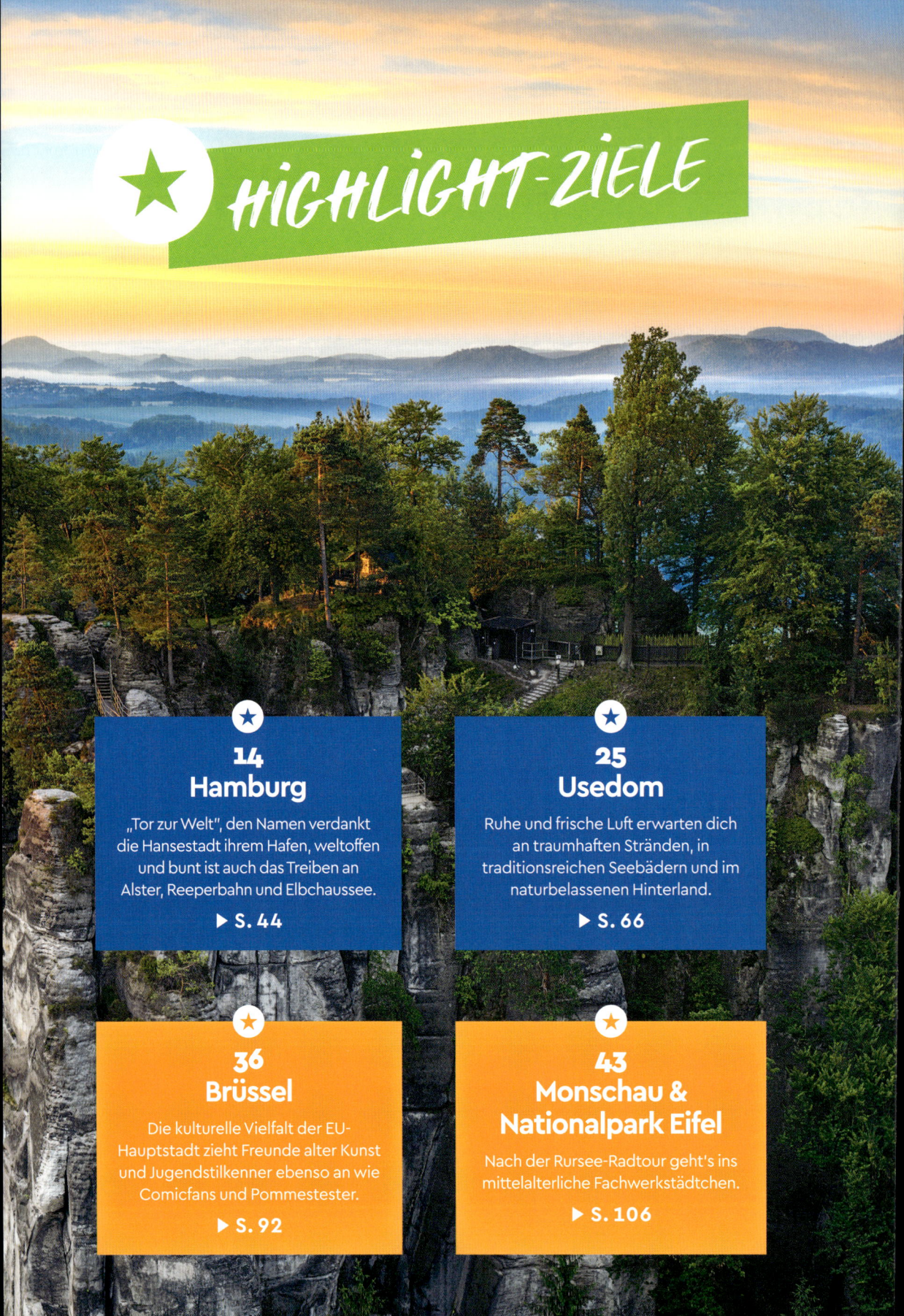

55
Berlin
Pulsierend und trendig erfindet sich Deutschlands Hauptstadt immer wieder neu. Neben aller Avantgarde gibt's aber auch genug Geschichte.
▶ S. 134

63
Sächsische Schweiz
Zu Recht viel gemalt: das Elbsandsteingebirge mit spektakulären Tafelbergen, wilden Schluchten und bizarren Felsgebilden (Foto).
▶ S. 150

71
Prag
Schon im Mittelalter wurde die Kaiserstadt mit ihrer mächtigen Burg und ihren zahllosen glänzenden Turmspitzen „die Goldene" genannt.
▶ S. 166

74
Straßburg
Als unübersehbares Wahrzeichen thront das gotische Münster über den Fachwerkgassen der „Großen Insel" zwischen Fluss und Kanal.
▶ S. 176

84
Konstanz & die Reichenau
Kunst, Kultur und Genuss prägen Stadt und Insel am Bodensee.
▶ S. 196

87
Engadin
Zum Niederknien schön! Im Schweizer Hochtal ist der Himmel zum Greifen nah, das Seenplateau glitzert, der Inn rauscht wild.
▶ S. 202

Best of Am Wasser

SPREEWALDKAPITÄN
Sanfte Uferböschungen, weite Auenlandschaften, dichte Wälder warten darauf, von dir mit dem Boot entdeckt zu werden

Für Farbensammler

Wenn du im UNESCO-Biosphärenreservat **Spreewald** mit dem Kanu durchs weit verzweigte Netz aus Fließen paddelst und sich die Bäume und Büsche im Wasser spiegeln, werden dir Grüntöne begegnen, die dir vielleicht bisher noch unbekannt waren: Paradiesgrün, Savonagrün, Hopfengrün, Peridotgrün, Absinthgrün ... und natürlich Gurkengrün. Auch beim Radeln rund um **Lübbenau** heißt es Augen auf, vor allem im romantischen Ortsteil Lehde, laut Fontane eine „Lagunenstadt im Taschenformat", in der alle Häuser eigene Kahnanlegestellen haben. Nicht zu übersehen sind deine Mitschwimmer im Schwimmbad Spreewelten: Nur durch eine Glasscheibe getrennt taucht neben dir eine ganze Schar von Humboldt-Pinguinen. Ganz schlicht in Schwarz-Weiß. ▶ S. 136

Für Meerluft-Atmer

Tief einatmen – und wieder aus! Sonne, Wind und salzhaltige Luft tun dem Körper einfach gut. Das merkst du beim Spaziergang über den breiten Strand hinter den Dünen von **Domburg**. Nicht ohne Grund ist Zeelands erster Badeort seit fast 200 Jahren auch als Kurbad beliebt. Das mondäne Seebad lockte mit seinen schicken Villen und dem stilvollen Badepavillon nicht nur wohlhabende Bürger und den europäischen Adel an, sondern auch Künstler wie Piet Mondrian, die sich vom „zeeländischen Licht" und bizarr geformten Bäumen im Naturschutzgebiet De Manteling inspirieren ließen. ▶ S. 88

Für Dünenliebhaber

Amrum ist das klassische Ziel für Wiederholungstäter. Wer einmal von der Aussichtsplattform Himmelsleiter über den schier endlosen Strand geschaut hat, ist dem Sog der nordfriesischen Wohlfühlinsel verfallen. Wer hier sonst noch so lebt, erfährst du im Naturzentrum. Ihr Übriges tun Leuchttürme und alte Mühlen, Reetdachhäuser und entzückende Rosengärten, damit du dein Amrum-Abo unterschreibst: Strandkorb auf Lebenszeit angemietet! ▶ S. 32

Für Wattwater

Wer nach **Norddeich** kommt und von dort vielleicht auf die Inseln **Juist** oder **Norderney** weiterreist, wird schnell merken, dass kein Weg am Watt vorbeiführt. Ihr könnt das UNESCO-Weltnaturerbe mit den Füßen im Matsch und dem Kescher in der Hand erkunden oder auch bei einer Führung durchs Nationalpark-Besucherzentrum Watt Welten auf Norderney. Zum Leben im Watt gehören natürlich auch die Robben, die man in der Seehundstation Nationalparkhaus in Norddeich beobachten kann. ▶ S. 22

Für Naturgenießer

Wieso kommt man zum **Ammersee**? Natürlich wegen der tollen Natur, z. B. im Feuchtgebiet Vogelfreistätte Ammersee, in dem man 300 verschiedene Vogelarten beobachten kann. Und wegen der Sportmöglichkeiten im oder auf dem Wasser oder beim Klettern im Hochseilgarten. Ein Grund mehr ist der weite Himmel, den überm See verwunschene Wolkenformationen bespielen. Eine Stippvisite im Kloster Andechs bringt kulturelle Abwechslung und der Einkauf im Klosterladen Häkchen auf der Mitbringsselliste. Zeitreise gewünscht? Dann ab zum Hof Noll, um das Fünfseenland per Pferdekutsche oder -schlitten zu erkunden. ▶ S. 212

JEDERZEIT
Noderney taugt auch als Winterziel: Dann kannst du hier in aller Ruhe die Seele baumeln lassen

Best of AKTIVITÄT

GIPFELGLÜCK
Die Landschaft rund um den smaragdgrünen Königssee ist aus verschiedenen Gründen atemberaubend

Für Waghalsige

Wow! Am **Königssee** wirst du aus dem Staunen nicht herauskommen: Die einzigartige Bergkulisse verspricht großartige Ausblicke und fantastische Naturerlebnisse. Wer sich bei einer Wanderung rund um das Alpenjuwel auspowern will, sollte genügend Fitness mitbringen, schwindelfrei und trittsicher sein. Aber keine Sorge, du kannst von der Mehrtagestour durch den Nationalpark Berchtesgaden auch einfach nur ein Teilstück wandern und für den Rückweg bequem das Boot nehmen. Oder du startest dein Sportprogramm mit einem Ausflug auf leicht begehbaren Holzstegen durch die spektakuläre Wimbachklamm. Einen extra Adrenalinkick bescheren dir der Paragliding-Flug über den König der Seen oder die rasende Fahrt im Rennbob die Kunsteisbahn bei Berchtesgaden hinab. ▶ **S. 222**

Für Unersättliche

Mit Weitblick wandern, im See baden, auf der Riesenrutsche jauchzen, mit dem Mountainbike den Berg runterrasen, auf dem Trampolin neue Tricks ausprobieren, beim Hochseilklettern die Luft anhalten, neue Rodel- oder Skirekorde aufstellen – du willst dich nicht entscheiden, sondern das volle Programm. Dann ist die **Feldbergregion** im Hochschwarzwald dein Ziel. In der Naturlandschaft rund um den höchsten Gipfel Baden-Württembergs kannst du aber auch einfach nur tief durchatmen und bei der Tour mit dem Revierförster durch den Tannenwald Biber und Auerhahn „Gute Nacht" sagen. ▶ S. 186

Für Actionfans

Bitte Platz nehmen und gut anschnallen! Denn der original Taxi-Viererbob jagt mit bis zu 130 km/h durch den Eiskanal in **Winterberg,** eine der schnellsten und modernsten Kunsteisbahnen Europas. Der Nervenkitzel bei der Fahrt durch die Bobröhre dauert zwar nur etwa 60 Sekunden, aber das Erlebnis wird dir garantiert lange in Erinnerung bleiben. Das **Sauerland** mit seiner Skiarena ist aber nicht nur ein beliebtes Ziel für Wintersportler, sondern hat mit attraktiven Wander- und Radstrecken sowie einer Sommerrodelbahn, einem Downhill-Bikepark und dem Freizeitpark Fort Fun rund ums Jahr viel zu bieten. ▶ S. 102

Für Versteckspieler

Wo geht's lang? Durch diese schmale Schlucht oder doch eher um den riesigen Felsbrocken herum? Das fragt man sich in Europas größtem Felsenlabyrinth mitten im **Fichtelgebirge.** Aber am Ende findet jeder einen Ausweg aus dem 300 Millionen Jahre alten Granitsteinmeer. Schließlich warten ja noch der Ziplinepark, das Silberbergwerk und je nach Jahreszeit eine Bootstour samt Köpper in den Fichtelsee oder Skipiste und Alpine Coaster auf dich. ▶ S. 160

Für Mit-dem-Wind-Wegflieger

Wind und Wellen bescheren **St. Peter-Ording** in Kombination mit dem megabreiten Strand ein ideales Revier für Kitesurfer und andere Wassersportler. Wenn das Meer dir mal zu wild wird, ist ein Besuch in der Dünen-Therme angesagt, wo sich Erholung ganz von selbst einstellt. Aber mit den Seehunden im Robbarium des Westküstenparks musst du natürlich auch noch Freundschaft schließen. ▶ S. 34

MEISTERRINGEN
Nicht ohne Grund ist St. Peter-Ording Austragungsort der Multivan Kitesurf Masters

TRADITIONSMEILE
Seit rund 600 Jahren kann man in Leipzigs Nikolaistraße shoppen

Best of
STADT & KULTUR

Für Grenzüberschreiter

Typisch für **Leipzig** ist, dass hier Tiefgründiges und Populäres nebeneinander Bestand haben. So gehört zur frühjährlichen Buchmesse eine Literaturparty, die Lit-Pop, auf der bewusst ein wilder Genre-Mix zwischen Wissenschaft, Zeitgeschehen, Politik, Livestyle und Pop-Kultur gefeiert wird. Auch in Sachen Musik zeigt sich Leipzig extrem vielfältig: Klassikfreunde geben sich im Juni zum Bachfest ein Stelldichein, zum Wave-Gotik-Treffen zu Pfingsten bevölkern Horden fantasievoller Menschen in schwarzen Gewändern die Stadt. Ein weiterer Beweis für Leipzigs Crossover-Kultur ist die Spinnerei, ein Kulturort in einer ehemaligen Fabrikstadt, in der Konzeptkunst und Fotografie, Architektur und Design, Tanz und Theater, Druckerei und Kino sich gegenseitig befruchten. ▶ S. 142

Für Entdecker

Reisen bildet. In **Bremen** geht's im Übersee-Museum in Gedankenreise auf ferne Kontinente, in fremde Lebensräume. Im Science Center Universum lernst du ganz spielerisch an interaktiven Exponaten, wie ein Erdbeben entsteht oder wie Schwerkraft wirkt. Aber natürlich ist die alte Hansestadt auch eine Handelsstadt und ein kreativer Hot-Spot, so stößt man beim Bummel durchs Multikulti-Viertel Ostertor immer wieder auf neue Boutiquen und alternative Ateliers. ▶ S. 40

Für Überflieger

Ein magisches Flair liegt über **Amsterdam**, wenn abends die Lichter an den unzähligen Brücken und in den legendären Grachtenhäusern angehen, um sich im Wasser zu spiegeln. Mit etwas Abstand betrachtest du das historische Zentrum und den pulsierenden Hafen vom Aussichtsdeck A'dam Lookout, das mit Sitzsäcken zum Träumen einlädt. Oder mit Nervenkitzel und Kribbeln im Bauch aus 100 m Höhe von Europas höchster Schaukel „Over the Edge" aus. ▶ S. 84

Für Kunstliebhaber

Düsseldorf ist stilbildend: Nicht nur was edles Mode-Shopping auf der Kö angeht, sondern auch mit Blick auf die Kunstakademie, an der so renommierte Künstler wie Joseph Beuys und Gerhard Richter gelehrt haben. Ebenso weltberühmt ist die vom Ehepaar Becher begründete Düsseldorfer Fotoschule. Kein Zufall also, dass es neben K21, Kunstpalast und NRW Forum eine ganze Handvoll weiterer Museen gibt, die dich den künstlerischen Puls der Zeit spüren lassen. Und Architekturfans dürfen den Neuen Zollhof, Frank Gehrys bewegten Gebäudekomplex am Medienhafen, nicht verpassen. ▶ S. 98

Für Kosmopoliten

Weltoffenheit und kulturelle Vielfalt prägen die kleine Weltstadt **Basel**, kein Wunder bei der Lage mitten im Dreiländereck Deutschland-Frankreich-Schweiz, wo grenzüberschreitende Kontakte zur Tagesordnung gehören. So spazierst du von der Schweizer Fondation Beyeler auf dem Rehberger Kunstweg durch die Weinberge bis zum deutschen Vitra-Design-Museum in Weil am Rhein. Zurück kannst du die Fähre nehmen und den Abend in einem der Cafés oder Restaurants auf der trendigen Kleinbasler Seite ausklingen zu lassen. ▶ S. 180

NERVENKITZEL
„Over the Edge" nennt sich Europas höchste Schaukel über dem Hafen von Amsterdam

Best of
IM GRÜNEN

WEITBLICK
Die Nebelhornbahn gondelt dich von Oberstdorf hinauf in alpine Höhen

Für Heidi-Fans

Am rauschenden Wasserfall stehen, im Alpsee baden gehen, den Sonnenuntergang in den Bergen oder die Aussicht von der Nebelhornbahn genießen. Im Allgäu rund um **Immenstadt** und **Oberstdorf** gibt es viele Möglichkeiten, eins mit der Natur zu werden. Im Winter auf der Skipiste den Wind im Gesicht zu spüren, gehört natürlich auch dazu. Und auf der Skiflugschanze erlebst du, wie dein Herz schneller schlägt, wenn du wie ein Profi auf dem Balken sitzt. Der Naturpark Nagelfluhkette gleicht einem Mosaik: Moore grenzen an Feuchtwiesen, Schluchtwälder an Bäche, Bergwälder an Alpflächen. Auf den Almwiesen weiden im Sommer Rinder und Ziegen, im Herbst ziehen die Herden am Tag des Viehscheids zurück ins Tal. Gelebtes Brauchtum, das mit Blasmusik und Allgäuer Leckereien gefeiert wird. Wer mag, kann lernen, selber Käse herzustellen. ▶ S. 204

Für Schluchtenläufer

Grün bemooste Schluchten, imposante Felsformationen und Rastplätze mit herrlichen Aussichten auf Wälder und Wartburg. Die Natur rund um **Eisenach** beschert Erlebnisse für alle Sinne. In der wildromantischen Drachenschlucht bilden die steil ansteigenden Wände eine enge Klamm, die an manchen Stellen nur schulterbreit ist. Der Weg führt über Gitterstege, unter denen ein Bach rauscht, der im Winter bei Frost bizarre Eisformationen bildet. Ganz in der Nähe verläuft der legendären Rennsteig, der als Höhenweg über den Kamm des Thüringer Waldes führt. ▶ S. 144

Für Wasserratten

Wasser ist Leben. Im Nationalpark **Müritz** mit über 100 größeren Seen und unzähligen Mooren wird dir das besonders eindrucksvoll vor Augen geführt. Hier stürzt sich der Fischadler aus schwindelnder Höhe in den See und das Trompeten der Kraniche kündigt das Frühjahr an. Die ideale Basis für Wander- und Radtouren in den Nationalpark bildet der Kurort **Waren** im Zentrum der Mecklenburgischen Seenplatte. Natürlich kann man sich auch auf dem Wasser bewegen und das nicht nur mit Kanu, Tret- oder Ruderboot, sondern auch mit größeren Ausflugsschiffen, die am gemütlichen Hafen von Waren starten. ▶ S. 68

Für Gespensterjäger

Beinahe magisch erhebt sich die Gebirgslandschaft des Harzes aus der norddeutschen Ebene. Blickfang ist dabei die markante Kuppe des **Brocken,** wenn er nicht gerade in jenen Nebelschwaden verschwindet, die einst als Brockengespenst Besucher in Angst und Schrecken versetzten. Wie einem Märchen entsprungen wirkt auch das nahe Städtchen **Goslar** mit seinen Fachwerkhäusern, romanischen Kirchen, uralten Befestigungsanlagen und monumentaler Kaiserpfalz. ▶ S. 128

Für Mutige

Manchen wird es schon ein bisschen mulmig, wenn sie auf dem Wanderweg um das Weinfelder Maar daran denken, dass die feuerspeienden Berge in der **Vulkaneifel** zwar seit Jahrtausenden ruhig sind, aber nicht als komplett erloschen gelten. Wer sich von solchen Überlegungen nicht einschüchtern lässt, traut sich sicher auch auf den Eifelkrimi-Wanderweg, der zu fiktivien Schauplätzen von Mord und Totschlag führt oder ins Kriminalhaus nach Hillesheim. ▶ S. 108

IAAAH! In Begleitung von Eseln macht das Wandern in der Vulkaneifel noch mehr Spaß

AUF GEHT'S
Wettertauglich gerüstet für den Strandspaziergang am Böhler Strand in St. Peter-Ording

IM NORDEN
Alle Ziele im Überblick

- 1 Leeuwarden
- 2 Groningen
- 3 Norddeich mit Juist & Norderney
- 4 Leer & Emden
- 5 Carolinensiel & Wangerooge
- 6 Ribe & der Nationalpark Vadehavet
- 7 Sylt
- 8 Amrum
- 9 St. Peter-Ording
- 10 Flensburg
- 11 Cuxhaven
- 12 Bremen
- 13 Kiel
- 14 Hamburg
- 15 Lüneburg & die Heide

01
Leeuwarden
Wo das Herz Frieslands schlägt

Normalerweise richten sich die Augen der ganzen Niederlande vor allem dann auf Leeuwarden, wenn es eiskalt ist. Die größte Stadt Frieslands (110 000 Einw.) ist Start- und Zielort der legendären Elfstedentocht, einem 100 Km langen Schlittschuhrennen durch elf friesische Städte. Das hat sich spätestens 2018 geändert, als Leeuwarden gemeinsam mit Valletta europäische Kulturhauptstadt war und ein ganzes Jahr lang im Rampenlicht des Kontinents stand. Seitdem bekommt die bildschöne Stadt ganzjährig die Aufmerksamkeit, die sie verdient.

NICHT VERPASSEN

An einer Führung durch die Altstadt teilnehmen
Einwohner aus der Stadt wissen, wo es die coolsten Geschäfte und die hipste Street Art gibt. Sie bieten jeden Tag mindestens eine Führung an, die auch die Highlights nicht ausspart. Als Gegenleistung erwarten sie eine Spende. *Infos: Anmeldung über aguidetoleeuwarden.nl | Treffpunkt Oldehoofsterkerkhof*

Im Planetarium von Franeker dem Lauf der Planeten folgen
Zwischen 1774 und 1781 hat der friesische Wollkämmerer Eise Eisinga in seinem gemütlichen Wohnhaus in Franeker ein Sonnensystem nachgebaut. Der Anblick des ältesten Planetariums der Welt ist ergreifend. *Infos: Eise Eisingastraat 3 | Franeker | planetarium-friesland.nl*

Im Nationaal Park Alde Feanen die Zeit vergessen
Der Nationalpark ist eines der größten Sumpfgebiete Europas. Riedbewachsene Felder wechseln sich mit Wasserland-

Regentag – was nun?

Im Fries Museum die lokale Kultur erkunden

Friesisch ist eine eigenständige Sprache und das Volk pflegt seine eigene Kultur. Deshalb sind Friesen alles andere als amüsiert, wenn sie als Niederländer oder gar als Holländer bezeichnet werden. Was es damit auf sich hat, erklärt die Sammlung auf sehr unterhaltsame Weise in einem sehenswerten Neubau, der von Lokalmatador Abe Bonnema erbaut wurde.

Wilhelminaplein 92 | Leeuwarden | friesmuseum.nl

schaften ab, die selbst den hohen Ansprüchen von Ottern genügen. **Infos:** *Besucherzentrum Koaidyk 8a | Earnewâld | np-aldefeanen.nl*

In Drachten auf die Spur von „Papageien" gehen

Was würden wohl die Mönche davon halten, dass in ihrem ehemaligen Kloster nun Kunstwerke der Gruppe De Stijl und namhafter Dadaisten im **Museum Dr8888** ausgestellt sind? Reizvolle Kontraste sind garantiert. Das Haus betreibt auch eine Wohnung, die De Stijl-Gründer Theo van Doesburg entworfen hat. Sie ist Teil der farbenfrohen Papageiensiedlung und wurde kürzlich rekonstruiert. **Infos:** *Museum Dr8888 | Museumplein 2 | Drachten | museumdrachten.nl*

Regdverdig

Regverdig ist afrikaans und heißt fair, Der Laden verkauft neben Second-Hand-Kleidung, auch nachhaltig produzierte Mode für Männer und Frauen, vieles aus recycelten Materialien, anderes aus Bio-Rohstoffen. Das Motto ist: „Kaufe weniger, wähle gut aus und habe lange Freude daran." **Infos:** *Over de Kelders 4 | Leeuwarden | regverdig.nl*

Post Plaza

Die ehemalige Postdirektion wurde vor wenigen Jahren auf spektakuläre Weise zu einem Hotel umgebaut. Darin verbirgt sich ein Grand Café, das einer französischen Brasserie nachempfunden ist. **Infos:** *Tweebaksmarkt 25–27 | Leeuwarden | post-plaza.nl*

EINLADEND
Die vielen Grachten machen einen Bummel durch Leeuwarden doppelt so schön

POPPIG
Wer im Groninger Reediep-Hafen wohnt, hat mit Farbe kein Problem

02
Groningen
Nordisch by Nature

Nichts geht über Groningen. Mit diesen Worten positioniert sich die Universitätsstadt seit Jahren in den Niederlanden. Geografisch ist die Aussage unumstritten – doch auch in puncto Lebensqualität ist etwas dran: Groningen präsentiert sich quicklebendig, fahrradfreundlich und nahezu rauchfrei. Zudem lockt ein Umland, das im Unterschied zum Rest des Landes sehr viel Platz und Ruhe bietet. Kurzum: Eine Stadt und eine Region, in der es sich ein paar Tage zu verweilen lohnt.

Auf den Martinitoren klettern
Er wurde vom Blitz getroffen, brannte teilweise aus und drohte einzustürzen. Trotzdem hat der Turm der Martinikirche die Jahrhunderte überstanden. Die Einheimischen nennen ihn zärtlich d'Olle Grieze, was soviel wie „der alte Graue" bedeutet. Formidabler Ausblick von oben. *Infos: Martinikerkhof 1 | Groningen | martinikerk.nl*

Stehend durch die Grachten paddeln
Auch Groningen besitzt ein Netz aus Wasserstraßen. Mit gutem Gleichgewichtssinn kannst du die Stadt entspannt auf einem **SUP von Bedrijfnat** erleben. Alternativ stehen auch Kanus und Schaluppen bereit. *Infos: Oosterkade 1 | Groningen | über bedrijfnat.nl vorbuchen*

In den Hofjes Oasen der Ruhe entdecken
Schon im 16. Jh. gab es in niederländischen Städten günstigen Wohnraum für alte, kranke oder verarmte Frauen. Die Hofjes wurden um eine Grünfläche angelegt und von Mauern umgeben. In Groningen kannst du eine Handvoll der – mittlerweile von Privatpersonen bewohnten – Anlagen besichtigen. Im Groningen Store ist eine Karte mit den Zugängen erhältlich. *Infos: Groningen Store | Nieuwe Markt 1 (im Forum Groningen) | Groningen | visitgroningen.nl*

Im Forum Groningen in die Zukunft reisen
Ein Treffpunkt für alle in einem einzigen Gebäude? Mag nach dem wenig einfallsreichen Geistesblitz eines Beamten klingen, ist aber ein Symbol des Groninger Selbstverständnisses. Der futuristische Bau beherbergt u. a. Kinosäle, Bibliothek, Erlebnisparcours für Kinder unterschiedlichen Alters. Der Clou ist eine Dachterrasse mit Biergarten. *Infos: Nieuwe Markt 1 | Groningen | forum.nl*

In der Folkingstraat in den Kaufrausch geraten
Die Straße wurde schon mehrmals zur besten Einkaufsstraße der Niederlande ausgerufen. Kleine Boutiquen, gemütliche Restaurants und Feinkostläden reihen sich aneinander. Zum Angebot gehört auch der afrikanische Feinkostladen Le Souk. Pass unbedingt auf kreuzende Fahrradfahrer auf! *Infos: folkingestraat.nl*

Florentin
An dem grandiosen Standort im ehemaligen Gaswerk waren zuletzt einige Gastronomen gescheitert. Nun versuchen sich neue Betreiber mit einem Konzept, das an Street Food aus Tel Aviv angelehnt ist. *Infos: Langestraat 66 | Groningen | florentingroningen.nl*

Regentag – was nun?

Im Groninger Museum Spaß an Kunst haben

Über den postmodernen Bau am Einfallstor zur Stadt gehen die Meinungen auseinander. Fest steht, dass das Ausstellungshaus nicht nur auffällig ist, sondern auch qualitativ hochwertige und zugleich publikumswirksame Schauen beherbergt.

Museumeiland 1 | Groningen | groningermuseum.nl

03
Norddeich mit Juist & Norderney
Buntes Inseltreiben und wildromantische Einsamkeit

Insbesondere der Deich mit dem Badestrand und die Mole samt Fähranleger machen Norddeich aus. Hier gibt's tolle Sonnenuntergangsmotive, wenn der Himmel über der Drachenwiese bunt beflaggt ist. Doch der Hafenort ist vor allem Startpunkt für Inselausflüge: Juist – putzig, ruhig, entspannt und mit herrlichen Riesenstränden an beiden Enden. Norderney – lebhaft, mit Autos, Bussen und Feiernden, aber auch einem fast endlosen Wanderweg durch die Wildnis bis zur Ostspitze.

Robben in die Augen blicken
In der **Seehundstation Nationalparkhaus** in Norddeich könnt ihr gerettete Robben durch Glasscheiben auch unter Wasser beobachten. Die Eintrittsgelder kommen der Station zugute. *Infos:* Dörper Weg 24 | Norden | seehundstation-norddeich.de

Die Insel Juist erkunden
Trotz unzähliger Geschäfte und Lokale ist der von Backsteinhäusern dominierte Inselort richtig gemütlich. An der Westspitze dieser autofreien Insel, dem **Billriff**, stapft man einfach nur im endlosen Sand herum und sieht mit etwas Glück ein paar Robben. Schön ist auch der **Otto-Leege-Pfad** mit Aussichtsplattform östlich des Inselzentrums. An der Ostspitze von Juist, dem sogenannten **Kalfamer,** gibt es neben dem ruhigen Dünenweg und dem einsamen Strand eine Aussichtshütte. *Infos:* Fähre Norddeich–Juist | reederei-frisia.de

---

Regentag – was nun?

Was heißt hier Watt?

Gleich beim Fähranleger dürft ihr im modernen **Nationalpark-Infozentrum Watt Welten** das Leben im Wattenmeer erkunden und, damit das Erlebnis unvergesslich wird, auch eigens Hand anlegen. Zudem gibt es verschiedene Aquarien, ein Kino und ein kleines Quiz. Wenn der Regen sich verzogen hat, genießt noch den Blick von der Dachterrasse.

Am Hafen 2 | Norderney | nationalparkhaus-wattenmeer.de

DURCHNUMMERIERT
Der Strandkorbschutz vor der steifen Brise ist auf Juist wohlorganisiert

Auf Norderney wandern
Außer Borkum ist dies die einzige Ostfriesische Insel mit Autoverkehr. Dementsprechend geht es hier etwas lebhafter zu. Vom Anleger gelangt man zu Fuß oder per Bus ins Ortszentrum. Busse bringen dich auch zur **Weißen Düne** mit schönem Strand und Dünenspazierweg und zum **Leuchtturm** *(April–Okt. tgl. 14–16, bei schönem Wetter ab 11 Uhr)*. Eine Wanderung führt vom Leuchtturm zum **Ostende** der Insel, wo auf dem Strand Reste eines Schiffswracks liegen und es Sandbänke gibt, auf denen sich Robben sonnen *(Hin- und Rückweg ca. 15 km)*. **Infos:** Fähre Norddeich–Norderney | reederei-frisia.de

Meine Meierei Norderney
Es herrscht eine superherzliche Atmosphäre, auch Hunde sind willkommen im Lokal am östlichen Ortsrand. Einige bayerische Tupfer wie Leberkäs bereichern die überschaubare Speisekarte: Suppen, Käseteller, etwas vom Grill, Kuchen und Süßes. Nur der Kaffee ist nicht so doll. **Infos:** *Lippestr. 24 | Norderney | meine-meierei.de*

Zum Backfisch an der Mole pilgern
Freundlicher Service, große Portionen, kleine Preise und ganz, ganz viel Fisch: riesige panierte Filets, Muscheln, Kibbelinge, Krabbenbrötchen. **Infos:** Norddeicher Str. 231 | Norden

04
Leer & Emden
Das ostfriesische Schmuckkästchen

Die beiden Städtchen Leer und Emden zählen zu den Highlights in Ostfriesland und gehören irgendwie zusammen. Und das nicht nur, weil der Zug in Richtung Inseln beide Orte nacheinander abfährt. Leer besitzt eine Altstadt wie aus dem Bilderbuch – mit teils sehr engen Gässchen, die sich zum historischen Hafen hin öffnen. Emden dagegen glänzt vor allem mit seinen Häfen, der hoch angesehenen Kunsthalle und natürlich seinen berühmten Söhnen: Henri Nannen, Wolfgang Petersen und Otto Waalkes sind allesamt Friesenjungs.

Eine Zeitreise in die Altstadt von Leer unternehmen

Ganz viel Backstein, Fachwerk, gepflasterte Gässchen und eine Menge reich dekorierter Fassaden bilden das wunderschöne, weitgehend authentisch erhaltene Altstadtensemble rund um die Rathausstraße. Ein Highlight ist das **Rathaus** im Stil der deutsch-niederländischen Neorenaissance vom Ende des 19. Jh. Steckt auf jeden Fall auch den Kopf ins Innere – allein das Treppenhaus bringt euch zum Schwärmen. **Infos:** Rathausstr. 1 | Leer

In Leer vom Hafen zum Museumsdampfer tingeln

Gleich neben dem Rathaus bildet der Waageplatz am Fluss Leda den Übergang zum **Museumshafen** mit seinen hübsch dekorierten, historischen Booten. Zur Adventszeit gibt's hier einen sehr schönen Weihnachtsmarkt. Macht einen gemütlichen Uferspaziergang in nordöstlicher Richtung an Jachten vorbei bis zum Dampfschiff **„Prinz Heinrich"** von 1909. **Infos:** Neue Str./Ecke Waagepl. | Leer | schipperklottje.de

> **Regentag – was nun?**
>
> ## Kunst ohne Schnickschnack
>
> Henri Nannen, geboren in Emden, hinterließ der Nachwelt viel Bleibendes: eine Journalistenschule, einen bedeutenden Verlag (Gruner + Jahr) und die international hoch angesehene **Kunsthalle Emden** mit etwa 1500 Werken der Moderne. 650 davon hatte der Kunstfanatiker zur Gründung 1986 aus seiner eigenen Sammlung zur Verfügung gestellt.
>
> Hinter dem Rahmen 13 | Emden | kunsthalle-emden.de

Um den kleinen Emder Binnenhafen schlendern

Am alten **Ratsdelft** schmücken einige Museumsschiffe das Gesamtbild. Am Ende des Hafenbeckens geht's links in die Fußgängerzone, rechts steht das mächtige **Rathaus** aus den 1960er-Jahren. Auch eine kleine Grachtentour per Boot wird angeboten *(ag-ems.de)*..
Infos: Stadt Emden | emden.de

Beim Otto Huus über die Straße hoppeln

Emden ohne Otto geht gar nicht. Darum steht gleich gegenüber dem Binnenhafen am Eingang zur Fußgängerzone **Dat Otto Huus** – ein Laden, zwei Räume mit Originalrequisiten aus seinen Filmen und Sketchen sowie ein kleines Kino. Besonders witzig: Am Fußgängerüberweg vor dem Haus sieht das grüne Ampelmännchen aus wie ein in typischer Hasenmanier hoppelnder Otto. *Infos: Große Str. 1 | Emden | ottifant.de*

Emder Heringslogger

Im Emder Binnenhafen steht diese hervorragende Imbissbude, an der ihr auch frischen Fisch kaufen könnt. Neben den vorzüglichen Fisch- und Krabbenbrötchen schmecken die Pommes richtig gut. Kibbelinge heißen die Fischfilets, wenn man sie nach holländischer Tradition mundgerecht in Bierteig frittiert.
Infos: Am Ratsdelft/Auricherstr. | Emden | emder-heringslogger.de

VOLL LEER
Im Hafen der Ostfriesenstadt liegt immer etwas Schönes vor Anker

05
Carolinensiel & Wangerooge
Lange Abende im Hafen und Insel-Traumstrand

Mit Wangerooge endet im Osten der Reigen der idyllischen und imposanten Ostfriesischen Inseln mit ihren Traumstränden, Aussichtsdünen und putzigen Ortskernen. Einen würdigen Schlusspunkt setzt die autofreie Insel, die im Zentrum und an der Promenade eine Menge Restaurants, Cafés und sogar ein paar Kneipen mit Nachtleben vorweisen kann. Highlight ist aber der Megastrand Richtung Ostspitze. Und in Carolinensiel sitzt, isst, trinkt und flaniert man herrlich im historischen Hafen.

AUTOFREI
Mit der Inselbahn lässt sich Wangerooge auch ohne Auto ausgezeichnet erkunden

Im Hafen von Carolinensiel die Zeit vergessen

Der Ortskern selbst besteht nur aus ein paar Sträßchen. Das Leben spielt sich aber rund um den **Museumshafen** ab. Die Harle ist hier ganz breit, alte Schiffe liegen vor Anker, der Raddampfer „Concordia II" pendelt nach Harlesiel und zu beiden Seiten des Hafenbeckens buhlen Restaurants und Cafés um die Gunst der Touristen.

In Harlesiel den Schiffen zuwinken

Richtung Meer geht es von Carolinensiel nach Harlesiel immer am Flüsschen Harle entlang: Zu Fuß ist das ein wunderschön entspannter Spaziergang, für den man nur etwa eine halbe Stunde braucht. Die Harle fließt hinter dem Jachthafen dann durch die Schleuse in den eigentlichen **Hafen** von Harlesiel. Links vorn findet sich ein Sandstrand – Hunde sind hier willkommen.

Wangerooges herrlichen Strand erwandern

Wenn ihr zum **Ostanleger** spaziert, einem ehemaligen Landingssteg, von dem nur noch wenige Holzpfähle zeugen, wird etwa auf halber Höhe der Strand zu einer gigantischen Sand- und Dünenlandschaft. Am Ende gibt's von der Düne eine fantastische Aussicht. Um die Ostpitze herum gelangt ihr, vorbei an der **Jever-Aussichtsplattform** (GPS: 53.783901, 7.945739), durchs Inselinnere zurück.

Den alten Leuchtturm erklimmen

Die altmodisch-ulkige Inselbahn bringt euch vom Fährhafen Wangerooge vorbei an riesigen Salzwiesen und dem einsam in den Himmel ragenden Westturm in den betriebsamen, aber entspannten Ortskern. Im Alten Leuchtturm am Bahnhof könnt ihr heiraten oder nur die Aussicht genießen. **Infos:** *Zedeliusstr. 3 | Wangerooge | leuchtturm-wangerooge.de*

Deichwork

Die sportliche Kleidung mit dem Vintagelabel „1804" wird auf der Insel entworfen. Hochwertig verarbeitet und mit Fair-Wear-Zertifikat. Zu kaufen gibt´s das Ganze nur hier. **Infos:** *Zedeliusstr. 22 | Wangerooge | deichwork.de*

Speicher

Die Burger mit den hausgemachten Pommes sind der Hit – zusammen mit den tollen Sitzplätzen draußen über dem historischen Hafen von Carolinensiel. Vielleicht schnappt ihr euch ein Plätzchen im Strandkorb. **Infos:** *Am Hafen West 7 | Carolinensiel | cafe-speicher.de*

Regentag – was nun?

Wie kommt das Trinkwasser auf die Insel?

Die Inselnatur und die Tierwelt werden im **Nationalparkhaus Wangerooge** gut erklärt, besonders für Kinder. Den Garten des Rosenhauses schmückt das Skelett eines auf der Insel gestrandeten Pottwals. Und auch wer das Watt schon in- und auswendig kennt, erfährt noch etwas Neues: Nämlich, wie die Wasserversorgung auf der Insel funktioniert.

Friedrich-August-Str. 18 | Wangerooge | nationalparkhaus-wattenmeer.de

ENTSPANNEND
Der Blick auf Ribe lohnt sich auch aus dieser Perspektive

06
Ribe & der Nationalpark Vadehavet
Am Gezeitensaum ist der Dom zu Ribe ein Ruhepol

Ribe mit seinem Dom mimt stolz Urbanität am Rand des Weltnaturerbes. Der weite Strand der Insel Rømø ist die aufregende Meerseite des Nationalparks, Ziel für Familien und Aktive im Wind zugleich. Nach Mandø kommst du nur bei Ebbe, wie auch zum Austernsammeln und -naschen im Schlick mit Wattführern. Ein Weingut-Dinner und der Besuch im ehemaligen Domizil von Walfängern runden den Besuch ab. Nachts parkst du dort, wo das Watt leise schmatzt.

Im Vadehavscentret Watt erleben

Das tolle reetgedeckte Wattenmeer-Zentrum vermittelt, warum sich 15 Millionen Zugvögel an der Küste so wohlfühlen. Im Herbst kannst du auf einer geführten Tour die Starenschwärme beobachten. Oder buche eine Austernpirsch im Schlick. Dabei hilfst du, den fatalen 70 000-Tonnen-Berg eingeschleppter pazifischer Austern schmausend abzubauen. Natürlich gibt es auch Wattwanderungen (barfuß oder mit Gummistiefeln) und Ausflüge zu Seehunden. *Infos:* Okholmvej 5 | Vester Vedsted | vadehavscentret.dk

Auf Rømø die Weite genießen

Tagesausflug zu Rømøs enormen Sandflächen. Hast du die legere Nachbarinsel von Sylt gefühlt im Tiefflug über den Zwölf-km-Damm erreicht, geht es weiter geradeaus zum Lakolk-Strand. Kitesurfer- und Drachenfestterrain! Den Strandtag auf der Insel ergänzt ein Besuch des musealen Kommandeurshofs, auf dem Schiffskommandanten wohnten, also Walfänger & Co. *Infos:* Strand 38 km südwestl. von Ribe; Kommandørgård, Juvrevej 60 | Rømø

Durchs Watt zur Insel Mandø zockeln

Die gut drei mal zwei km große Insel war einst eine Hallig. Der Schutzdeich sowie der nur bei Kenntnis von Wind und Tide befahrbare Låningsvej und der nur von „Traktorbussen" navigierbare Ebbevej sind heute Zugeständnisse der 30 Insulaner an Erreichbarkeit. *Infos:* Mandø-Bus ab Vadehavscentret, Vester Vedsted | vorab buchen, keine Kreditkarten vor Ort | mandoebussen.dk

Den Nachtwächter spielen

Gut 500 Jahre lang wachten Nachtwächter in Ribe über den Schlaf der Bürger im Schatten des Doms. Die kostenlose 45-Minuten-**Nachtwächterführung** startet am Gasthaus Weis Stue (Dänisch, Englisch).

Weis Stue

In Dänemarks ältester Stadt speist du natürlich traditionelle Gerichte. Die sind in so authentischer Atmosphäre aufgetischt, dass du den Innenhof oder die heimeligen Stuben nicht verlassen magst; eigentlich willst du sogar in eins der urigen Fremdenzimmer ziehen. *Infos:* Torvet 2 | Ribe | weis-stue.dk

Vester Vedsted Vingård

Herausragende Menüs mit lokalen Zutaten werden von eigenem Wein und Bier begleitet. Leichtes zum Lunch, drei Gänge zum Dinner. *Reservieren!* *Infos:* V Vedsted Vej 64 | Vester Vedsted | vvvingaard.dk

Regentag – was nun?

Von Museum zu Museum springen

Zuflucht in Dom und skurrilen Museen: Seite an Seite liegen Ausstellungen über **Hexen** und **Jacob A. Riis,** der 1870 von Ribe nach Amerika ging und dort weltbekannt für seine Sozialfotografie wurde. Auch die Riber **Wikinger** haben ein Museum.

Dom, Dommuseum; Wikingermuseum | Lustrupvej 4; Hex! Museum of Witch Hunt and Jacob A. Riis Museum | Sortebrødregade 1 | alle Ribe

07
Sylt
Deutschlands legendäre Nordspitze

Sylt ist nur etwas für Reiche und Schöne? Fahrt einfach unbesorgt hin und beweist das Gegenteil! Echter Reichtum und wahre Schönheit kommen sowieso von innen und die Insel ist und bleibt ein klasse Erlebnis! Klar, ein paar Modeboutiquen und Restaurants sind teuer. Aber 90 Prozent der Insel sind nicht schickimicki, sondern tolle Strände, fantastische Wanderwege und heimelige Dörfer. Schon allein die Anreise per Fähre oder Autozug ist ein Event.

Im Hafen von List bummeln
Die Fähre aus Dänemark spuckt euch gleich mitten im Sylter Gewimmel aus. Das Lister Leben spielt sich im Hafen ab: die berühmte **Fischhalle**, das **Erlebniszentrum Naturgewalten** (s. u.) und knallbuntes Treiben rund um die vielen Fischlokale und Cafés am Wasser.

Zu Uwe auf die Düne klettern
Bei Kampen reckt sich die **Uwe-Düne** 52,50 m Richtung Himmel und ist damit die höchste Erhebung Sylts. 110 steile Stufen bringen euch hinauf, aber oben angekommen vergesst ihr sofort die Strapazen: Nordseepanorama pur! Benannt ist die Düne nach einem Juristen, der im 19. Jh. für ein unabhängiges Schleswig-Holstein kämpfte. Nehmt auf dem Rückweg den teils auf Holzstegen angelegten Weg zum **Roten Kliff**, Steilküste und Strand ergänzen sich wunderbar.

Durchs hübscheste Dorf der Insel schlendern
Ohhhh, wie schön! Genau das ist **Keitum**. Das ganze Dorf steht voller Reetdachhäuser, eins entzückender als das

---

Regentag – was nun?
Sich der Kraft der Natur hingeben

Direkt am Wasser findet ihr im Hafen von List das große **Erlebniszentrum Naturgewalten Sylt,** in dem sich alles um Nordsee und Wattenmeer dreht: über Tiere und Pflanzen, die hier leben, bis hin zu den Menschen. Wenn ihr in die Ausstellung wirklich eintauchen wollt, bringt ein paar Stunden Zeit mit: Animationen und Filme begleiten die Exponate, Klima und Wetter werden anschaulich erklärt – und ein virtueller Flug über Sylt ist auch im Preis mit drin!

Hafenstr. 37 | List auf Sylt | naturgewalten-sylt.de

BLUMENMEER
Die Sylter Heckenrose duftet nach Sommer und unbeschwertem Urlaub

andere. Nichts ist hier vom Reißbrett, sondern alles historisch gewachsen. Ins stimmungsvolle **Sylt Museum** geht ihr durch den Unterkieferknochen eines Finnwals. *Infos: Am Kliff 19 | Keitum | soelring-museen.de*

Ums salzige Rantumbecken strampeln

Den Brackwassersee könnt ihr komplett umrunden, am besten per Fahrrad. Sogar in der Hochsaison ist es am Rantumbecken herrlich ruhig. Während ihr auf zwei Rädern über die Salzwiesen gleitet, weht euch der Wind unvergleichlich um die Nase. Der Ort **Rantum** selbst mit seinen paar Lädchen, Cafés und kleinem Hafen ist einen Zwischenstopp wert. Verpasst nicht den Strandzugang gegenüber dem Campingplatz an der Hörnumer Straße.

Auf einem Holzpfad geht's hoch über die Düne und dann per Treppe zum Wasser hinunter – Sylt in Reinstform! *Infos: Fahrradverleih Rantum | Strandweg 7 | Rantum | fahrradverleihrantum.de*

Die Südspitze von Hörnum umwandern

Hörnum ist ein entspanntes Örtchen – perfekt zum Schlendern. Richtig spannend wird's aber erst bei einer Wanderung um die **Hörnum Odde** ganz im Süden der Insel. Vom Weststrand geht es immer am Wasser entlang bis zum südlichsten Zipfel von Sylt mit tollem Blick auf Amrum und Föhr. Unterwegs kommt ihr durch Traumlandschaften und vorbei an wunderbaren Reetdachhäusern. An der ruhigeren Ostseite stapft ihr dann zurück bis in den **Hörnumer Hafen** für ein Fischbrötchen.

08
Amrum
Nordfriesland in der Nussschale

Dieses kleine Fleckchen Erde hat einfach alles: wunderschöne, riesige Strände und Dünen mit Aussichtspunkten sowie das weite Watt. Und dazwischen die gesamte Palette nordfriesischer Inselherrlichkeit: preisverdächtig hübsche, blumendekorierte Dörfer, eine historische Mühle, Vogelstation, Spazier-, Wander- und Radwege. Alles überragend reckt sich zudem der Leuchtturm zum Himmel, es werden sogar Nachtführungen auf den Turm angeboten.

NICHT VERPASSEN

Norddorf mit seinem Riesenstrand genießen
Der lebhafte Ortskern zwischen Watt und gigantischem Strand ist die ideale Einstiegsdroge für Amrum. Der Holzsteg führt schier endlos über den Sand in Richtung Meer. Ganz stilecht könnt ihr den obligatorischen **Strandkorb** mieten: Die Anbieter stehen stets Spalier und warten auf Kundschaft. In den Dünen geht's hoch zur **Aussichtsplattform Himmelsleiter** (GPS: 54.68053, 8.31482). **Infos:** Strandkorbvermietung Boyens | boyens-amrum.de

Im Nebel ins Schwärmen kommen
Das Dorf Nebel wirkt buchstäblich wie aus dem Bilderbuch gefallen: wundervolle Reetdachhäuser, unfassbar schöne Rosengärten, schnuckelige Cafés und Boutiquen, das historische **Öömrang Hüs** (Waaswai 1 | Nebel | oeoemrang-hues.de) aus dem 18. Jh. und am Ortseingang Schleswig-Holsteins älteste **Mühle**, heute das **Heimatmuseum** (Ualjaat 4 | Nebel | amrumer-muehle.de).

Zwischen den Vögeln stolzieren
Zwischen Nebel und Norddorf versteckt sich in einem Wäldchen die **Vogelkoje**

> **Regentag – was nun?**
>
> ## Einem Potwaal begegnen
>
> Schaut auf jeden Fall im **Naturzentrum Amrum** vorbei. Die Kids können sich gar nicht sattsehen an dem authentischen Pottwalskelett. Aber auch sonst gibt's eine Menge zu erfahren über die Geschichte sowie Pflanzen- und Tierwelt der Insel. Auch ein paar Aquarien sind dabei – habt ihr schon mal Krebse und Seesterne gefüttert? Es gibt für alles ein erstes Mal.
>
> *Strunwai 31 | Norddorf | naturzentrum-amrum.de*

Meeram, in der einst Wildenten gefangen wurden. Holzstege führen über Feuchtgebiete und Gewässer. Hunderte Tierchen quaken, zwitschern und singen hier um die Wette. Von diesem Kulturdenkmal führt ein **Dünenlehrpfad** in rund 20 Min. zum kleinen **Leuchtturm** am herrlich ruhigen Strand. Kurz hinter der Vogelkoje siehst du rechts vom Bohlenweg das frei zugängliche archäologische Areal mit einem **eisenzeitlichen Haus,** das man hier aus Holz und Grassoden nachgebaut hat. ***Infos:*** GPS: 54.66390, 8.32627

Die einsame Wattseite erforschen
Gönnt euch einen ausführlichen Spaziergang (oder eine Radtour) am Watt entlang von **Norddorf** nach **Nebel** – kilometerweite Aussichten auf die Halligen, kaum Leute, aktive Amrummeditation vom Feinsten! Und zurück geht's dann auf der Waldseite, vorbei an Vogelkoje, Aussichtsdüne und Co.

Friesen-Café
Mitten in der puren Idylle des historischen Ortskerns von Nebel, zwischen all den Reetdächern und Rosengärten, wartet ein Café-Wahrzeichen der Insel. Außer einwandfreiem Kaffee und Kuchen kommen hier auch richtig leckere Suppen auf den Tisch. Und das Eis in der Friesenwaffel sucht auch seinesgleichen. ***Infos:*** Uasterstigh 7 | Nebel | friesen-cafe.de

STRECKE MACHEN
Am Strand von Norddorf kann sich der Weg zum Wasser ganz schön ziehen

09
St. Peter-Ording
Riesige Strandinsel und Häuser auf Stelzen

Es klingt wie ein Megaprojekt aus Dubai oder Doha: Vor die Stadt bauen wir jetzt eine kilometerlange Insel aus purem Sand mit einigen Zugängen und riesigen Parkplätzen davor. In SPO, wie dieser Kurort knackig genannt wird, brauchte es keine Milliardeninvestition – die Natur hat´s freundlicherweise so eingerichtet. So einen Strand, solche Laufstege über den Sand, solche Dünen habt ihr noch nie gesehen. Und die Pfahlbauten gibt es gratis dazu.

Endlosen Stadtstrand mit Pfahlbauten erkunden

Auf Holzstegen lauft ihr über weite Sandmassen und könnt euch stilecht einen Strandkorb mieten. Ansonsten findet sich auch im Hochsommer etwas abseits immer ein relativ ruhiges Plätzchen. Es gibt vier Strandzugänge: **Ording, Bad, Dorf** und **Böhl**. Kurtaxe muss gezahlt werden, um auf den Strand zu gelangen. Zu Sonne, Sand und Meer kommen noch die berühmten Pfahlbauten: bis zu sieben m hoch und aus Lärchenholz, die vor einem Jahrhundert für die Bequemlichkeit und den Komfort der Badegäste in den Sand gerammt wurden. Insgesamt sind es 13 lustige Bauten mit 4000 Pfählen, über den riesigen Strand verteilt. In einigen gibt's etwas zu essen und zu trinken. **Infos:** *guter Start bei GPS 54.333447, 8.604089*

Per Du mit den Seehunden

Im **Westküstenpark & Robbarium** geht's wirklich tierfreundlich zu: Sogar euren Hund könnt ihr gratis mit reinnehmen. Auf dem schönen Gelände stehen heimische

---

Regentag – was nun?

Einfach abtauchen

Wer braucht bei einem solchen Strand noch ein Schwimmbad? Tatsächlich ist die **Dünen-Therme** aber ein hervorragender Ort zum Relaxen und Genießen. Denn aus den Pools und Saunen hast du einen herrlichen Blick auf Ort und Strand, während du bei 70° C die Füße hochlegst. Auch Kinder haben dank Wellenbad und Rutschen ihren Spaß. Wenn du kannst, dann buche hier eine Massage oder Schlickbehandlung.

Maleens Knoll 2 | St. Peter-Ording | st-peter-ording.de/duenentherme

AUFGEBOCKT
Die Pfahlbauten sind das i-Tüfelchen am endlosen Strand von St. Peter-Ording

Tiere im Mittelpunkt, die man anfassen und streicheln darf. Highlight ist natürlich das Seehundbecken mit Fütterung und Vorführungen. **Infos:** *Wohldweg 6 | St. Peter-Ording | tierpark-westkuestenpark. de | keine Kartenzahlung*

See sehen und gesehen werden auf der Brücke
Im Ortsteil Bad lässt sich bestens bummeln, Eis essen, Souvenirs kaufen und auf Restaurantterrassen sitzen. So richtig lohnt es aber wegen der gut ein km langen **Seebrücke,** die dich über Salzwiesen und viel Sand bis nah ans Wasser und zu den Pfahlbauten bringt.

Im Nationalparkhaus das Wattenmeer kennenlernen
Nein, es ist kein nationales Parkhaus. Hier wird euch der Nationalpark Wattenmeer auf sehr sympathische Weise nahegebracht. Eine ziemlich kleine Ausstellung mit schönen Aquarien und interaktiven Mitmachstationen: vom Streicheln eines Robbenmodells bis zur Erforschung des Watts unter dem Mikroskop. **Infos:** *Maleens Knoll 2 | St. Peter-Ording, Ortsteil Bad | schutzstation-wattenmeer.de*

Die Insel
Hell, bunt, modern und freundlich – passt perfekt zum Strandspaziergang. Das Personal ist auf Zack und trotzdem locker-flockig mit einem Lächeln auf den Lippen. Gerichte mit vielen regionalen Zutaten: vom Burger bis zum Fischteller. Mit Strandkörben auf der Terrasse.
Infos: *Im Bad 27 | St. Peter-Ording | restaurant-die-insel.de*

10
Flensburg
Ein Hauch von skandinavischem Flair

Das dänische Wort „Hygge" lässt sich am ehesten mit „Gemütlichkeit" übersetzen, wovon in Deutschlands nördlichster Großstadt (rund 89 000 Einwohner) ganz viel zu spüren ist. Gut 400 Jahre dänische Herrschaft haben ihre Spuren hinterlassen, im historischen Zentrum samt zwei km langer Einkaufsmeile wispert aus allen Ecken Geschichte. Berühmt ist die Hafenstadt auch für ihren Rum und für das Bier mit dem „Plopp" (Bügelverschluss) – und sie hat noch einiges mehr auf Lager.

EINE RUNDFAHRT, DIE IST LUSTIG
Im Hafen von Flensburg starten diverse Touren

Einen Hafen- und Fördetörn machen

Von der Fördebrücke im Zentrum starten kleine Schiffe diverser Reedereien zu Rundfahrten durch Hafen und Umgebung. Oder geh auf Tour mit dem historischen Salondampfer „Alexandra" von 1908 *(dampfer-alexandra.de)*. **Infos:** *Nikolaistr. 8 | flensburger-foerde.de*

Die Quelle des Flensburger Pils erkunden

In der **Flensburger Brauerei** wird das süffige Bier in den markanten Bügelflaschen produziert. Für die dreistündige Besichtigung (festes Schuhwerk anziehen!) samt Snack und „Flens" bitte anmelden. **Infos:** *Munketoft 12 | Flensburg | flens.de*

Zum Museumsberg hochsteigen

Von wegen im Norden ist alles flach, dieser Anstieg zum **Museumsberg Flensburg** will bezwungen werden. In einzelnen Gebäuden werden u. a. schleswig-holsteinische Kunst des 19.–21. Jh., originale Bauernstuben sowie eine historische Möbelsammlung gezeigt. **Infos:** *Museumsberg 1 | Flensburg | museumsberg-flensburg.de*

In der Phänomenta staunen

Hier ist Anfassen erlaubt! An den fast 200 Stationen des **Experimentalmuseums** könnt ihr einen Fernseher per Fahrrad antreiben, im dunklen Tunnel Gegenstände ertasten und allerlei verblüffende Naturphänomene erkunden. Es gibt rund 20 altersgerechte Experimente für Kids. **Infos:** *Norderstr. 157–163 | Flensburg | phaenomenta-flensburg.de*

Das Herz der Altstadt erkunden

Das historische Zentrum von Flensburg macht in vielerlei Hinsicht Freude. Ein wichtiger Grund dafür ist die **Rote Straße,** deren Kopfsteinpflaster den Südermarkt mit dem Neumarkt verbindet. Die alten Kaufmannshäuser mit den kleinen Läden, Cafés und Restaurants sind an sich schon ein Blickfang. Aber wartet, bis ihr erst die zahlreichen charmanten Innenhöfe entdeckt!

Hinkelstein

Von außen unscheinbar, von innen urig mit Fachwerk und gemütlichen Sitzecken, in denen gutbürgerliche deutsche Küche zu absolut fairen Preisen auf den Tisch kommt, alles hausgemacht. Sehr entspannte, familiäre Atmosphäre. **Infos:** *Fruerlunder Str. 70 | Flensburg | restaurant-hinkelstein.de*

Regentag – was nun?

Am Steuerrad drehen

Im 18. Jh. brachten Segelschiffe Rohrzucker und Rum aus der Karibik nach Flensburg, wo der Stoff der Stadt zu Reichtum verhalf. Im Keller des **Schifffahrtsmuseums** nebst Museumswerft ist dem Ganzen eine Ausstellung gewidmet. Zu Flensburgs noch aktiven Rum-Destillen zählt das Rumhaus Johannsen *(johannsen-rum.de)*, auch Station auf den beliebten **Rum-Führungen** des Museums.

Schiffbrücke 39 | Flensburg | schifffahrtsmuseum.flensburg.de

WATT WAGEN
Noch bevor es Schiffsverbindungen zur Insel Neuwerk gab, fuhr man bereits mit dem Pferdegespann dorthin

11
Cuxhaven
Weitblick, Watt und Wanderungen

Von hier will man vor allem weg! Aber nicht, weil es in Cuxhaven schlecht wäre, sondern einfach nur, weil es so viele tolle Ausflugsziele gibt: die äußerste Landzunge an der Elbmündung, die Insel Neuwerk und – noch viel weiter weg – Deutschlands einzige Hochseeinsel, das felsige und wunderschöne Helgoland. Aber auch die Cuxhavener Luft solltet ihr schnuppern, etwa im alten Fischereihafen, der sich langsam zu einer Art Gastromeile entwickelt. Oder an der Alten Liebe, einem ehemaligen Pier mit Meerespanorama zum Durchatmen.

Von der Alten Liebe ins Weite blicken

An der Kaimauer des Piers Alte Liebe werben die Ausflugsschiffe um Fahrgäste für Inseltrips und Seehundtörns. Von der kleinen **Aussichtsplattform** mit zwei Etagen und Bronzestatue geht der Blick auf die großen Pötte, den Leuchtturm und die weite Nordsee: Da kommt Fernweh auf.

Mega-Wattwanderung

Im Sommer marschiert ihr die zehn bis zwölf km von Cuxhaven zur kleinen Insel **Neuwerk** in gut drei Stunden. Kurios: Das Eiland gehört mit seinen 30 Einwohnern offiziell zur 120 km entfernten Hansestadt Hamburg. Nur für Sportliche. Zurück geht's per Schiff oder mit dem Pferdewagen. *Infos: wattwandernneuwerk.de | cuxhaven-neuwerk.de | cassen-eils.de*

In Helgoland auf die roten Klippen steigen

Ideal ist ein Ausflug aufs Nachbarinselchen mit Übernachtung, aber auch Tagesausflüge sind sehr beliebt. Richtig spannend wird's bei einer Wanderung hinauf in den nördlichen Teil der Felseninsel. Vom äußersten Punkt im Nordwesten, Lange Anna, habt ihr den tollsten Blick auf die roten Felsen und das Meer. Herausragend ist auch der gesamte Klippenrandweg, an dem ihr seltene Vogelarten beobachten könnt. *Infos: Helgolandfähre der Reederei Cassen Eils | cassen-eils.de*

Auf der Landzunge zum Ende der Elbe spazieren

Das eigentliche Wahrzeichen Cuxhavens ist die **Kugelbake** auf einem Landzipfelchen oberhalb der Stadt, am absoluten Endpunkt der Elbe. Die Bake ist ein 30 m hohes Seezeichen aus Holz. Allein der Spaziergang auf dem schmalen Landstreifen bis zur Bake ist den Miniausflug wert. Unterwegs gibt es auch einen Strand, einen Hundestrand und die kleine Festung **Fort Kugelbake.**

Fischmarkt Cuxhaven

Nach Cuxhaven kommen und keinen Fisch kaufen, das geht gar nicht. Der Fischmarkt läuft nur alle drei Wochen. Wenn's passt, schlendert durch das muntere Treiben mit Karussell, Musik und Flohmarkt. Und gönnt euch ein frisches Fischbrötchen auf die Hand. *Infos: Alter Fischereihafen | Cuxhaven | fischmarktcuxhaven.de*

Die Kiste

Bis tief in die Nacht könnt ihr hier die Abenteuer des Tages Revue passieren lassen – bei ein paar Bierchen oder gekonnt gemixten Cocktails. Die Krönung ist das tolle Abendessen, das in ausgelassener Atmosphäre serviert wird. Der ganze Stolz des Ladens sind die Tapasvariationen. Die Lage inmitten der alten Industriegebäude im Hafen rundet das Cuxhavenerlebnis ab. *Infos: Kapitän-Alexander-Str. 60 | Cuxhaven | die-kiste.info*

Regentag – was nun?

Die Faszination eines Orkans erleben

Im **Wrack- und Fischereimuseum Windstärke 10** ist die Geschichte der Seefahrt echt spannend aufbereitet mit alten Booten zum Anfassen. Videos und Tonaufnahmen lockern das Erlebnis weiter auf.

Ohlroggestr. 1 | Cuxhaven | windstaerke10.net

12
Bremen
Relaxte Hansestadt

Ob Stadtmusikanten, Roland, Werder oder die Weser – diese Stadt hat ein sehr starkes Profil und ist trotzdem nicht gerade überlaufen von Touristen. Dabei gibt es nahe dem Zentrum einige außergewöhnlich reizvolle Viertel – von historisch bis modern. Und ganz besonders rund um den Fluss ist alles im Fluss: Er ist der Protagonist in dieser stolzen, entspannten und liebenswerten Hansestadt. Nicht nur, weil die Fußballarena auch direkt über der Weser thront.

Foto mit Stadtmusikanten knipsen
Vor dem schlappe 600 Jahre alten Bremer **Rathaus** schiebt die legendäre **Rolandstatue** Wache, während gegenüber die **Bürgerschaft,** das Landesparlament des winzigen Bundeslandes, tagt. Unübersehbar dazwischen die mächtige Fassade des romanischen Doms **St. Petri.** Und dann gibt's ja noch die Bremer Stadtmusikanten. Der Bildhauer Gerhard Marcks gab 1953 seiner Bronzeplastik eher bescheidene Dimensionen: Fast gedrängt an die Rathauswand stapelt sich das Quartett am Schoppensteel 1 übereinander. Trotzdem will jeder ein Foto machen und den Esel streicheln. Das soll Glück bringen.

Im Muschel-Ufo experimentieren
Allein das komplett abgefahrene Gebäude des **Science Center Universum Bremen** ist die Anreise wert: Je nach Perspektive sieht das Wissenschaftsmuseum aus wie eine gigantische Muschel, ein Wal oder ein Ufo. In der Ausstellung darf man anfassen und experimentieren, Kinder und Erwachsene sind begeistert. *Infos: Wiener Str. 1A | Bremen | universum-bremen.de*

Durchatmen im grünen Graben
Sehr hübsch schmiegt sich die Bremer Stadtbefestigung aus dem 17. Jh. an den sich schlängelnden Stadtgraben. Im Grünstreifen dieser **Wallanlagen** gibt's Denk-

---

Regentag – was nun?
Naturkunde aktuell

Der Klassiker unter den Bremer Museen hält auch nach Jahren noch sein Niveau – weil er mit der Zeit geht. Das **Übersee-Museum** beleuchtet im altehrwürdigen Gebäude auch drängende Probleme unserer Zivilisation wie den Umweltschutz. Die ständige Ausstellung konzentriert sich auf Amerika, Asien, Afrika und Ozeanien, Sonderschauen ergänzen das Angebot.

Bahnhofsplatz 13 | Bremen | uebersee-museum.de

WELTBERÜHMT
Den Bremer Stadtmusikanten eilt ihr Ruf voraus – in echt sind sie kleiner, als man denkt.

mäler, Skulpturen (u. a. die riesige Steinhäuservase), das gute Restaurant **Kaffeemühle** *(Am Wall 212 | Bremen | muehle-bremen.de)* und ein extra als buntes Fotomotiv angelegtes Blumenfeld.

Durch die urigsten Gassen der Stadt bummeln

Nah am Weserufer liegt der **Schnoor** (plattdeutsch für „Schnur"), dieser herrliche Ministadtteil mit schmucken Mittelaltergässchen, Dutzenden Lokalen und Boutiquen. Alle Abriss- und Neubaupläne wurden erfolgreich verhindert, sodass sich das ganze Ensemble seinen Charme fast komplett erhalten konnte. Besonders reizvoll: die Straße Schnoor, nach der das Viertel benannt ist. Gönnt euch ein fantastisches *gelato* auf die Hand im Mini-Eiscafé Mario (Stavendamm 11).

Multikulti im In-Viertel erleben

Eingeweihte nennen es nur „das Viertel"– das **Ostertor** hat alles, was das Leben in einer weltoffenen Großstadt lebenswert macht: einen alternativen Touch, eine bunte Szene, Künstler und Lebenskünstler, Hippies, Hipster und viel Kultur. Rund um den **Ostertorsteinweg** versüßen euch viele Imbisse, Bistros, Restaurants und Cafés mit Spezialitäten aller Kontinente das Bummelerlebnis. Schaut euch auch Nebenstraßen wie etwa die **Weberstraße** an und entdeckt Cafés, Graffitiwände, Kultureinrichtungen, unzählige Fahrräder und hübsche Wohnhäuser mit Gärtchen.

KNOTENPUNKT
Der Kieler Hafen ist einer der vielseitigsten Häfen im Ostseeraum

13
Kiel
Hier ankern die Dampfer direkt in der City

Langsam löst sich das turmhohe Schiff vom Schwedenkai, schiebt sich durchs Hafenbecken und gleitet die Kieler Förde hinab Richtung offene Ostsee, mit Ziel Skandinavien oder Baltikum. Dabei überragt die gut 200 m lange Fähre einen Großteil der Kieler Skyline. Was keineswegs bedeutet, dass sich Schleswig-Holsteins Landeshauptstadt klein machen müsste.

Durch die Innenstadt bummeln
Kiel ist nicht nur Standort von Marine, Universität und Werften, auch das Zentrum hat viel zu bieten: Das **Alte Rathaus** etwa mit 106 m hohem Uhrturm *(geführte Touren bei Tourist-Info, Andreas-Gayk-Str. 31B | kiel-sailing-city.de)* oder das **Stadt- und Schifffahrtsmuseum** mit fünf Ausstellungsorten, u. a. in der denkmalgeschützten ehemaligen Fischhalle *(kiel.de)*. Im Germania-Hafen, am östlichen Ende der Hörnbrücke, schaukeln schönste Oldtimer-Schiffe am Kai.

Frischluft tanken bei einer Fördefahrt
Von der Bahnhofsbrücke aus fahren Linienschiffe mehrmals täglich an den Fährterminals vorbei die Förde hinunter und ankern u. a. im Badeort Laboe und (im Sommer) auch in Schilksee, Brennpunkt der alljährlichen Mega-Regatta Kieler Woche. *Infos: Kaistr. 51 | sfk-kiel.de*

Schiffe gucken am Nord-Ostsee-Kanal
Wenn sich dicke Pötte in die enge Schleuse zwängen, hält man den Atem an – das ist Millimeterarbeit. Nördlich der Innenstadt liegt die Einfahrt zum Nord-Ostsee-Kanal, der meistbefahrenen künstlichen Wasserstraße der Welt. Gut zu beobachten z. B. von der **Aussichtsplattform** im Stadtteil Wik *(Maklerstr.)*.

Das Freilichtmuseum Molfsee besuchen
Hier wird getöpfert, geschmiedet, geflochten: Etwa 8 km südwestlich vom Stadtzentrum lebt altes Handwerk in 60 historischen Bauernhäusern, Werkstätten, Katen und Mühlen aus dem 16. bis 20. Jh. wieder auf. Viele Tiere, Museumsbahn, Events und Workshops. *Infos: Hamburger Landstr. 97 | Molfsee | freilichtmuseum-sh.de*

Kaufrausch im Sophienhof
In der gläsernen, zweistöcken Mega-Shoppingmall nahe Kiels Hauptbahnhof residieren rund 120 Geschäfte auf insgesamt überdachten 70 000 m². Im Anschluss führt die Einkaufsmeile Holstenstraße bis zum Alten Markt. *Infos: Sophienblatt 20 | Kiel | sophienhof.de*

Gutes Bier in der Kieler Brauerei
Seit über 25 Jahren wird in diesem dunkel-rustikal eingerichteten Brau-Restaurant am Alten Markt süffiges Bier produziert. Dazu gibt's deftige Klassiker, von Labskaus bis Schnitzel Bierkutscherart. *Infos: Alter Markt 9 | Kiel | kieler-brauerei.de*

Regentag – was nun?
Kieler Künstler bewundern
In den großzügigen Ausstellungsräumen der **Stadtgalerie Kiel** werden vorrangig Ausstellungen zur zeitgenössischen Kunst gezeigt. Schwerpunkte sind Wechselausstellungen zur Kunst aus dem Ostseeraum sowie zur regionalen und internationalen Gegenwartskunst. Die Kunstsammlung reicht von den „Kieler Nachkriegsexpressionisten" vom Beginn des 20. Jh. bis hin zur Kunst des 21. Jh. An das Foyer angedockt ist der **Seecontainer** der Produzentengalerie **PRIMA KUNST,** die von Studierenden der Kunsthochschule eigenverantwortlich betrieben wird.

Andreas-Gayk-Straße 31 | Kiel | kunsthalle-kiel.de

KULTURDENKMAL
Auch Dank ihrer einzigartigen Lage im Hamburger Hafen versteht sich die Elphi als Gesamtkunstwerk

14
Hamburg
Moin, tschüss und richtig viel dazwischen

Hamburg – so etwas gibt es nur einmal auf der Welt: der Hafen mit den riesigen Containern, der Fluss mit den großen Pötten, der Fischmarkt, St. Pauli und die Reeperbahn, die Reichen und Schönen an der Elbchaussee, der Michel, Hotels an der Alster, linksalternative Viertel, Millerntor und Volkspark, Elbphilharmonie, HafenCity und Speicherstadt, „Spiegel", „Stern" und „Zeit" und Hanseaten à la Helmut Schmidt. Diese Stadt ist Abwechslung und Faszination pur.

Dem Wahrzeichen der Stadt aufs Dach steigen
Vom Eingang der **Elbphilharmonie** fahrt ihr auf einer Rolltreppe hinauf zum Panoramabalkon. In die Säle geht's bei Führungen oder Konzerten mit himmlischer Akustik. Die „Elphi" ist der Star des nagelneuen Stadtteils **HafenCity** mit schicken Bars und Cafés, Promenaden am Wasser, hübschen Plätzen, supermodernen Gebäuden und dem Lohsepark zum Verschnaufen. *Infos: Platz der Deutschen Einheit 4 | Hamburg | elbphilharmonie.de*

In der Speicherstadt über die Kanäle springen
Der älteste Lagerhauskomplex der Welt ist UNESCO-Weltkulturerbe und bildet einen tollen Gegensatz zur modernen HafenCity gleich gegenüber. Im Venedig-Style schlenderst du auf Brückchen über die Kanäle. Mehrere spannende Museen finden sich heute in den alten Mauern, darunter **Spicy's Gewürzmuseum** *(spicys.de)*, **Miniatur Wunderland** und das tolle **Internationale Maritime Museum** *(imm-hamburg.de)*. *Infos: Eingang zur Speicherstadt, z. B. Kehrwiedersteg*

Jungfernstieg und Binnenalster ablaufen
Einige der Tophotels stehen rund um die Binnenalster, diese riesige Wasserpfütze mitten im Herzen der Metropole. Vielleicht läuft euch ja Udo Lindenberg über den Weg, der im **Hotel Atlantic** wohnt. Und am Jungfernstieg am Südwestufer gibt's das **Alsterhaus** – ein über 100 Jahre altes Kaufhaus mit reicher Geschichte. *Infos: Jungfernstieg 16–20 | Hamburg | alsterhaus.de*

Im Schanzenviertel alternativ unterwegs
Im Multikulti-Szeneviertel findet ihr neben jung gebliebenen Hippies und entspannten Lebenskünstlern kreative Designerboutiquen und Restaurants aller Art. Frühstück samt Espresso frisch aus der Rösterei gibt's bis zum Nachmittag und Drinks bis in den frühen Morgen. Los geht's am S- und U-Bahnhof **Sternschanze**, am schönsten sind Susannenstraße und Juliusstraße samt Umgebung.

Auf der Reeperbahn schlendern
Polizeirevier Davidwache, **Schmidts Tivoli Theater, St. Pauli Theater,** Beatles-Platz, Große Freiheit – das ist die „sündige Meile". Sehr touristisch, auch kitschig, aber das alte Flair ist noch zu greifen. Der atmosphärische **Mojo-Club** verbirgt sich an der Reeperbahn 1 unter dem Straßenniveau *(mojo.de)*.

Regentag – was nun?

Die Welt en miniature

Die größte **Modelleisenbahn-Anlage** der Welt ist eines der beliebtesten Museen Deutschlands. Und das nicht nur, weil es in der eindrucksvollen, historischen **Speicherstadt** mit ihren Kanälchen und alten Lagerhäusern liegt. Hier könnt ihr Stunden verbringen, die Ausstellung wechselt immer wieder vom Tag- in den Nachtmodus. Manchmal wird's voll, abends ist es oft luftiger. Die Modelle wurden mit sehr viel Liebe zum Detail und Fingerspitzengefühl gebaut.

Kehrwieder 2, Block D | Hamburg | miniatur-wunderland.de

15
Lüneburg & die Heide
Wo Salz und Sole kribbeln

Lüneburg ist eine echte Perle unter den Hansestädten und zugleich die größte Stadt in der Heide. 1000 Jahre lang haben die Lüneburger Salz aus dem Untergrund gewonnen und sich damit eine goldene Nase verdient. Einfach zum Verknallen, diese Stadt mit ihrem prickelnden Gegensatz zwischen mittelalterlicher Kulisse und jungem, pulsierendem Ambiente! Und wer Lust auf Bewegung in wunderbarer Natur hat, muss nicht lange suchen. In unmittelbarer Umgebung kann man wandern, reiten, paddeln und schwimmen.

Durch Lüneburg schlendern

Bei einem Spaziergang durch die **Westliche Altstadt** fühlt man sich ins Mittelalter versetzt: Alte Speicherhäuser, buckliges Kopfsteinpflaster und schmale Gassen lassen ahnen, wie es sich hier vor Jahrhunderten lebte. Dicht an dicht schmiegen sich die Häuser zwischen **Johann-Sebastian-Bach-Platz** und der **Gasse Auf dem Meere** mit rosenberankten Mauern und hohen Giebeln. Sie sind schmaler und bescheidener als die Patrizierhäuser **Am Sande** – hier wohnten und arbeiteten im Mittelalter vor allem Handwerker. An jedem der jahrhundertealten Häuser kannst du etwas Besonderes entdecken und schöne kleine Läden erkunden.

Auf dem Wasser tanzen

Neben der Dauerausstellung zum Thema Wasser ist vor allem die Architektur im Inneren des **Wasserturms** sehr sehenswert. Das Treppenhaus führt mitten durch den riesigen ehemaligen Wasserkessel und in der sechsten Etage wandert der Blick von der Aussichtsterrasse weit über die Backsteindächer. An jedem Vollmondabend ist Kulturprogramm, an jedem ersten Sonntag im Monat Livejazz. *Infos: Bei der Ratsmühle 19 | Lüneburg | wasserturm.net*

Regentag – was nun?

Dein eigenes Salz kochen

Das **Salzmuseum** zeigt anschaulich, wie Salzgewinnung und -handel im alten Lüneburg funktionierten. Und du kannst es selbst ausprobieren: Koch einfach mal in den kleinen Salzpfannen so lange Sole, bis die kostbaren, weißen Körnchen übrigbleiben. Das Museum zeigt außerdem, welche Rolle Salz in anderen Winkeln der Erde spielt und warum wir ohne Salz nicht existieren können. Spannend!

Sülfmeisterstr. 1 | Lüneburg | salzmuseum.de

Die Heidekönigin krönen

Der hübsche Ferienort **Amelinghausen** feiert jedes Jahr im August eine rauschende Heideblütenfestwoche. Außerdem lässt es sich hier prima wandern, reiten und Rad fahren. Durch den Lopaupark geht man 1,5 km zum lang gestreckten Lopausee mit Badestrand und Bootsverleih. Die hofeigene Reitschule des außerhalb gelegenen Forstguts Rehrhof bringt allen Altersstufen das Reiten bei. *Infos:* Rehrhof 1–8 | Rehlingen-Rehrhof | rehrhof.de

In der Heide wandern

Die landschaftlich besonders reizvolle **Marxener Heide** ist ein echtes Wanderparadies mit Heide, Wacholder und kleinen Gewässern. Sie erstreckt sich 400 m links der Straße von Drögennindorf nach Marxen am Berge, ca. 17 km südwestlich von Lüneburg.

In historischer Kulisse speisen

Im lebendigen **Kneipenviertel an der Ilmenau** schlug schon im Mittelalter das Herz der Stadt. Hier wurden Handelsschiffe be- und entladen, stellten Böttcher Fässer her, lag Fischgeruch in der Luft, wie die Straßennamen **Stintmarkt** und **Am Fischmarkt** belegen. Im Erdgeschoss der **Lüner Mühle** gibt es einen tollen Bäcker und beim Italiener Mama Rosa einen guten Mittagstisch mit schönen Sonnenplätzen auf der Terrasse.

SCHNUCKENROMANTIK
Eine Wanderung durch die blühende Lüneburger Heide ist ein wunderbares Erlebnis

16
Lübeck & Travemünde
Tradition, Marzipan und ein Bilderbuch-Badeort

Wer im Ostseeraum auf den Spuren der Backsteingotik reist, kommt um die 220 000-Einwohner-Stadt Lübeck nicht herum. Kirchen und Kontorhäuser prägen die Silhouette, zeugen von Reichtum und Macht der Hanse. Und vor den Toren der lebenslustigen Hansestadt wartet Travemünde, gern auch „Lübecks schöne Tochter" genannt. Das mondäne Strandbad lockt mit Kurhaus und Spielbank, einer von feiner Bäderarchitektur gesäumten Uferpromenade und einem breiten feinsandigen Strand.

In Lübecks Wahrzeichen Geschichte schnuppern
Ein Muss für jeden Lübeck-Besucher ist das **Holstentor**, dessen Name im Sprachgebrauch aus „Holsteintor" entstanden ist. Schon von außen ein echter Hingucker, verrät das Museum innen Interessantes über die Hanse und den Handel der Lübecker Kaufleute. *Infos:* Holstentorplatz | Lübeck | museum-holstentor.de

Im Buddenbrookhaus die Manns besuchen
Was wäre Lübeck ohne die Buddenbrooks! Im Geburtshaus von Thomas Mann erfährst du Menschliches und Tragisches aus der Familienhistorie der Kaufmanns- und Schriftstellerfamilie. *Infos:* Mengstr. 4 | Lübeck | buddenbrookhaus.de

St. Marien bestaunen
Vor einer der schönsten Backsteinkirchen Deutschlands thront die Skulptur des Teufels und wartet auf ein Selfie mit dir. Ebenfalls sehenswert: Sonnenuhr, Orgel und die heruntergestürzte Glocke im Seitenschiff. Unbedingt eine Führung im Dachstuhl buchen! *Infos:* Marienkirchhof | Lübeck | st-marien-luebeck.de

Im Marzipan-Museum Appetit kriegen
Direkt am alten Rathaus liegt das süßeste Museum der Stadt, das **Niedereg-**

Den alten Störtebeker besuchen

Das **Europäische Hansemuseum** im ehemaligen Lübecker Burgkloster bietet einen tollen Überblick über die Geschichte der Hanse. In der Sonderausstellung „Störtebeker" erfährt man alles über das Treiben der Piraten während der Hansezeit.

An der Untertrave 1 | Lübeck | hansemuseum.eu

BELIEBTES WAHRZEICHEN
Das Lübecker Holstentor ist UNESCO-Welterbe

ger-Museum. Hingucker sind zwölf lebensgroße Persönlichkeiten aus Marzipan, darunter Thomas Mann und Modezar Wolfgang Joop. Hart für Naschkatzen: Anknabbern ist natürlich verboten! Im Café eine Etage tiefer darf man dafür kräftig zuschlagen. *Infos: Breite Str. 89 | Lübeck | niederegger.de/cafe-niederegger/marzipanmuseum*

In Travemünde vom Fischereihafen zur Nordmole flanieren

Auf diesen zwei km immer am Traveufer entlang wird die Seele von Travemünde spürbar. Am alten **Fischereihafen** gibt's leckere Fischbrötchen, hier legt die Pendelfähre zur Halbinsel Priwall ab. Schönste Bäderarchitektur, Cafés und Geschäfte wie Niederegger säumen die Vorderreihe genannte Uferstraße. Die **Travepromenade** mit ihren 1001 Bootsanlegern endet am grün-weißen Leuchtfeuer und dem langen Strand. Von der Travepromenade (ab Kaiserbrücke, Vorderreihe 64a) kann man mit der „MS Hanse" den Fluss hinauf ins Zentrum von Lübeck fahren. *Infos: hanse-travemuende.de*

Über Lübecks charmante Einkaufsmeile bummeln

Egal ob Schlemmertour, Shopping-Marathon oder einfach nur entspanntes Bummeln – in der **Hüxstraße** geht alles. Auf nur 500 m findest du über 120 Läden, urige Bars und typische Lübecker Restaurants. Souvenir-Tipp: Bei Shalom Schmuckdesign gibt es die Stadtringe von Lübeck zu kaufen. *Infos: Hüxstr. 27 | Lübeck | shalom-schmuckdesign.de*

17
Fehmarn
Willkommen auf der Sonnenseite des Lebens

Der Wind kann das Gefährt schon ordentlich von der Seite packen, mit dem ihr über die 22 m hohe Fehmarnsundbrücke – auch Kleiderbügel genannt – hinüber auf Deutschlands drittgrößte Insel hinter Rügen und Usedom fahrt. Dann seid ihr an der deutschen Costa del Sol, scheint hier doch die Sonne am häufigsten in unserer Republik. Und sonst? Urige Orte, toller Strand, viel Weite und gastfreundliche Menschen, die stolz auf ihren „sechsten Kontinent" sind.

AUFS WESENTLICHE KONZENTRIEREN
Diese Kunst beherrschen Fehmarns Schafe mühelos

Die Inselhauptstadt erkunden
Die Fahrt ins Zentrum von **Burg** ist durch das Kopfsteinpflaster schön holprig. Ansonsten ist die kleine Inselhauptstadt ein friedlicher Ort mit schönen Fachwerkhäusern, **Heimatmuseum** *(museum-fehmarn.de)* und **Galileo-Wissenswelt** *(galileo-fehmarn.de)*. Und viele gemütliche Lokale gibt es hier auch!

Action pur in Burgstaaken
Die Fahrt von Burg zum Erlebnishafen **Burgstaaken** lohnt sich. Hier könnt ihr u. a. ein altes **U-Boot** bestaunen *(ostsee-u-boot.de)*, einem 40 m hohen **Silo** aufs Dach steigen *(siloclimbing.com)* und ein **Übersee-Museum** besuchen *(abenteuer-uebersee.de)*. Außerdem Fischerboote am Kai angucken und gut essen.

Am Südstrand chillen
Von Burgstaaken sind es nur ein paar Fahrminuten zur vorgelagerten Halbinsel **Burgtiefe.** Der Südstrand dort ist rund drei km lang, feinsandig, gespickt mit Strandkörben, verläuft flach ins Wasser und hat eine lange Promenade mit Lokalen und ein Meerwasserschwimmbad zu bieten. Wer sich vom hässlichen IFA-Hotelkomplex nicht abschrecken lässt, kann hier einen entspannten Badetag verbringen.

Abstecher nach Lemkenhafen
Über dem kleinen Ort an der Südwestküste erhebt sich die alte **Segelwindmühle Jachen Flünk,** 1787 erbaut und heute Museum *(museum-fehmarn.de/jachenfluenk)*. Anschließend nichts wie rein in die **Aalkate** *(original-aalkate-fehmarn.de)* und den vielleicht besten Räucherfisch der Insel probieren. Ganz nebenbei genießt man von hieraus im historischen Ambiente auch den Blick auf die idyllische Lemkenhafener Wiek mit der eindrucksvollen Fehmarnsundbrücke im Hintergrund.

Beute machen im Bordershop
Über 6000 m² Verkaufsfläche auf drei Etagen, Kistenberge Wein, 700 Sorten Whisky, Süßes bis zum Abwinken: Im weltweit größten schwimmenden Grenzhandel ist Kaufrausch Programm. **Infos:** *Zur Westmole 1 a | Puttgarden/Fährhafen | bordershop.com*

Leute gucken vorm Landhaus Kröger
Hier sitzt man vor historischem Gemäuer von 1644 über der Hauptstraße von Burg und hat alles im Blick. Falls der nicht vom Teller abgelenkt ist: Es gibt gute (meist deutsche) Küche, von gebratener Scholle bis zum Ratsherrentopf. **Infos:** *Breite Str. 10 | Burg | landhauskroeger.eatbu.com*

Regentag – was nun?

Dem Hai ins Auge schauen

Im **Meereszentrum Fehmarn** taucht ihr trockenen Fußes ein ins nasse Element. Es führt nämlich ein Glastunnel durch ein Mega-Aquarium, in dem ihr rundherum von neugierigen Haifischen begutachtet werdet. Gesichert durch eine 16 m breite Panzerglasfront könnt ihr weitere Bewohner tropischer Gewässer bestaunen.

Gertrudenthaler Str. 12 | Burg | mega-meereswelten.de

18
Kopenhagen
Die kleine Meerjungfrau hat sich zur Ostseekönigin gemausert

In der Hauptstadt Dänemarks kannst du getrost auf Leihrad, S-Bahn, Metro und Hafenbus umsteigen. Die sehr gemütlichen Ecken der Innenstadt eroberst du zu Fuß. Tivoli und Fristaden Christiania bieten echte Kontraste. Ebenso großartig wie der Blick von der Erlöserkirche ist eine ganztägige Radtour rund um den Hafenkanal. Mit den öffentlichen Verkehrsmitteln kannst du auch die neuen Stadtvisionen Ørestad und Nordhavn erreichen.

Im Tivoli vergnügen
Einmal im Jahr will jede Dänin und jeder Däne den Vergnügungspark besuchen. 1843 zur Volksbelustigung noch außerhalb des Stadtwalls eröffnet, liegt er heute ums Eck vom Hauptbahnhof. Fahrgeschäfte, Lichtschauen, Bühnen, ein See und über 40 Restaurants. **Infos:** *Vesterbrogade 3 | Kopenhagen | tivoli.dk*

Am Hafen radeln und baden
Wie gut Kopenhagen als Radstadt funktioniert, kannst du bei einer Hafenumrundung erfahren. Die beschilderte 13-km-Tour führt über fünf Radbrücken, darunter die von Ólafur Elíasson entworfene, poetische Cirkelbroen und die Cykelslangen. Unter der „Fahrradschlange" lockt das Hafenschwimmbad an der Kalvebod Brygge. **Infos:** *visitcopenhagen.com | bycyklen.dk*

Den Blick vom Turm der Vor Frelsers Kirke wagen
Schon Jules Verne verewigte die Erlöserkirche in „Die Reise zum Mittelpunkt der Erde". Die sich um die Turmspitze windende Treppe läuft oben sehr eng aus.

Regentag – was nun?
Im Dansk Architecture Center staunen

Passend zur baulichen Entwicklung des Innenhafens mit Oper, Schauspielhaus und demnächst Wasserkulturhaus (Kengo Kuma) sowie Opernparklandschaft hat Rem Koolhaas unweit der schwarzen Bibliothek den multifunktionalen Glaskubus BLOX errichtet. Wie die Faust aufs Auge passt dazu auch der Einzug des Architekturzentrums DAC, in dem du Stadtplanung und -ökologie als kolossal spannendes Metier entdeckst.

Bryghusgade 10 | Kopenhagen | dac.dk

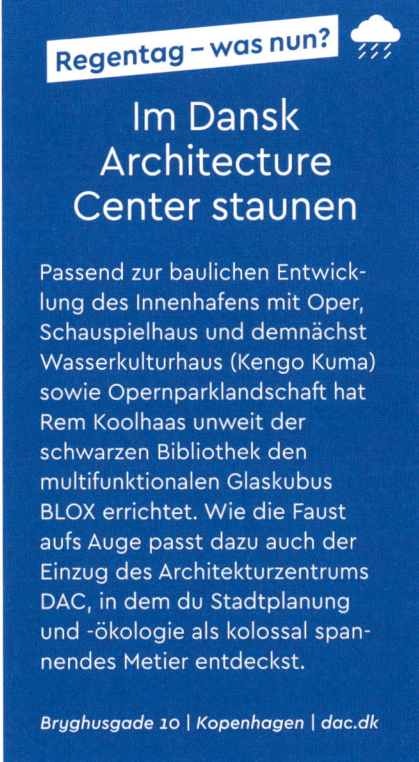

Der Wendeltrip belohnt Schwindelfreie mit dem verwegensten Blick auf Stadt und Hafen. *Infos: Sankt Annæ Gade 29 | Christianshavn | vorfrelserskirke.dk*

Anarchische Gefühle in der Fristaden Christiania zulassen

Das 1971 friedlich eroberte Ex-Marinegelände im Citybereich entwickelte sich zur geduldeten autonomen Wohnsiedlung, die wegen kreativer Basisdemokratie berühmt, aber wegen offenen Drogenverkaufs auch ruchbar wurde. Doch auf Sicht steht das Sieben-Hektar-Filetstück zwar Touristen, nicht aber Investoren und Stadtplanern zur Verfügung. *Infos: Hauptzutritt Prinsessegade/Bådmandsstræde | Christianshavn | christiania.org*

Märchenhafte Gefühle an Den lille Havfrue erleben

„Die kleine Meerjungfrau" ist einerseits eine Märchenfigur von H. C. Andersen, andererseits die Hommage des Künstlers Edvard Eriksen an die Ballerina Ellen Price. Dass sie nur 1,25 m klein ist, überrascht viele, die zu ihrem Ansitz beim Langeliniekaj pilgern.

Torvehallerne

Die Gourmetmarkthallen am Bahnhof Nørreport verkaufen und servieren nur edle und ausgesucht vielfältige Produkte. Hier trifft man sich zum Lunch oder zum Feierabendsnack. *Infos: Frederiksborggade 21 | Kopenhagen | torvehallernekbh.dk*

ZWEIRAD-HYPE
Radlern ermöglicht man in Kopenhagen immer wieder neue Fahrtwege

19
Wismar
Stadt der Freibeuter

Willkommen in Wismar, der „kleinen Schwester Lübecks". Abgesehen vom Handel, Fischfang und Schiffsbau profitierte die Hansestadt (rund 42 000 Ew.) zur Blütezeit der Hanse auch von der Piraterie. Legendäre Freibeuter wie Klaus Störtebeker verkauften ihre Beute auf dem Wismarer Markt – dank offizieller Kaperbriefe völlig legal. Der Wismarer Hafen und Marktplatz erinnern mit ihren liebevoll restaurierten Backsteinhäusern an die damalige Zeit.

HINGUCKER
Vom Café aus lohnt ein ausgiebiger Blick auf die historischen Gebäude von Wismar

Geschichte schnuppern am historischen Markt

Wenn du wissen willst, warum Wismars **Altstadt** zum UNESCO-Weltkulturerbe zählt, schau dir den historischen **Markt** an. Mit 10 000 m² gehört er zu den größten seiner Art in Deutschland. Die aufwendig restaurierten Bauten ringsum wie das Rathaus, die alte schwedische Kommandantur und die Wasserkunst sind echte Hingucker. Setz dich einfach in eins der Restaurants oder Cafés und genieß das einzigartige Ensemble.

Auf Piratenspuren wandeln

Auf einer der historischen **Stadtführungen,** die am Markt starten, erfährst du mehr über den legendären Freibeuter Nicolao (Klaus) Störtebeker sowie über historische Gebäude und Denkmäler. Die kannst du auch auf eigene Faust erkunden, in der Tourismuszentrale am Markt gibt es Stadtpläne mit den wichtigsten Sehenswürdigkeiten. *Infos: Lübsche Str. 23 a | Wismar | wismar.de*

Flanieren am Alten Hafen

Wuchtige Speichergebäude und das alte „Baumhaus" erinnern an die Zeiten, als der **Hafen** noch Umschlagplatz für Waren aller Art war. Heute beschränkt sich der Handel auf den sonntäglichen **Fischmarkt.** Dafür gibt es in den top restaurierten oder neuen Gebäuden viele Shops und Restaurants. Falls Wassergucken alleine nicht reicht, bucht doch am Hafen eine **Ausflugsfahrt,** etwa zur Insel Poel *(z. B. adler-schiffe.de).* Bei einem Törn mit dem Koggennachbau „Wissemara" kann man Hanse-Feeling pur erleben *(poeler-kogge.de).*

Das Café Glücklich beim Wort nehmen

Zwischen Bahnhof und St. Nikolai liegt ein kleines Schlemmerparadies. Katharina Glücklich (heißt wirklich so!) verwöhnt ihre Gäste mit selbst gebackenen Süß- und Backwaren wie Käsekuchen oder Schwarzwälderkirschtorte – köstlich! Super sind auch das gute Frühstück oder die herzhaften Quiches am Abend. *Infos: Schweinsbrücke 7 | Wismar | cafe-glucklich-cafe.business.site*

Bummeln und Shoppen

Nur einen Steinwurf vom historischen Markt lädt das östliche Ende der **Lübschen Straße** zum Einkaufsbummel ein. Kleine Läden wechseln sich hier mit großen Filialen ab. An der Ecke Krämerstraße steht das Karstadt-Stammhaus, das 1881 als erstes Haus der Warenhauskette gegründet wurde und der Konzernsanierung nicht zum Opfer fällt. Im hinteren Bereich des Kaufhauses zeigt das **Rudolph-Karstadt-Museum** Einrichtungsgegenstände und Arbeitswerkzeuge aus der Anfangszeit des Unternehmens.

Regentag – was nun?

Relaxen und Baden

Spaßbad, Sauna, Wellness: Im **Wonnemar** macht sogar schlechtes Wetter Spaß. Egal, ob du eine der vielen Rutschen hinuntersaust, in der herrlichen Saunalandschaft relaxt, das kuschelig warme Außenbecken genießt oder dich vom Wasserstrahl der Massagedüsen durchkneten lässt – hier ist Wohlbehagen Programm.

Bürgermeister-Haupt-Str. 36 | Wismar | wonnemar.de/wismar

20
Schwerin
Mediterran, urban und beschaulich

Mit rund 95 000 Einwohnern ist die „Stadt der Sieben Seen" Deutschlands kleinste Landeshauptstadt. Die kompakte Größe hat den Vorteil, dass du locker von einer Sehenswürdigkeit zur anderen laufen kannst. Wahrzeichen Schwerins ist das prachtvolle Schloss, das auf einer kleinen Insel thront. Die lebendige Altstadt mit stilecht herausgeputzten Bürgerhäusern verströmt ein beinah mediterranes Flair.

Ein Schloss wie ein Märchen
Mit seinen unzähligen Türmchen, Giebeln und Vorsprüngen und der grandiosen Lage auf einer Insel braucht das Schweriner Schloss diesen Vergleich nicht zu scheuen. Das Bauwerk, heute Sitz des Landtags, geht zurück auf eine slawische Burg, die bereits vor rund 1000 Jahren auf der Insel stand. Mitte des 19. Jh. erfolgte der Um- und Neubau im Stil der mecklenburgischen Renaissance. Der prächtige 25 ha große **Schlosspark** mit barocker Grundstruktur und Teilen im Stil englischer Landschaftsgärten lädt zum Flanieren ein. Bei der geführten Tour „Vom Keller bis zur Kuppel" erhältst du ungewöhnliche Einblicke in die Räume des Landtags und noch nicht restaurierte Teile des Schlosses **Infos:** *Lennéstr. 1 | Schwerin | mv-schloesser.de/de/location/schloss-schwerin*

Das Theaterjahr genießen
Im Sommer schallen Arien von Verdi & Co. durch den **Alten Garten** – die Freiluftaufführungen vor der Kulisse des Schlosses sind das Highlight des Theaterjahrs in Schwerin. Mit Neuinszenierungen, Ballett und Konzerten hat das Mecklenburgische Staatstheater auch sonst viel zu bieten. **Infos:** *Alter Garten 2 | Schwerin | mecklenburgisches-staatstheater.de*

Alles auf Rot im Feuerwehrmuseum

In Deutschlands größtem Feuerwehrmuseum gibt's mehr als 16 000 Exponate zu sehen – von der Handdruckspritze von 1840 über das Löschfahrzeug von 1990 bis zur kompletten Einsatzleitstelle. 100 echten stehen rund 3000 Miniatur-Feuerwehrautos gegenüber. Die Sammlung „Kulturgeschichte des Feuers" vermittelt anschaulich, wie ein Brand entsteht.

Hamburger Allee 68 | Schwerin | ifm-schwerin.com

MÄRCHENHAFTER ARBEITSPLATZ
Im prächtigen Schweriner Schloss debattieren die Abgeordneten des Landtags

Schwerin vom Wasser aus
Bei einer Rundfahrt mit der **Weißen Flotte** hast du die schönsten Seiten der Landeshauptstadt und ihrer Umgebung im Blick. Die Schiffstouren starten direkt neben dem Schweriner Schloss am Innensee. *Infos: Werderstr. 140 | Schwerin | weisseflotteschwerin.de*

Zeitreise in das Leben davor
Die Frage, wie ein Leben ohne Strom, Handys und Internet überhaupt möglich war, beantwortet das **Freilichtmuseum für Volkskunde Schwerin-Mueß** mit Einblicken in die Lebenswelt vergangener Jahrhunderte. Inmitten alter Obstgärten stehen hier original erhaltene und rekonstruierte Bauernhäuser samt alter Dorfschule. *Infos: Alte Crivitzer Landstr. 13 | Schwerin | schwerin.de/kultur-tourismus/kunst-kultur/bildende-kunst-museen/freilichtmuseum-schwerin-muess*

Fisch nordisch bis mediterran
Im **Restaurant Lukas** stehen klassisch-norddeutsche Gerichte wie Scholle Finkenwerder Art, Hering oder Matjes vereint mit mediterranen Spezialitäten auf einer Karte. Vegetarisches gibt's auch. *Infos: Großer Moor 5 | Schwerin | restaurant-lukas.de*

EIN WOCHENENDE IM NORDEN

21
Rostock
Maritimes Flair im Ostsee-Drehkreuz

Mehr maritimes Flair geht kaum: Das Rostocker Stadtgebiet mit Warnemünde erstreckt sich 16 km weit vorwiegend am Westufer der Warnow entlang. Was Rostock schon für die Hanse war, ist die rund 208 000 Einwohner große Metropole nach dem Fall der Mauer wieder geworden: ein Drehkreuz für den südlichen Ostseeraum. Neue Arbeitsplätze, viele Zugezogene sowie ein tolles Kultur- und Unterhaltungsangebot sind die Folge – zu den Big Playern zählt etwa die AIDA-Reederei.

Stadtrundgang durch Rostocks Geschichte

Der **Neue Markt** erzählt am meisten über die Geschichte Rostocks, etwa im Rathaus aus dem 13. Jh. mit seiner Barockfassade. Mehr erfährst du bei einem geführten Stadtrundgang. Täglich außer sonntags herrscht hier reges Markttreiben. ***Infos:*** *Universitätsplatz 6 | Rostock | rostock.de*

Einfach mal abtauchen

Wer immer schon mal tauchen lernen wollte, kann das hier tun: Schnuppertauchgänge im **DiveCenter Rostock** gibt es ab rund 60 Euro. Wer es schon kann, entdeckt bei Tauchgängen Seesterne, Glasfische und Klippenbarsche etwa am 40 000 m² großen, künstlich geschaffenen Riff vor Nienhagen – es muss nicht immer die Südsee sein. ***Infos:*** *Zum Jachthafen 1–8 | Rostock | divecenter-rostock.simdif.com*

Die astronomische Uhr in der Marienkirche: ganz analog

Ein Hingucker: Das rund elf m hohe Kunstwerk direkt hinter dem Hochaltar zeigt die Zeit im 24-Stunden-Rhythmus an, dazu Datum, Mondphasen, Tierkreiszeichen und die Monate. Das einzigartige Meisterwerk läuft bereits seit 1472, ohne dass wesentliche Teile ersetzt werden mussten. ***Infos:*** *Bei der Marienkirche 1 | Rostock | astronomischeuhr.de*

Den Stadthafen erpaddeln

Auf einer geführten Tour mit **Stadtpaddeln Rostock** kannst du im Kajak mal einen ganz anderen Blick auf den Stadthafen und das Petriviertel werfen und dabei viel Wissenswertes über Rostock erfahren. Auch für Anfänger geeignet. ***Infos:*** *stadtpaddeln-rostock.de*

Den Gespenstern in Nienhagen auf die Spur kommen

Ein Ausflug führt von Rostock in einer knappen halben Stunde zum **Nienhäger Holz** direkt an der Ostseeküste, einem 180 ha großen Mischwald aus Eichen, Buchen und Eschen in der Nähe des Ostseebads Nienhagen. Besser bekannt ist dieser unter Naturschutz stehende Wald als Gespensterwald. Seine Einmaligkeit liegt in den von der Natur bizarr geformten Laubbäumen durch die salzhaltige, feuchte Seeluft sowie durch den Wind. Durch den Gespensterwald zieht sich ein Rad- und Wanderweg, auf dem sich die Region gut erkunden lässt.

Regentag – was nun?

Blick in düstere Zeiten

Einen unrühmlichen Teil der DDR-Vergangenheit kann man beim Besuch der ehemaligen **Stasi-U-Haftanstalt** kennenlernen. Teilweise führen ehemalige Gefangene durch die Dokumentations- und Gedenkstätte. Zu sehen sind dabei u. a. Zellen mit Glasbausteinen statt Fenstern, damit die Gefangenen nicht erkennen konnten, wo sie sich befinden.

Grüner Weg 5 | Rostock | htlpb-mv.de/projekte/dug-rostock

GESPENSTISCH
Wind und Wetter formten den Mischwald am Küstenstreifen bei Nienhagen

22
Ahrenshoop
Ein Ort für die schönen Dinge des Lebens

Links und rechts der Durchgangsstraße reihen sich schmucke Häuser und Katen mit Reetdach aneinander, dort und in den teils sandigen Seitenwegen wimmelt es vor Galerien. Die schöne Natur samt Traumstrand und Steilküste hat seit Ende des 19. Jh. viele Künstler angezogen. Sie haben den Ort geprägt. Das ist bis heute zu spüren, in Ahrenshoop wohnt der gute Geschmack, hier könnt ihr feiner essen und besser Kunst kaufen als anderswo in der Region.

Die Kunst erlaufen
Ein 13 km langer Rundwanderweg, der **Kunstpfad Ahrenshoop,** führt euch zu zehn Orten, an denen einst die bekanntesten Bilder der Künstlerkolonie entstanden – auf großen Tafeln werden dort die Kreativen und ihre Werke beschrieben. Infos und Flyer hat die Kurverwaltung. *Infos: Kirchnersgang 2 | Ahrenshoop | ostseebad-ahrenshoop.de*

Von Galerie zu Galerie hüpfen
Macht Spaß: Zu Fuß oder per Rad einige der vielen Galerien abklappern. Sehenswert ist z. B. das rohrgedeckte **Dornenhaus,** das neben Malerei auch schöne Keramik zeigt *(dornenhaus.de).* Das **Neue Kunsthaus** nebenan bietet u. a. Grafiken und Skulpturen *(neues-kunsthaus-ahrenshoop.de),* die kleine **Galerie Alte Schule** *(galerie-alte-schule-ahrenshoop.de)* Werke von Künstlern aus den Anfängen der Künstlerkolonie.

Die Schifferkirche besichtigen
Im Inneren dieser rohrgedeckten Kirche von 1951 fühlt man sich fast wie auf einem alten Wikingerboot: Die offenen Rippen der Spitzbögen und die Wände sind komplett aus Holz, von der Decke

Auf den Spuren der Künstlerkolonie

Dank markanter Architektur und eigenwilligem Goldton ist das Kunstmuseum Ahrenshoop nicht zu übersehen. 125 Jahre Künstlerkolonie werden hier liebevoll dokumentiert.

So sind u. a. Werke namhafter Kreativer wie Elisabeth Anna Gerresheim und César Klein zu sehen.

Weg zum Hohen Ufer 36 | Ahrenshoop | kunstmuseum-ahrenshoop.de

GUT ABGEDECKT
Katen mit Reetdächern gibt es in Ahrenshoop einige

hängen Schiffsmodelle herab. Zeitweise gibt es Konzerte und andere Events. *Infos:* Paetowweg 5 | Ahrenshoop | kirche-mv.de/prerow/kirchen

Am Islandpferdehof Fischland ausreiten
Die gutmütigen Islandpferde hier haben es gut, sie leben im offenen Stall und haben viel Auslauf. Ihr könnt auf dem kleinen Hof einzelne Reitstunden, aber auch Tagestouren buchen. Unbedingt vorher anrufen! *Infos:* Weg zum Kiel 12 | Ahrenshoop | islandpferdehof-fischland.de

Schöne Dinge erstehen
Unübersehbar mit ihrem roten Türmchen ist die **Bunte Stube,** eine Institution direkt an der Hauptstraße. Neben tollen Büchern zur Region gibt es hier auch schönes Kunsthandwerk, Feinkost und Kleidung. *Infos:* Dorfstr. 24 | Ahrenshoop | bunte-stube.de

Hafenflair schnuppern
Ja, Ahrenshoop hat auch einen kleinen Boddenhafen. Die Zufahrt ist holprig, aber es lohnt sich. Im **Räucherhaus** direkt am Kai wird gut gekocht. Zu Stremellachs in Blätterteighülle oder gebratenem Knurrhahn gibt es ein Bier aus der hauseigenen Fischland-Brauerei. Im Gasthaus kannst du auch **Zeesboot-Touren** buchen und auf einem der traditionellen Fischerboote auf den Saaler Bodden hinaussegeln. *Infos:* Hafenweg 6 | Ahrenshoop | raeucherhaus.net

23
Stralsund
Die alte Stadt und das Meer

Stolze Kirchen, Klöster und Speicherhäuser – das Stadtbild von Stralsund (rund 58 000 Ew.) mit seiner üppigen Backsteingotik spricht von Macht und Reichtum der Hanse. Weite Teile des fast völlig von Wasser umgebenen historischen Zentrums mit dem alten Hafen und seinen zahlreichen Brücken gehören zum Welterbe der UNESCO, erzählen von Handel und Seefahrt. Im Hafen kann man das Museumsschiff Gorch Fock I besuchen, im Ozeaneum zahlreiche Meeresbewohner. Südöstlich der City schwingt sich die Strelasundbrücke nach Rügen.

ANTARKTIS AN DER OSTSEE
Auf dem Dach des schneeweißen Ozeaneums lebt eine Kolonie Humboldtpinguine

Staunen am Alten Markt
Rund um den Alten Markt herrscht Backsteingotik pur. Da wäre z. B. das **Rathaus** mit seiner prächtigen Schaufassade aus dem 13. Jh. Hier kann man sogar shoppen gehen: Neben den Läden im Erdgeschoss, wo man auch Stralsunder Marzipan kaufen kann, finden in der gotischen Kellerhalle schöne Themenmärkte statt. Gleich nebenan erhebt sich die mächtige **Nikolaikirche** von 1276. Mit dem **Wulflamhaus** samt Restaurant oder dem **Olthofschen Palais** (Welterbe-Ausstellung) gibt es im Umkreis viele weitere imposante Fassaden. *Infos:* hansestadt-stralsund.de

Im Ozeaneum Pinguine gucken
Bei gutem Wetter solltet ihr ganz oben beginnen: Auf der Dachterrasse des schneeweißen Ozeaneums lebt eine Kolonie Humboldtpinguine – einfach süß. 50 teils riesige **Meerwasseraquarien** für Haie, Rochen & Co., Walgesänge vom Band und Infos zu Flora und Fauna der Meere bilden den Kern der Ausstellung. *Infos:* Hafenstr. 11 | Stralsund | ozeaneum.de

Die Gorch Fock I besichtigen
Als ältestes von vier nahezu baugleichen Segelschulschiffen liegt die Gorch Fock I (Bj. 1933) als Museumsschiff im Hafen von Stralsund. Ein Rundgang von der Brücke bis in den Schiffsbauch lohnt sich. *Infos:* An der Fährbrücke | Stralsund | gorchfock1.de

Den ultimativen Skyline-Blick genießen
Die Skyline der Stadt mit ihren Kirchtürmen kann man am besten vom Wasser aus bewundern, etwa bei einer einstündigen Hafenrundfahrt mit der **Weißen Flotte.** Auch Linienverkehr, etwa nach Rügen. *Infos:* Seestr./An der Fährbrücke | Stralsund | weisse-flotte.de

Kaffee kaufen im Kontor
Im rustikalen Backsteingebäude aus dem 14. Jh. nahe beim Rathaus duftet es verführerisch. Im **Kontor Scheele,** laut „Feinschmecker" die beste Kaffeerösterei Mecklenburg-Vorpommerns, arbeitet man gerne mit Bio-Ware und traditionell, z. B. mit einem handbefeuerten Trommelröster. Das zugehörige Restaurant ist ebenfalls top. *Infos:* Fährstr. 24 | Stralsund | kontor-scheele.de

Schlemmen im Brauquartier
Inmitten bronzefarbener Braukessel kommt im **Gasthaus der Störtebeker Braumanufaktur** (seit 1827!) Deftiges wie die Große Haxe oder Schulter vom Sund-Lamm auf den Holztisch, aber auch Vegetarisches. Sechs-Gang-Menü mit Bierbegleitung, Führungen durchs historische Sudhaus. *Infos:* Greifswalder Chaussee 84 | stoertebeker-brauquartier.com

Regentag – was nun?

Mitmachen in der Spielkartenfabrik

Die Fertigung von Spielkarten hat in Stralsund Tradition, schon 1765 wurde eine Produktionsstätte errichtet. Die **Spielkartenfabrik** ist heute mehr Werkstatt als Museum, die historischen Maschinen sind weitgehend in Betrieb. Besucher können den Mitarbeitern über die Schulter schauen und bei Workshops und Projekten selbst Hand anlegen.

Katharinenberg 35 | Stralsund | spiefa.de

24
Rügen
Viel Natur und weiße Pracht

Blendend weiß leuchtet der Königsstuhl in der Sonne: Die steil aufragenden Kreideklippen an Rügens Nordostküste gehören zum Nationalpark Jasmund. Deutschlands kleinster Nationalpark schützt außerdem den größten zusammenhängenden Buchenwald an der Ostseeküste. Die Farbe Weiß begegnet dir südlich des Parks auch im Seebad Sassnitz, mit Villen im Bäderstil und einem alten Stadthafen. Und im schicken Binz mit seinem tollen Strand fühlst du dich wie an der Cote d'Azur. Aber Rügen kann auch leise: Hügelige Landzungen, verschwiegene Buchten, stille Wege durch Weideland kennzeichnen die Halbinsel Mönchgut im Südosten.

Zum Nationalparkzentrum und Königsstuhl wandern

Vom Parkplatz an der L 303 sind es gut drei km zur berühmten Kreideklippe und zum Nationalparkzentrum (Zufahrt für Privatwagen verboten). Der alte Buchenwald der Stubbenkammer genannten Region zählt zu den fünf ältesten in Deutschland, gehört zum Weltnaturerbe der UNESCO und bildet samt Königsstuhl den **Nationalpark Jasmund.** Wenn du dich an den Steilklippen sattgesehen hast, warten im Nationalparkzentrum informative Ausstellungen und ein Multivisionskino. *Infos: Stubbenkammer 2a | Sassnitz | koenigsstuhl.com*

Pulsierendes Treiben im Stadthafen erleben

Touristisches Zentrum von **Sassnitz** ist der alte Hafen. Aus vielen Restaurants strömt der Duft von gebratenem Fisch, an der langen Mole liegen Kutter, Jachten, kleine Ausflugsdampfer (große Fährschiffe fünf km südlich im Hafen Neu Mukran) und die Touristen-Info. Sehenswert ist das **Fischerei- und Hafenmuseum** mit vielen nautischen Exponaten und dem Museumskutter „Havel" am Kai. *Infos: Im Stadthafen | Sassnitz | hafenmuseum.de*

Regentag – was nun?

Märchenschloss zu besichtigen

Auf dem Höhenzug Granitz bei Binz thront in 107 m Höhe das **Jagdschloss Granitz** (nur zu Fuß oder per Shuttle erreichbar). Das spätklassizistische Anwesen mit 38 m hohem Aussichtsturm wurde Mitte des 19. Jh. von Karl Friedrich Schinkel erbaut. Mit der Besichtigung der festlichen Säle und Salons kannst du problemlos einen ganzen Tag verbringen.

jagdschloss-granitz.de

Bäderarchitektur bestaunen

Ein Bummel über die **Strandpromenade** und durch die Seitenstraßen von **Binz** verzückt Architekturfans und Romantiker, denn die weißen Prachtbauten und Villen sind über und über mit Türmchen, Erkern, Giebelchen, Balkonen und gusseisernen Geländern verziert. Highlight ist das weithin sichtbare, dreiflügelige **Kurhaus** von 1908 – stilvoller kannst du den Kaffee auch in Nizza nicht genießen.

Auf dem Baumwipfelpfad durch den Buchenwald

Vom 1250 m langen Baumwipfelpfad und dem 40 m hohen Aussichtsturm Adlerhorst schaust du weit über den Buchenwald und die dahinter liegende Ostsee. Im **Naturerbe Zentrum Rügen** gibt es Ausstellungen u. a. zur heimischen Flora und Fauna. *Infos:* Forsthaus Prora 1 | Prora | nezr.de

Mit dem Dampfzug von Göhren nach Binz zuckeln

Das Zentrum des kleinen Badeorts **Göhren** (rund 1200 Ew.) liegt auf einer Anhöhe am Nordperd, dem östlichsten Zipfel von Rügen. Neben netten Restaurants an der Promenade lockt hier eine echte Attraktion: Hier startet der **Dampfzug Rasender Roland,** um mit Tempo 30 tagsüber via Baabe und Sellin nach Binz und im Sommer auch weiter bis Putbus zu zuckeln. Mit der Tageskarte kannst du beliebig hin- und herfahren. *Infos:* Zentrum | Göhren | ruegensche-baederbahn.de

ÜBER DEN WIPFELN
Die imposanten Klippen des Königstuhls ziehen nach wie vor alle Blicke auf sich.

ANNO DAZUMAL
Das Flair der Kaiserzeit umweht immer noch die Seebrücke von Ahlbeck – manchmal auch stürmisch

⭐ 25
Usedom
Natur, Kultur und Geschichte

Der Norden von Usedom ist dünn besiedelt, was vor allem an dem im Zweiten Weltkrieg größten militärischen Forschungszentrum Europas liegt. Heute steht hier ein Museum. In den Orten Trassenheide und Karlshagen mit den breiten Sandstränden kann man also ein Top-Badeerlebnis mit einer anschließenden Geschichtsstunde verknüpfen. Mondäne Bäderarchitektur, ein buntes Kulturangebot und viele gute Restaurants hingegen erwarten euch in den Kaiserbädern. Gebt euch dem Zauber der Zuckerbäckerbauten und den Geschichten über Kaiser & Co. hin. Danach kann etwas Ruhe nicht schaden: malerische Seenlandschaften, alte Mühlen, reetgedeckte Fachwerkhäuser und Fischerdörfer mit netten kleinen Häfen – Usedomer Schweiz pur! Und dazu Kulinarisches mit Inselflair.

Das historisch-technische Museum besuchen

Während des Nazi-Regimes trieb das Rüstungsministerium in der Heeresversuchsanstalt Peenemünde die Entwicklung neuer Waffensysteme voran. 1942 flog erstmals eine Großrakete ins All. Der leitende Ingenieur Wernher von Braun arbeitete später für die Nasa. Im ehemaligen Kraftwerk ist heute ein eindrucksvolles **Museum** untergebracht. Auf dem 25 km langen Rundweg **Denkmal-Landschaft** gibt es derzeit 23 Stationen mit Infotafeln. *Infos: Im Kraftwerk | Peenemünde | museum-peenemuende.de*

Durch Bansin bummeln

Die prächtigen Bäderbauten in **Bansin,** das Ende des 19. Jh. als Seebad angelegt wurde, kannst du beim Bummel über die Promenade bestaunen und anschließend auf der **Seebrücke** 285 m weit in die Ostsee hinaus spazieren. Von der Seebrücke startet auch die „**MS Adler XI**" zu Rundfahrten, u. a. nach Swinemünde zur alten Festungsanlage und zum Leuchtturm. *Infos: adler-schiffe.de/ab-usedom/fort-gerhard*

Auf Ahlbecks Seebrücke chillen

Seit sie in Loriots „Pappa ante Portas" zu sehen war, ist **Ahlbecks Seebrücke** vermutlich die berühmteste der Kaiserbäder-Seebrücken, definitiv ist sie die älteste (Bj. 1882). Eine zwölf km lange Strandpromenade verbindet das Seebad mit Swinemünde im polnischen Teil Usedoms.

Fachwerk und Natur bewundern im Lieper Winkel

Diese verträumte Halbinsel zwischen Achterwasser und Peenestrom hat außer dem schönen kleinen Hafen in **Rankwitz** mit der netten Gaststätte Zur Alten Fischräucherei so hübsche Dörfer wie **Quilitz** samt Hafen und Strand oder reetgedeckte Fachwerkhäuser in **Grüssow** zu bieten. Von Grüssow führt eine schöne Wanderung um die Spitze des **Lieper Winkels** (GPS 53.980474, 13.962510).

Auf Insel-Safari gehen

Wer Usedoms schönste Ecken aus ungewohnten Perspektiven erleben will, kann das mit Hilfe professioneller Naturführer tun. Leute im Alter von 5 bis 95 können an verschiedensten Tagestouren teilnehmen. Abholung per Jeep, Picknick und unterhaltsame Anekdötchen inklusive. *Infos: Drosselweg 3 | Wolgast | insel-safari.de*

Bier und Kaffee kaufen im Wasserschloss Mellenthin

Hier braut der einstige Tellerwäscher Jan Fidora leckeres Bier und röstet Spitzenkaffee, dazu wird gutbürgerliche Küche serviert. Bier, Kaffee und weitere Souvenirs sind im Shop erhältlich. *Infos: Dorfstr. 25 | Mellenthin | wasserschloss-mellenthin.de*

Regentag – was nun?

Dem weißen Hai begegnen

Im **Wildlife Usedom** wandert ihr durch die Landschaften aller Kontinente und begegnet dabei lebensgroßen Exemplaren aus der Tierwelt, wie dem weißen Hai oder einer sieben m großen Giraffe. Anfassen, Rätseln und Lernen erlaubt. Lecker sind die hausgemachten Kuchen im Café.

Wiesenweg 2 | Trassenheide | wildlife-usedom.de

26
Waren & die Müritz
Das Tor zum Müritz-Nationalpark

Ein urbanes Kleinod zwischen Wasser und Wald: Die Hafenstadt Waren mit ihren rund 21 000 Einwohnern ist der Hauptort an der Müritz. In den von schmucken Fachwerkhäusern gesäumten Gassen der historischen Altstadt und rund um den Hafen findest du gemütliche Cafés, Restaurants und Geschäfte. Waren bietet zwar auch ein breites kulturelles Angebot, gemeinsam mit Neustrelitz gilt es aber in erster Linie als ideale Basis für längere Wander- und Radtouren im Müritz-Nationalpark.

Die Natur im Müritz-Nationalpark genießen

Dieser Nationalpark ist riesig, die urwüchsigen Wälder sowie die Moor- und Seenlandschaft kannst du erwandern, mit dem Rad oder per Boot entdecken. Der **Nationalpark-Service Müritz** liegt rund acht km südöstlich von Waren in **Federow**. Lohnend sind u. a. die geführten Touren wie etwa die abendlichen Kranich-Touren zwischen August und Oktober oder die Adlersafari zu den Nahrungsplätzen von See- und Fischadler. *Infos: Damerower Str. 6 | Federow | nationalpark-service.de*

Hinaus aufs Kleine Meer

Im **Hafen** von **Waren,** am Rand der historischen Altstadt, reihen sich an der Uferpromenade viele gute Restaurants, Cafés und Shops. Hier starten die Ausflugsschiffe zu **Touren** auf der Müritz, dem Kleinen Meer – und den unzähligen anderen Gewässern der Mecklenburgischen Seenplatte. Auf keinen Fall verpassen! Von der Mole vis-à-vis Jachthafen und Hafenpromenade hast du freien Blick auf die Altstadt mit den im Hafen vertäuten Booten, zur anderen Seite in die Weiten der Müritz. *Infos: Müritzstr. 14 | Waren | waren.m-vp.de/stadthafen*

Im Mürizeum mehr über die Natur erfahren

Das auch Haus der 1000 Seen genannte Infozentrum vermittelt auf spannende, multimediale und interaktive Weise die Natur der Mecklenburgischen Seenplatte. Im **Aquarium** kannst du in 26 verschiedenen Becken die modellhaft angesiedelte Unterwasserfauna und -flora der Region aus der Nähe kennenlernen. Vogelliebhaber kommen in den oberen Etagen auf ihre Kosten. Das **Müritzeum** ist zugleich auch Infozentrum für kulturelle und touristische Erlebnisse in der Region.

Zur Steinmole | Waren | mueritzeum.de

WASSER IST LEBEN
Die Natur im Nationalpark Müritz kann man auf geführten Touren erkunden

Die Backsteingotik in der St.-Georgen-Kirche bestaunen

Dieser sehenswerte Sakralbau wurde im 14. Jh. errichtet, im späten Mittelalter aber durch mehrere Brände fast völlig zerstört. Seine heutige Ausgestaltung erhielt die Kirche Mitte des 19. Jh. im neogotischen Stil. Prächtig sind die Buntglasfenster. *Infos:* Sankt-Georgen-Kirchplatz | Waren | stgeorgen-waren.de

Großes Theater bei der Müritz-Saga erleben

Die mit Sagen und Legenden aus der Müritzregion gewürzten Stücke über mutige Bauern und fiese Adelige spielen zur Zeit des Dreißigjährigen Krieges. Aufgeführt werden die aufwendig inszenierten Akte auf der Warener **Freilichtbühne**. *Infos:* Buchenweg 37 | Waren | mueritz-saga.de

Meeresgetier und Müritzfische

Das **Fischkaufhaus** etwas außerhalb gilt auch überregional als erste Adresse für fangfrischen Fisch aus aller Welt und oft auch aus heimischen Gewässern. Das ist auch gut fürs Gewissen, denn die Müritzfischer arbeiten nachhaltig und die kurzen Transportwege sind besser für die Umwelt. *Infos:* Eldenholz 42 | Waren | fischkaufhaus.de

Torten zum Niederknien

In der hübsch restaurierten ehemaligen Feuerwache mitten in der Altstadt bietet **Dat Tortenhus** seine himmlischen hausgemachten Torten und Kuchen an. Die kann man entweder mitnehmen oder am allerbesten gleich vor Ort vernaschen. Unwiderstehlich! *Infos:* Kirchenstr. 16 | Waren | dat-tortenhus.de

27
Neustrelitz & Feldberger Seen
Residenzstadt und Seenparadies

Sternförmig gehen die Straßen der 20 000-Einwohner-Stadt Neustrelitz am Zierker See vom quadratischen Marktplatz ab, gesäumt von imposanten Bürgerhäusern – ein barockes Gesamtkunstwerk. Der historische Stadtkern ist weitgehend erhalten. Charmant und lebendig ist es am kleinen Hafen mit seinen gemütlichen Cafés und Restaurants. Nur eine halbe Stunde entfernt bettet sich die Feldberger Seenlandschaft mit ihren glasklaren Seen inmitten alter Buchenwälder ein. Zentrum ist der gemütlich-beschauliche Kneippkurort Feldberg.

SOMMER PUR
Paddeln, planschen – unbeschwerte Tage genießen Jung und Alt an den Feldberger Seen

NICHT VERPASSEN

Durch den Schlossgarten wandeln
Neustrelitz hat ein grünes Herz – den weitläufigen barocken Schlossgarten mit Tempeln, klassizistischen Bildhauereien und einer Orangerie. Das Schloss war einst die Keimzelle der Stadt – drum herum entstand unter der Ägide der Herzogin Dorothea Sophie ab 1730 eine barocke Planstadt. Vom prachtvollen Residenzpalast sind nur die Kellergewölbe erhalten, doch viele der umliegenden Gebäude sind heute (wieder) in hervorragendem Zustand. *Infos: Schlossgarten | Neustrelitz | mv-schloesser.de*

Eine Reise in slawische Zeit
Auf dieser Halbinsel im Zierker See tauchst du ein in eine vergangene Welt. Hier wurde ein **Slawendorf** in traditioneller Bauweise errichtet – bis zur Mitte des 12. Jh. war das heutige Mecklenburg-Vorpommern fest in slawischer Hand. Neben typischen Holzbauten und dem mächtigen Palisadenzaun ist auch die Rekonstruktion eines slawischen Boots zu sehen. Für zünftige Stärkung nach dem Rundgang sorgen ein Grillstand und Brot aus dem Lehmbackofen. *Infos: Franzosensteg | Neustrelitz | slawendorf-neustrelitz.de*

Auf Augenhöhe mit den Baumriesen
Open-air-Action erwartet euch im **Hochseilgarten Havelberge,** der in einem Kiefernwald am zehn km von Neustrelitz entfernten Woblitzsee liegt. Auf verschiedenen Höhen verlaufen sieben Streckenabschnitte, so findet jeder seine persönliche Herausforderung, auch Kleinkinder. *Infos: An den Havelbergen 1 | Userin | haveltourist.de*

Naturbaden im Feldberger Haussee
Nach einem gemütlichen Bummel vom Kurpark über den öffentlich zugänglichen, liebevoll angelegten Garten zwischen Kirchberg und Strelitzer Straße *(GPS 53.336031, 13.436566)* lockt auf jeden Fall ein Sprung ins kühle Nass an der Naturbadestelle des Feldberger Haussees *(GPS 53.336861, 13.442144)*.

Suppen und mehr
Regionale und saisonale Küche, ein preisgünstiger Mittagstisch und eine Auswahl leckerer Suppen gibt es im **Sophienkeller.** Gekocht wird vornehmlich mit regionalen Produkten. *Infos: Seestr. 38 | Neustrelitz | restaurant-sophienkeller.com*

Ein leckeres Eis schlecken
Das vielleicht beste Softeis deines Lebens bekommst du in der **Eiskonditorei Leiste.** *Infos: Mühlenstr. 63 | Neustrelitz | GPS 53.370058, 13.069317 | eiskonditorei-leiste.de*

Regentag – was nun?

Die Landeshistorie studieren

Im **Kulturquartier** wird die knapp 300-jährige Geschichte Mecklenburgs fein präsentiert, von der Gründung des Herzogtums 1701 bis zur Wiedervereinigung 1990. Die gelungene Mischung aus virtuellen Ausstellungselementen und historischen Exponaten macht die Schau im ehemaligen Postgebäude zu einem Erlebnis und auch für Kinder und Jugendliche interessant. Zudem ist hier die Stadtbibliothek untergebracht.

Schlossstr. 12/13 | Neustrelitz | kulturquartier-neustrelitz.de

STRANDSPAZIERGANG
Endlos lang kann man am wilden Sandstrand des Nationalparks Wollin entlangwandern

28
Nationalpark Wollin
Wilde Kreideküste, Buchenwälder und Seen

Wie kaum eine andere Region der Ostsee bietet die Insel Wolin ein Potpourri aus unterschiedlichsten Landschaften: Zum Meer hin fallen 100 m hohe Kreideklippen ab und bilden die Kulisse für den fast 38 km langen, herrlich wilden Sandstrand. Im leicht hügeligen Hinterland werden Seen von Buchen- und Erlenwäldern beschützt. Das Haff hingegen punktet mit Feuchtwiesen, Mooren und Sümpfen. Größter Ferienort der Region ist Mięsdzyzdroye (Misdroy), wo eine Seebrücke 400 m ins Meer hinausragt.

Wie zu herrschaftlichen Zeiten flanieren

Międzyzdroye (Misdroy) ist gesegnet mit weißem Sandstrand und mildem Klima, weil das Steilufer die rauen Seewinde abschirmt. Zwischen Strand und Stadt kann man auf einer baumbeschatteten **Flaniermeile** die Küste entlangbummeln und die herrschaftlichen Villen bestaunen. Der westliche Teil der Promenade ist auf jeden Fall der ruhigere und nicht von so vielen Imbissbuden bevölkert. Einen Abstecher lohnt auf jeden Fall die 400 m lange **Seebrücke.** Von hier hat man einen fantastischen Blick auf die wilde Klippenküste, die es sich ebenfalls zu erwandern lohnt. Von der Seebrücke aus starten auch Ausflugsschiffe.

Den Überblick gewinnen

Das **Castellum Lubinum** acht km südlich von Międzyzdroye eignet sich hervorragend dazu, die wunderbare Welt des Haffs mit der riesigen Wasserfläche, den Inselchen und Sandbänken auf einen Blick zu erfassen. Gegenüber der Kirche in Lubin führt ein ausgeschilderter Weg zur Aussichtsterrasse. *Infos: grodziskolubin.pl*

Woliński Park Narodowy (Nationalpark Wollin)

Mit ca. 120 km² nimmt der **Woliński Park Narodowy** (Nationalpark Wollin) den größten Teil der gleichnamigen Insel ein. Er bietet hohe Kreidefelsen, eiszeitliche Seen und 30 horstende Seeadlerpaare. 40 km markierter Wanderpfade erschließen den Nationalpark, die in Międzyzdroye am Nationalparkmuseum starten *(ul. Niepodległości 3 | wolinpn.pl)*. Highlight sind die Wisente, urzeitliche Riesen mit zotteligem Fell, bulligem Schädel und sanften Augen, die, fast ausgerottet, jetzt wieder gezüchtet und ausgewildert werden. 60 leben im Wollin-Reservat. In einem großen Schaugehege kannst du die Büffel beobachten, am besten zur Fütterungszeit. *Infos: Pokazy Żubrów | wolin pn.pl*

Die Pfeifen tanzen lassen

Die malerisch am Camminer Haff gelegene Kleinstadt **Kamień Pomorski** östlich von Międzyzdroye birgt eine Perle der Backsteingotik: die **Bischofskathedrale.** Größte Kostbarkeit des mächtigen Backsteinbaus ist die fast zehn m hohe Barockorgel (1669). Von Juni bis September findet jährlich ein Konzertfestival statt. *Infos: Plac Katedralny | Kamień Pomorski | ka tedra-kamienpomorski.pl*

Unter alten Bäumen rasten

Gute Regionalküche bekommst du im stilvollen **La Spezia,** wo nach alten pommerschen Rezepten gekocht wird. Auch ein hervorragender Ort für Kaffee und Kuchen. *Infos: ul. Boheratów Warszawy 13 | Miedzyzdroje | villa-stella-maris.com*

Regentag – was nun?

Fische anfassen

Wenn das Wetter sich nicht von der besten Seite zeigt, ist Zeit für das sehenswerte **Oceanarium** von Misdroy mit Tunnelaquarium nebst 33 weiteren Becken, in denen sich Haie und weitere Exoten tummeln. Hier kannst du auch das Leben in einem lebendigen Korallenriff bestaunen und im Touchpool Fische berühren – keine Sorge: Piranhas sind nicht dabei!

Promenada Gwiazd 4 | Międzyzdroye | oceanarium.com.pl/de

29
Stettin
Tor zur polnischen Ostseeküste

Die alte Hansestadt an der Oder (405 000 Ew.), Polens wichtigster Hafen und kulturelles Herz von Pomorze Zachodnie (Westpommern), hat in den letzten Jahren viel dafür getan, um vom Aschenputtel zur Diva aufzusteigen. Neu entstand die im Krieg zerbombte Altstadt hoch über dem Oderufer. Sie erhielt kopfsteingepflasterte Gassen und einen bunten Giebelmix barockisierender Kaufmannshäuser. Auf der rechten Seite des Flusses wurden zwei große Inseln aufgepeppt. Und auch das moderne Stettin rings um sternförmig angelegte Boulevards wird immer schicker: Die neue Philharmonie wurde „zum schönsten Bau Europas" gekürt.

ZUKUNFTSORIENTIERT
Stettin nennt einen der größten und modernsten Häfen der Ostsee sein eigen

NICHT VERPASSEN

In der Jakobikirche nach Superlativen suchen

Machtvoll überragt der 70 m hohe Turm der **Kościół ŚW. Jakuba** die Altstadt, ein Monument der Backsteingotik. Von seiner Aussichtsterrasse bietet sich ein spektakulärer Blick! Als architektonische Meisterleistung gilt das Fenster über der Empore: Es ist 87 m hoch. Von der Innenausstattung (es gab einst 54 Altäre) blieb wenig erhalten. Imposant ist die schiere Größe der Kathedrale, die 10 000 Menschen Platz bietet und oft für Konzerte genutzt wird. Vor dem Dom hängt die 1682 gegossene, sechs Tonnen schwere Glocke. 200 Jahre war sie verschollen, erst beim Wiederaufbau fand man sie, eingemauert in einer Wand. *Infos: pl. Św. Jakuba 5 | Szczecin | katedra.szczecin.pl*

Das Herzogschloss durchwandern

Hoch über der Oder thront das Stadtschloss **Zamek Książąt Pomorskich,** weithin sichtbar durch die helle Fassade im Stil der italienischen Renaissance. Nach dem Krieg wurde das schwer beschädigte Schloss wieder aufgebaut. Die einstige Residenz der Pommerschen Herzöge ist heute ein kulturelles Zentrum, das u. a. ein Forum zeitgenössischer Kunst beherbergt. Vom 60 m hohen Uhrturm oder von der Dachterrasse genießt man ein tolles Stadtpanorama. *Infos: ul. Korsarzy 34 | Szczecin | zamek.szczecin.pl*

Auf der Hakenterrasse flanieren

Einen km zieht sich die **Promenade Wały Chrobrego** an der Oder hin, im Norden gesäumt von einem wuchtigen Ensemble Stettiner Repräsentationsarchitektur. Der deutsche Name der Terrasse erinnert an Bürgermeister Hermann Haken, unter dem sie zwischen 1902 und 1921 entstand. Heute heißt der Boulevard nach dem ersten polnischen König Bolesław I. Chrobry, dem „Tapferen".

Stettin von der anderen Seite kennenlernen

Unterhalb der zentralen Abteilung des Nationalmuseums *(Muzeum Narodowe | Wały Chrobrego 3 | Szczecin | muzeum.szczecin.pl)* legen an der Promenadenterrasse Ausflugsschiffe zu Hafenrundfahrten und Flusskreuzfahrten in die stillen Nebenarme der Oder ab. So erlebst du Stettin mal von einer ganz anderen Seite – sehr empfehlenswert! *Infos: Żegluga Morska | ul. Jana z Kolna 7 | Szczecin | statek.pl*

Sich auf der Lastadie vergnügen

Die der Altstadt gegenüberliegende Insel **Łasztownia** mausert sich zum angesagten Viertel: Vom dortigen Uferboulevard hast du den besten Blick auf die Silhouette der Altstadt, kannst Polens größtes Riesenrad besteigen und dir die „Kranosaurier" anschauen, ausrangierte Krupp-Kräne, die heute Stettins neues Wahrzeichen sind.

Regentag – was nun?

In der bunten Flimmerkiste

Von Weitem wirkt die **Filharmonia,** als hätte Christo ein hanseatisches Kaufmannsquartier verhüllt: Das schneeweiße, expressive Ensemble aus zwei Dutzend spitzen Giebeln ist Stettins Hingucker schlechthin. Der große Sonnensaal mit seinen 951 Plätzen scheint zu schweben. Jeden Freitag gibt's Sinfonie-, sonntags günstige Familienkonzerte.

ul. Małopolska 48 | Szczecin | filharmonia.szczecin.pl

DURCHSCHNAUFEN
Ein ruhiges Plätzchen findet man sicher auf einer Wanderung um den Rursee im Nationalpark Eifel

IM WESTEN
Alle Ziele im Überblick

- Bergen 30
- Amsterdam 32
- Den Haag 33
- Domburg 34
- Brügge 35
- Brüssel 36

WOCHENENDPLÄNE
Heute mal sportlich auf dem Meer oder lieber faul im Strandkorb in Bergen aan Zee

30
Bergen
Künstlerdorf in mystischem Licht

Schon seit Generationen zieht es Maler mit ihren Staffeleien nach Bergen. Das Licht ist hier in wenigen Kilometern Entfernung zur Küste hinreißend schön. Auch sonst weiß das Städtchen (30 000 Ew.) zu punkten: Es grenzt an ein großes Dünenreservat, unterhält einen Strandort mit dem Zusatz „aan Zee" und hat ein geschäftiges Zentrum. Architekturfans staunen über die Villen der Amsterdamer Schule – und Romantiker erfreuen sich an der Ruine einer Kirche im Kern der Stadt.

Villen wie aus einem Film von Wes Anderson bestaunen

Die Amsterdamer Schule hat im frühen 20. Jh. Konzepte für das neue Wohnen entworfen. Im Bergener **Park Meerwijk** durften sich Architekten wie Piet Kramer als Baumeister für den Geldadel versuchen. Dabei herausgekommen sind 17 Villen, die perfekte Kulissen für die Filme von Wes Anderson oder Tim Burton wären. *Infos: amsterdamse-school.nl*

Die Kondition in den holländischen Bergen testen

Wo mag der Ortsname wohl herkommen, könnte man mit Recht fragen. Doch wer sich in Bergen ein Rad mietet, um damit ins **Noordhollands Duinreservaat** aufzubrechen, dürfte bald ruhig sein: Auf kurvenreichen Strecken geht es rauf und runter. Wenn dann noch der Wind von vorne bläst (was fast immer der Fall ist), wird eine Trainingseinheit schnell zu einem echten Härtetest. *Infos: Fahrradvermietung Bon Bon Bike | Breelaan 52 | Bergen | bonbonbike.nl*

An den Grachten von Alkmaar weiche Knie bekommen

Seit 1254 mit Stadtrechten ausgestattet, besitzt das Herz der Provinz Noord-Holland neben Hunderten von Denkmälern auch malerische Grachten und eine Einkaufslandschaft mit herrlich altmodischen Geschäften. Da wird der kunstvoll inszenierte **Käsemarkt** *(Fr 10–13 Uhr)* schnell zur Nebensache. *Infos: visitalkmaar.com*

Die Schwerkraft vergessen in den Schoorlse Duinen

In **Schoorl** ragen die Dünen erstaunliche 55,4 m in den Himmel – Rekord für die holländische Nordseeküste. Eine von ihnen fällt wie eine Skipiste in den Ort ab – sehr zu Freude von Kindern, die ihr Glück kaum fassen können. Eltern toben sich ebenfalls aus – oder beobachten das Geschehen aus den umliegenden Cafés.

Cono Kaasmakers

Okay, es erfordert einen gewissen Aufwand, aber echte Käsefans lassen sich davon nicht abschrecken: Im nahen **Beemsterpolder** befindet sich der Hofladen der gleichnamigen Käsegenossenschaft, in dem es eine große Auswahl von vorzüglicher Qualität gibt. Die Genossenschaft hat sich auch Tierschutz und Nachhaltigkeit auf die Fahnen geschrieben. *Infos: Rijperweg 20 | Westbeemster | cono.nl*

Regentag – was nun?

Mönche besuchen in der Abdij van Egmond

Die Nachbargemeinde Egmond ist geteilt. Während der Badeort fast die komplette Aufmerksamkeit auf sich zieht, versteckt sich im Hinterland Egmond-Binnen. Hier geht es so still zu, dass sich auch Mönche wohl fühlen. Wie das hauseigene Museum veranschaulicht, wurde die einst riesige Benediktinerabtei während der Reformation zerstört. Seit 1935 leben wieder Geistliche in Egmond. Sie unterhalten Park, Garten und einen Hofladen mit hausgemachtem Käse und eigenem Bier.

Abdijlaan 26 | Egmond-Binnen | abdijvanegmond.nl

31
Zwolle
Festungsstadt und drei Sterne für Gourmets

Schon 1230 besaß Zwolle Stadtrechte. Als Hansestädter verfügten seine Bewohner über einigen Reichtum, den sie mit Mauern, mit Bastionen und Gräben vor Angreifern geschützt haben. Dieses Stadtbild ist bis zur Gegenwart weitgehend unangetastet – auch wenn heute Springbrunnen für Auflockerung sorgen und die Sträßchen der weitgehend autofreien City mit attraktiven Geschäften gesäumt sind. Ach ja, in Zwolle findest du auch das beste Restaurant der Niederlande.

Am Kai von Kampen Windjammer bestaunen
Kampen ist der Heimathafen der sogenannten *bruine vloot* (braune Flotte). Wenn die Boote nicht zu Törns auf das Ijsselmeer ausgelaufen sind, kannst du sie an den Ufern bewundern. **Infos:** *ontdekdeijsseldelta.nl*

Im Nationaal Park Weerribben-Wieden zur Ruhe kommen
Weil hier Torf abgebaut wurde, steht das Areal nun zu einem guten Teil unter Wasser. Zwischen Schilf, Wildblumen und Weiden kannst du im Kanu deine Kreise ziehen. Mit etwas Glück flattert sogar ein Eisvogel vorbei oder ein Otter kommt angeschwommen. Der Nationalpark ist ein Ort, an dem man so gut wie keine Zivilisationsgeräusche wahrnimmt. Herrlich!
Infos: *Kanuverleih Hoogeweg 26 | Ossenzijl | visitweerribbenwieden.com*

In Giethoorn Vergleiche mit Venedig bemühen
Das winzige Dorf wird von ein paar hübschen Kanälen durchzogen. Brücken führen zu reetgedeckten Häusern. Straßen

Die Augen schmausen

Im Süden der Innenstadt wartet ein höchst sonderbares Gebäude auf Besucher. Auf dem Dach eines neoklassizistischen Palastes von 1841 ruht seit 2013 ein Erweiterungsbau, der Betrachter zu fantasievollen Interpretationen animiert.

Darin befindet sich das **Museum de Fundatie** mit so wunderbaren Kunstwerken von van Gogh, Mondrian und vielen mehr.

Blijmarkt 20 | Zwolle | museumdefundatie.nl

HANSEFLAIR
Alte Schiffe und historische Häuser – beides entdeckst du am Kanal von Zwolle

gibt es nicht. Dafür herrscht reger Bootsverkehr mit Passagieren vornehmlich asiatischer Herkunft. Eine **Tour im Flüsterboot von 't Zwaantje** ist trotzdem toll. *Infos: Rondvaartbedrijf 't Zwaantje | Dominee T.O. Hylkemaweg 1 | Giethoorn | zwaantje.nl; touristinformationgiethoorn.nl*

In Blokzijl das Meer suchen
Im Hafen von **Blokzijl** schaukeln Segeljachten – doch ein Gewässer, das auf Schifffahrt in großem Stil schließen ließe, ist weit und breit nicht zu sehen. Das liegt daran, dass Boote nur durch eine Fahrrinne ins Ijsselmeer können. Die Segler stört's nicht, sie entern das Dorf gerne, um ein Stück Apfelkuchen zu verspeisen. *Infos: visitweerribbenwieden.com*

Waanders in de Broeren
Eine der schönsten Buchhandlungen der Welt. Einzig dieser Superlativ wird diesem Geschäft gerecht, dass sich in einer ehemaligen Dominikanerkirche von 1512 befindet. Entsprechend feierlich ist die Atmosphäre – auch im **Café Leeshemel** (Lesehimmel) und in der hauseigenen Brasserie Smaak. Die Touristeninfo hat sich hier ebenfalls ein Plätzchen gesichert. *Infos: Achter de Broeren 1–3 | Zwolle | libris.nl/waanders*

De Gillende Keukenmeiden
Hausgemachte Leckereien mit vielen Bio-Zutaten sowie vegane Gerichte. Die „Schreienden Küchenmädchen" servieren ihr Angebot vorzugsweise auf der beliebten Gartenterrasse. *Infos: Meerminneplein 7 | Zwolle | gillende-keukenmeiden.nl*

TULPEN AUS AMSTERDAM
Die Wahrzeichenblume leuchtet zur Blütezeit entlang der Grachten in allen Farben

32
Amsterdam
Durch die Metropole weht ein liberaler Geist

Backsteinhäuser mit aufwendig gestalteten Giebeln. Prächtige Patrizierpaläste. Das Abendlicht, das sich im Wasser der Grachten spiegelt. Mehr Fahrräder als Autos. Museen von Weltrang – und Menschen aus mehr als 180 Nationen, die harmonisch zusammenleben. Aber Hollands Hauptstadt hat mehr zu bieten als nur Geschichte, denn außerhalb des Grachtengürtels erfindet sich Amsterdam in rasantem Tempo neu, was du dir von Europas höchster Schaukel „Over the Edge" aus genau anschauen kannst.

Über den Dächern der Stadt
Aus der Vogelperspektive konnte man Amsterdam lange nur sporadisch betrachten. Diese Zeiten sind vorbei. Der **A'dam Lookout** wacht gegenüber vom Hauptbahnhof *(Centraal)* über den Fluss IJ. Neuerdings befindet sich auf dem Dach eine Bar mit Fatboy-Kissen. *Infos: Overhoeksplein 5 | Amsterdam | adamlookout.com*

Durch den Jordaan streifen
Klar, der Grachtengürtel ist grandios. Verträumter, romantischer und malerischer aber wird es im **Jordaan.** Mit seinen coolen Restaurants und traditionsreichen Kneipen ist das einstige Arbeiterviertel weltstädtisch und volkstümlich zugleich. Es ist der Inbegriff dessen, was die Amsterdamer *gezellig* nennen – eine Mischung aus gesellig, gemütlich, behaglich und doch unterhaltsam. *Infos: zwischen Prinsengracht, Brouwersgracht, Singelgracht und Leidsegracht | Amsterdam*

Verlauf dich im Rijksmuseum
Rembrandts „Nachtwache" und Vermeers „Milchmädchen" in einem Raum! Mit dieser Kombination kunsthistorischer Schätze besitzt das wichtigste Museum der Niederlande schon genug Argumente für einen Eintrag auf der persönlichen Bucket List. Doch das Haus besitzt Tausende Prunkstücke – und bereits in wenigen Metern Entfernung zum Meistersaal lässt der Trubel deutlich nach. *Infos: Museumstraat 1 | Amsterdam | rijksmuseum.nl*

Per Fiets durch die coolen Viertel
Wenn du sehen möchtest, wie die Amsterdamer leben, ist das Standardverkehrsmittel Fahrrad sehr hilfreich: Miete ein Zweirad, erkunde **Oud West** und **Vondelpark,** staune über die Architektur in **De Pijp** und schau dir die östlichen **Hafengebiete** an. *Infos: Amsterdam Bike Rental | Ijdok 47 | Amsterdam | amsterdambikerent.nl*

Kleine Kreuzfahrt zur NDSM-Werft
Amsterdam hat raue und hypermoderne Seiten. Davon kannst du dich auf einer Fahrt zum einstigen Gelände der **NDSM-Werft** überzeugen. Erst kommst du vorbei an experimentellen Gebäuden. Angekommen kannst du die Wände der Lagerhallen inspizieren, an denen sich Street-Art-Künstler ausgetobt haben. Ausrangierte Straßenbahnen dienen als Requisiten für Fotosessions. *Infos: Fähre 906, Ableger an der Rückseite von Centraal | Amsterdam*

Café t'Smalle
Der Inbegriff Amsterdamer Gemütlichkeit und ein Musterbeispiel für ein *bruin café,* wie traditionelle Kneipen in den Niederlanden heißen. Im Sommer locken auf einem Ponton Plätze an der Gracht. *Infos: Egelantiersgracht 12 | Amsterdam*

Regentag – was nun?

Eine erschütternde Lektion Geschichte

Mehr als zwei Jahre konnten sich die junge Anne Frank und ihre Familie ab Juni 1942 in einem Hinterhaus vor Nationalsozialisten und Polizei verstecken. In dieser Zeit schrieb sie ihr Tagebuch, das viel später in mehr als 70 Sprachen übersetzt wurde. Es ist eine der berührendsten Geschichten aller Zeiten, die beim Besuch des **Anne-Frank-Hauses** auf schmerzhafte Weise greifbar ist.

Westermarkt 20 | Amsterdam | annefrank.org

33
Den Haag
Regierungssitz mit Badestränden

Königsstadt, Regierungssitz, Standort des Internationalen Gerichtshofs – und entzückende Mini-Metropole mit vielen Parks, Jugendstilvierteln und zwei eigenständigen Badeorten. So liest sich die Kurzform des Portfolios von Den Haag. Weil sich die Innenstadt in den zurückliegenden Jahren mächtig entwickelt hat und die Anzahl kreativer Küchen steigt, ist die Lebensqualität hier so hoch wie kaum irgendwo in den Niederlanden – oder auch in ganz Europa.

FREIZEITVERGNÜGEN
Am Pier von Scheveningen kannst du vom Riesenrad aus den Überblick gewinnen

Im Binnenhof nach radelnden Ministern fahnden
Dass Minister mit dem Fahrrad zur Arbeit kommen, ist in Den Haag an der Tagesordnung. Obwohl Amsterdam die Hauptstadt ist, kommt das Parlament schon seit 1446 im **Haager Binnenhof** zusammen. Zu dem Gebäudekomplex gehört der sehenswerte Ridderzaal (Rittersaal). Der Westflügel geht in den malerischen Hofvijver über. So wird das Ensemble zu einem Gesamtkunstwerk. Das Turmzimmer steht dem Premier zu. *Infos: zwischen Lange Poten, Lange Vijverberg, Buitenhof u. Korte Vijverberg | Den Haag | prodemos.nl*

Im Kunstmuseum Den Haag in Farben schwelgen
Falls du moderne Kunst liebst, ist diese Adresse Pflicht. Das Museum beherbergt die weltweit größte Sammlung mit Werken von Piet Mondrian, hinzu kommen andere Meister der Moderne. Allein das Gebäude ist Grund genug für einen Besuch. *Infos: Stadhouderslaan 41 | Den Haag | kunstmuseum.nl*

Jugendstilbauten im Statenkwartier bewundern
Genug von Strand und Pier? Wenn ja, könnte es an der Zeit sein, die schönste Seite Scheveningens zu entdecken. Den Haags Vorzeigebadeort nämlich besitzt ein Jugendstilviertel. Rund um die Frederik Hendriklaan reihen sich prächtige Villen aneinander. Attraktive Geschäfte und der nahe Wald (Scheveningse Bos) runden das Vergnügen ab. *Infos: Frederik Hendriklaan zwischen Scheveningse Weg und Willem de Zwijgerlaan*

Gepflegt abhängen am Strand von Kijkduin
Irgendjemand hat Kijkduin das Etikett Familienbadeort verpasst. Vielleicht, weil dort alles weniger aufgeregt vonstatten geht als in Scheveningen. Mit anderen Worten: In Den Haags Zweitbadeort kannst du gepflegt abhängen, in die Wellen eintauchen – oder auch kitesurfen. *Infos: Von Scheveningen und Den Haag fünf km über die S 200 vorbei am Westduinpark, dahinter rechts zum Strand*

De Haagse Markt
Schon mal Kouseband aus Suriname gesehen? Das ist eine Bohnensorte mit Früchten so lang wie Schnürsenkel. Diese exotische Spezialität ist auf dem größten Markt der Niederlande ebenso erhältlich wie nahezu jedes andere Lebensmittel, Kleidung und Gebrauchsgegenstände. An Markttagen kommen bis zu 40 000 Besucher. Ein Ereignis. *Infos: Herman Costerstraat | Den Haag | dehaagsemarkt.nl*

Regentag – was nun?

Die Werte der Vereinten Nationen studieren

Der **Vredespaleis** ist anmutig und würdevoll. Das ist Absicht, denn das 1913 im Neorenaissancestil vollendete Bauwerk ist Sitz des Internationalen Gerichtshofs. Dessen Richter halten die moralischen Standards der Vereinten Nationen hoch. An ausgesuchten Tagen kannst du an Führungen teilnehmen. Ansonsten vermittelt das Besucherzentrum aufschlussreiche Einsichten.

Carnegieplein 2 | Den Haag | vredespaleis.nl

WEITER HIMMEL
Wenn die Sonne abends untergeht, ist es am Strand von Domburg wunderbar

34
Domburg
Wo die Maler zu Pionieren des Tourismus wurden

Breite Strände, Dünen von beachtlicher Höhe und die Luft, die mal nach salzigem Meer und dann wieder nach Laubwald duftet. Das sind einige offensichtliche Qualitäten von Domburg. Der größte Vorzug des beschaulichen Ortes aber ist das Licht: Das Zusammenspiel von Sonne, Wolken und Meer sorgt für prächtige Farben, die schon in den 1870er-Jahren eine Künstlerkolonie inspiriert haben. Es war der Anfang des Aufstiegs zu einem der schönsten Ferienorte der Niederlande.

NICHT VERPASSEN

In Domburg mit Surfbrett posieren
Durch seine Lage bekommt Domburg höhere Wellen als die meisten Orte an der Nordsee ab. Entsprechend groß ist der Anteil der Besucher, die im Wetsuit ein Brett durch die Straßen tragen. Leih dir ein Board aus. Entweder zum Posieren fürs Fotoalbum – oder besser noch als Arbeitsgerät in einem Kurs. **Infos:** *Surfschool Domburg | Strand Noordduine/Domburg | sportshopdomburg.nl*

Auf Mondrians Spuren spazieren
Meer, Strand, Dünen und der dörfliche Charakter sind Domburgs Hauptargumente. Doch schon der Maler Piet Mondrian (1872–1944) wusste, dass es so viel mehr gibt. Im Norden breitet sich das **Naturschutzgebiet De Manteling** aus. Während seiner Zeit in Domburg (1908–1916) fand Mondrian hier Inspiration. Eine Wanderroute führt über 2,6 km zu all jenen Orten, die sich in Mondrians Werk wiederfinden. **Infos:** *mondrianroute.com/routes/zeeland*

Hafenatmosphäre schnuppern
Heute ist **Veere** am Veerse Meer vor der offenen See geschützt. Früher aber war die Hafenstadt von zentraler Bedeutung für den Handel mit Übersee. Das Stadtbild mit seinen repräsentativen Wohnhäusern und Grünflächen ist seitdem nahezu unverändert. **Infos:** *15 km östl. über N 287/N 57 | vvvzeeland.nl*

Lass dir eine Massage verpassen
Vertrau dich kräftigen Händen im **Domburg Spa** an. Die Variante „Ebbe und Flut" spielt auf den Rhythmus der Gezeiten an. Eine willkommene Auszeit von jedem noch so schönen Urlaub. **Infos:** *Domburgseweg 1A | Domburg | spadomburg.nl*

Durch Middelburg bummeln
1200 offizielle Denkmäler erinnern an die große Vergangenheit von Middelburg, ohne dass das Städtchen museal wirken würde. Unbedingt ansehen musst du dir die mitten im Zentrum gelegene Abtei mit dem Zeeuws Museum (zeeuwsmuseum.nl), den Markt mit dem Rathaus und den 90 m hohen Kirchturm Lange Jan. **Infos:** *13 km südöstl. | vvv zeeland.nl* **Parken:** *Parkplatz Hof van Tange (kostenpflichtig)*

Het Badpaviljoen
Domburg ist einer von nur zwei Kurorten der Niederlande. Dieses prächtige Haus steht für die Noblesse, die damit einhergeht. Neben aufwendigen Fischgerichten serviert die Küche auch Fingerfood für all jene, die neugierig auf das einmalige Ambiente sind, aber nicht mit einer dreistelligen Rechnung für Zwei nach Hause gehen möchten. **Infos:** *Badhuisweg 21 | Domburg | hetbadpaviljoen.nl*

Regentag – was nun?

Kaasboerderij Schellach

Der geschäftstüchtige Landwirt verkauft in seinem Hofladen neben eigenem Käse auch viele Produkte aus der Region. Wer mag, kann an Führungen teilnehmen, bei denen es im Idealfall auch frisch geborene Kälber zu sehen gibt.

Prooijenseweg 26 | Middelburg | schellach.nl

35
Brügge
Harmonische Kulisse von Alt und Neu

Das „schöne Brügge", so nennen die 35 000 Einwohner liebevoll ihre Stadt. In keiner anderen Stadt Flanderns gibt es so viele gut erhaltene alte Bauten. Verspielt spiegeln sich die Fassaden in den Grachten, majestätisch ragen die Türme empor. Die Pracht verdankt die Stadt ihrem Hafen im Mittelalter. Damals war Brügge die Drehscheibe zwischen den nordeuropäischen Hansestädten und den Metropolen Südeuropas. Dann versandete der Zugang zur Nordsee und Brügge fiel in einen Dornröschenschlaf. Erst im 19. Jh. lebte die Stadt dank des neuen Hafens Zeebrugge wieder auf. Hinter den Fassaden warten zahllose Kunstwerke darauf, entdeckt zu werden – und abends jede Menge Kultur und Vergnügen.

GUT ERHALTEN
Am Grote Markt zeigt sich die ganze Pracht der Mittelalterarchitektur von Brügge

Ein Symbol von Freiheit und Eigenständigkeit wertschätzen

Die Bürger von Brügge errichteten im 13. Jh. ihren gewaltigen, den weiten Marktplatz beherrschenden Belfried mit Tuchhalle – **Belfort en Hallen.** Da sollte ruhig jeder sehen, wie reich und wichtig die Stadt war. In der Schatzkammer im zweiten Stock werden bis heute die Urkunden mit den Stadtrechten aufbewahrt. Von der Aussichtsplattform am Glockenspiel bietet sich ein herrlicher Blick. Stimmungsvoll sind auch die Glockenspielkonzerte im Sommer. *Infos:* Grote Markt | Brügge | museabrugge.be/belfort

Sich ins Mittelalter beamen

Wie lebten die Menschen im Brügge des Mittelalters? Diese Frage beantwortet das Erlebniszentrum **Historium** hautnah. Multimedial, Gerüche inklusive, folgt man einer fiktiven Geschichte. Aufregend ist auch die virtuelle Reise in die Vergangenheit im Nebenraum: VR-Brille aufgesetzt und los geht's zu einer zehnminütigen Tour durch Brügge. Vom **Historium Tower** (ab 14 Jahre) hast du eine tolle Aussicht, im Duvelorium im ersten Stock kann man das berühmte Bier probieren, mit schönem Blick über den Markt. *Infos:* Grote Markt | Brügge | historium.be

Eine Bootsfahrt, die ist lustig

Um eine Bootstour durch die Kanäle von Brügge kommt man kaum herum. Nahezu alle Besucher zieht es an den **Rozenhoedkaai,** wo die Boote im Minutentakt starten. Aus gutem Grund: Vom Wasser aus lässt sich besonders schön nachfühlen, wie es sich im alten Brügge lebte.

Der Schoki auf die Spur kommen

Wo ist der Ursprung der Schokolade? Wie eroberte Schokolade Europa? Was ist das Geheimnis köstlicher Schokolade? Wie wird aus der Bohne eine leckere Praline? Warum war Schokolade einst eine Medizin? Von den verschiedenen Arten der Kakaobäume über die Gebräuche im Ursprungsland Mexiko bis zur heutigen Werbung wird im **Choco Story** die Schokolade vorgestellt. In einer Werkstatt kannst du bei der Herstellung von Pralinen zuschauen oder in privaten oder Gruppenworkshops lernen, selber welche zu machen. *Infos:* Wijnzakstraat 2 | Brügge | choco-story-brugge.be

Pralinen beim Comiclesen schnuppen

Halb Buch- und Comicladen, halb Café: **De Loge van Marec.** Kurz bei einem Kaffee oder Bier ausruhen und dabei Comics lesen – oder einen der vielen Krimis des Brügger Autors Pieter Aspe – ist die urflandrische Art, sich eine Auszeit zu nehmen. Und Pralinen gibt es hier natürlich auch. *Infos:* Sint-Jakobsstraat 6 | Brügge | cartoonistmarec.be

Regentag – was nun?

Die flämischen Primitiven betrachten

In weißen Räumen zeigt das **Groeningmuseum** Meisterwerke der altniederländischen Malerei wie die „Madonna des Kanonikus Joris van der Paele" von Jan van Eyck und das „Jüngste Gericht" von Hieronymus Bosch. Auch zu sehen: Werke des 17. bis 20. Jh. und Arbeiten des in Brügge geborenen Jugendstilkünstlers Frank Brangwyn.

Dijver 12 | Brügge | museabrugge.be

FÜR DIE EWIGKEIT
Auf dem Brüsseler Place Sainctelette spielt der „böse Junge" Vaartkapoen dem Agent N°15 vor den Augen der Passanten seinen Streich

⭐

36
Brüssel
Internationales Ambiente und Mittelalterflair

In Brüssel machst du eine Weltreise in einem Tag: Ob kongolesisches oder französisches Flair, frittierte flämische Köstlichkeiten oder EU-Diplomatie – das alles ist jeweils nur durch ein paar Bushaltestellen getrennt. Und mitten drin die Grand' Place: Hier pulsiert das Leben der Stadt. Einheimische, Zugezogene, Besucher, Hochzeitspaare und Staatsgäste mischen sich auf dem Pflaster des „schönsten Theaters der Welt", wie Jean Cocteau es bezeichnete, vor der Kulisse des prunkvollen Rathauses und der üppigen Zunfthäuser. Die einzigartige kulturelle Vielfalt begeistert heute nicht nur Bewunderer von Bosch bis Van Dyck, sondern auch Fans antiker Schätze, moderner Kunst und Comicfreunde.

Einmalige Kunst bestaunen

Beim ersten Blick auf diese prächtig restaurierte **Cathédrale Saint-Michel** am Hang zwischen Ober- und Unterstadt mögen sich manche fragen, ob Brüssel ein Notre-Dame-Plagiat besitzt. Die gotische Fassade, Fenster, Zinnen, die großen Doppeltürme – alles erinnert stark an das Pariser Vorbild. Die Fenster dimmen das hereinfallende Licht wie einst von den Bauherren vorgesehen und schaffen so eine Atmosphäre, in der das „Jüngste Gericht" von Frans De Vriendt über dem Portal besonders einprägsam wirken soll. Regelmäßig erklingen die majestätischen Glocken und das Carillon, das liebliche Glockenspiel. *Infos: Esp. de la Sainte-Gudule | Brüssel | cathedralisbruxellensis.be*

Ein neues „In"-Viertel entdecken

Im Dreieck zwischen Chaussée d'Ixelles, Chaussée de Wavre und Rue de la Paix liegt Brüssels kongolesisches Viertel **Matongé.** Lange sorgten soziale Probleme dafür, dass das Viertel von den Brüsselern gemieden wurde. Dann entdeckten junge Mitglieder der EU-Bubble die exotischen Restaurants und die fantastischen Obst- und Gemüseläden. Jetzt erfährt das Viertel eine Aufwertung: Neue Kneipen und Geschäfte eröffnen, die Chaussée d'Ixelles wird zur Fußgängerzone umgestaltet.

Die Comicwelt erobern

Tim und Struppi, Lucky Luke oder die Schlümpfe: Alle Helden der beliebten Bildergeschichten tauchen im Comic-Zentrum **Centre Belge de la Bande Dessinée** auf. Die ständige Sammlung schildert die Entwicklung des Genres, wechselnde Ausstellungen gehen auf die Klassiker und Avantgardisten ein. Außerdem ist hier die größte Fachbibliothek der Welt (ca. 60 000 Bände) untergebracht sowie ein Buch- und Souvenirladen. *Infos: Rue des Sables 20 | Brüssel | cbbd.be*

Die Aperitifhour genießen

Verträumt und provinziell wirkt die **Place du Châtelain** mit ihren Linden. Doch nach Büroschluss nimmt die internationale *beau monde* in den trendigen Bars und Cafés ihren Aperitif und bevölkert die Szenelokale in den Seitenstraßen.

Fritten testen

Unter den ohnehin berühmten Brüsseler Frittenbuden ist das **Maison Antoine** die berühmteste. Wenigstens einmal solltest du diese zweimal in Rinderfett gegarten Fritten zu kosten: krosse Kruste, zartes Kartoffel-Innenleben, dazu hausgemachte Knoblauch-Kräuter-Mayo. Mit den Pommes kann sich übrigens jeder bequem in eine der umliegenden Bars setzen.

Regentag – was nun?

Europa auf den Zahn fühlen

An der Rue Wiertz liegt der 1998 fertiggestellte pompöse Plenarsaal des **Parlament Européen.** Blaue Pfeile „Visit EP" führen zum Besuchereingang. Individuelle Besucher bekommen nach Sicherheitscheck und Kontrolle des Personalausweises kostenlos einen Multimediaguide oder können die Plenarsitzungen verfolgen. Viele Gänge voller Kunstwerke führen zu einer Loge über der grandiosen Eingangshalle – mit einer 36 m hohen, gleißenden Stahlplastik des belgischen Bildhauers Olivier Strebelle.

Rue Wiertz 60 | Brüssel | europarl.europa.eu

37
Münster & das Münsterland
Schlösser, Pferde und Mittelalter

Das Münsterland ist eine ausgesprochene Radfahrregion: Die abwechslungsreiche Parklandschaft mit zahlreichen Burgen, Schlössern und Herrensitzen lädt zu ausgiebigen und vielseitigen „Pättkestouren" ein. Über 4500 km einheitlich ausgeschilderte Wege abseits von großen Straßen, darunter Themenrouten wie die 100 Schlösser Route, könnt ihr hier erfahren. Münster, das sehenswerte urbane Zentrum der Region, gilt nicht nur als Stadt des Westfälischen Friedens, sondern auch als Fahrradhauptstadt Deutschlands.

Sich in der guten Stube von Münster umschauen
Münsters herrliche Altstadt glänzt an ihrem Herzstück, dem **Prinzipalmarkt,** mit zahlreichen schönen und bedeutenden historischen Bauwerken wie der **Lambertikirche,** dem **Rathaus des Westfälischen Friedens** und dem prächtigen **Dom.** Das Stadtbild ist geprägt von Adelshöfen, Bürgerhäusern und Kirchen. Als Studentenstadt gibt es natürlich auch eine vitale Gastroszene, zum Frühstücken trifft man sich beispielsweise in der **Bar Celona** in der Stubengasse (celona.de/).

Alte Schätzchen ergattern
Für die besten Schnäppchen sollten Interessierte schon frühmorgens auf den Beinen sein: Dann kann man gemütlich auf der **Promenade** in Münster die zwischen Schloss und Aasee dicht an dicht gedrängten Stände abklappern. Der **Promenaden-Flohmarkt** hat aufgrund seiner Lage echten Charme, besonders schön ist der Sommernachtflohmarkt im Juli. **Infos:** flohmarkt-muenster.de

Nach dem Glück der Erde suchen
Warendorf gilt als Mekka der Pferdesportler. Auf dem **Landgestüt Warendorf**

> **Regentag – was nun?**
>
> ## Münster unter die Lupe nehmen
>
> Das Stadtmuseum Münster zeigt die Geschichte der Stadt Münster von den Anfängen bis zur Gegenwart. Kernstück des Museums ist die Schausammlung im ersten und zweiten Obergeschoss, die einen Überblick über die hiesige Stadtgeschichte bietet. In zahlreichen Sonderausstellungen werden dem Publikum spezielle Themen und Aspekte der münsterischen Kultur- und Kunstgeschichte vorgestellt.
>
> *Salzstraße 28 | Münster | stadt-muenster.de/museum*

werden regelmäßig die berühmten Hengstparaden veranstaltet. Weiter westlich leben im **Merfelder Bruch** die letzten Wildpferde Mitteleuropas und inzwischen erschließt eine beachtliche 1000 km lange **Münsterländer Reitroute** *(muensterland.com)* die gesamte Region. *Infos: Sassenberger Str. 11 | Warendorf | landgestuet.nrw.de*

Der Literatur begegnen

Bereits im Jahr 1417 erwarben die Vorfahren der Dichterin Annette von Droste zu Hülshoff die westfälische **Wasserburg Hülshoff.** Besonders schön sind die Gartenanlagen mit Liegewiesen, Wildgehege, Garteninsel und einem kleinen Teehaus im Wald. Das Museum eröffnet einen Einblick in das Leben der Dichterin und des Adels jener Zeit. *Infos: Schonebeck 6 | Havixbeck | burg-huelshoff.de*

Hafenviertel

Chic und ziemlich in wirkt Münsters neues **Hafenviertel** und gleichzeitig gibt es Platz für alternative Kunst und Musik – z. B. im **Hot Jazz Club** *(hotjazzclub.de)* und im **Wolfgang Borchert Theater** *(wolfgang-borchert-theater.de)*. Als ehemaliges Problemviertel der Stadt glänzt der Hafen nun im neuen Licht: Zahlreiche Bars, Cafés und Kneipen haben ihren Platz in alten Lagerhallen gefunden und bestechen mit einem besonderen Flair.

ZWEIRAD-MANIA
Das Rad ist ein essentielles Fortbewegungsmittel in und um Münster

38
Essen
Mehr als „nur" Ruhrpott

Essen ist eine Stadt (588 000 Ew.) mit zwei Gesichtern: Das Nordgesicht ist auch heute noch gezeichnet vom Bergbau, obwohl hier bereits 1986 der Deckel auf den letzten Pütt kam. Noch immer überragen Schornsteine und Fördergerüste der Zeche Zollverein die Stadt, aber sie sind zu Symbolen für einen Neuanfang geworden. Das Südgesicht Essens ist der Ruhr zugewandt: Wäldchen, sanfte Hänge über dem Fluss, Villenviertel. Die Fachwerkorte Werden und Kettwig bilden den südlichen Rand dieser kontrastreichen Stadt. In der Mitte liegt Essens Dienstleistungszentrum mit den typischen Einkaufsstraßen. Nicht zu übersehen sind die Bürotürme großer Konzerne, die sich zu einer protzigen Skyline formieren: Die Kulturhauptstadt 2010 demonstriert nicht nur hier, dass sie schon lange keine Bergbaustadt mehr ist.

KUNSTWERK DES WOHNUNGSBAUS
Begrünte Häuschen, Gärten und Laubengänge prägen das Straßenbild der Essener Margarethenhöhe mitten im Pott

Margarethenhöhe
Eine mustergültige Gartenstadt! Namensgeberin und Stifterin war Margarethe Krupp. Gebaut wurde dieses südländisch anmutende Gesamtkunstwerk des Wohnungsbaus ab 1909 auf 115 ha Fläche, von denen 50 ha Grünfläche sind. *Infos: Zugang über die Sommerburgstraße | Essen | margarethe-krupp-stiftung.de*

Zeche Zollverein
Die Anlagen der **Zeche Zollverein** gehören zum UNESCO-Weltkulturerbe. Der Anblick des riesigen Doppelbock-Fördergerüsts von Schacht 12 der Zeche ist für Ruhrgebietsanfänger überwältigend. Umgeben ist der Turm von denkmalgeschützter Architektur: Gebäudekuben aus Stahlfachwerk und Backstein, sehr schlicht, sehr elegant, sehr funktional. 1928–32 wurde diese Kathedrale der Industriekultur errichtet. Das **Besucherzentrum** für die **Route der Industriekultur** befindet sich in der ehemaligen Kohlenwäsche. Nachts verwandelt sich diese Landmarke durch Beleuchtung in eine rot glühende Skulptur. *Infos: Gelsenkirchener Str. 181 | Essen | zollverein.de*

Baldeneysee
Im Essener Süden ist die Ruhr gestaut: Rund um den **Baldeneysee** lässt es sich herrlich skaten und Rad fahren. Die durchgängig geteerten Straßen am Südufer eignen sich dafür am besten. Toll wandern kannst du auf dem seit einigen Jahren neu ausgebauten **Baldeneysteig,** der dir als Rundwanderweg tolle Ausblicke beschert. Den allerallerschönsten Blick auf den See hast du von der **Korte Klippe.** *Infos: baldeneysee.ruhr*

Schurenbachhalde
Kein Geringerer als der US-amerikanische Künstler Richard Serra hat das kahle, schwarze, gewölbte Gipfelplateau der **Schurenbachhalde** in Altenessen mit einer Skulptur veredelt: Die Stahlbramme ragt 15 m aus dem Boden in den Himmel. Bei klarem Wetter hast du eine wunderbare Aussicht. *Infos: von der Emscherstraße über eine Stahltreppe zu erreichen*

Bei Nelson Müller speisen
Der Tausendsassa Nelson Müller (Fernsehkoch, Musiker, Buchautor) vereinte 2019 sein Sternerestaurant Schote Gourmet und das Bistro Müllers auf der Rü in einem Gebäude im lebhaften Essener Stadtteil Rüttenscheid. Eine prima Möglichkeit, seine Schwellenangst vor Sternegastronomie zu überwinden! *Infos: Rüttenscheider Str. 62 | Essen | nelson-mueller.de*

Regentag – was nun?

Villa Hügel

Wusstest du, dass Alfred Krupp eine Allee aufkaufte, um die Bäume in seinen Garten zu pflanzen? Ein bisschen dekadent, aber gelohnt hat es sich, denn das Anwesen darf man bis heute getrost mehr Schloss als Villa nennen. Das Bauwerk mit seinen 8100 m² Wohnfläche samt diverser Nebengebäude ist eingebettet in einen 28 ha großen alten Park, der zur Ruhr hin abfällt. Für Kulturinteressierte sehenswert: die historische Ausstellung zur Geschichte der Familie Krupp sowie die wechselnden Ausstellungen zu kunst- und kulturhistorischen Themen. Bei Konzerten und großen Ausstellungen erstrahlen auch die Säle in ihrer vollen Pracht.

Hügel 1 | Essen | villahuegel.de

39
Düsseldorf
Rheinisches Savoir-Vivre zwischen Kultur und Shopping

Eine lebendige Kunstszene mit zahlreichen Galerien und Museen, eine wunderbar lange Promenade am Rheinufer, eine hohe Dichte an Kneipen, Cafés und Restaurants, quirlige Stadtviertel mit jeweils eigenem Charakter und Einkaufsmöglichkeiten für jeden Geldbeutel: Düsseldorf hat weit mehr als Altstadt und Königsallee zu bieten! Die Stadt entpuppt sich bei genauerem Hinsehen als echte Wundertüte und du findest einen knisternden Mix aus rheinischer Lebensart und multikulturellen Vibes. Und Gelegenheiten für einen ausgedehnten Spaziergang gibt es in den 30 Parkanlegenheiten genug.

Vom Burgplatz ausschwärmen

Stimmungsvoll, belebt, urban: Der **Burgplatz** in der **Altstadt** im Schatten des Schlossturms ist für die Düsseldorfer das, was für die Italiener die Piazza ist. Bei gutem Wetter kann man hier unter freiem Himmel essen oder sich auf die breite Ufertreppe setzen, um den Blick auf den Rhein oder den Sonnenuntergang zu genießen. Seit der Verkehr der Rheinuferstraße in einen Tunnel verbannt wurde, trennt nichts mehr den Burgplatz vom Fluss. Er ist daher der ideale Ausgangspunkt für Spaziergänge auf der neuen Rheinpromenade bis zum Medienhafen.

Bewegte Architektur bewundern

Kippende Wände, windschiefe Türme, im Mauerwerk verkantete Fenster: Der vom kalifornischen Architekten Frank O. Gehry entworfene **Neue Zollhof** ist der Eyecatcher des **Medienhafens.** Die drei nebeneinandergesetzten Bauwerke in Weiß, Silber und Rot stehen im Kontrast zu den umliegenden Gebäuden aus Stahl, Beton und Glas. Der Neue Zollhof ist ein beliebter Treffpunkt. Man sitzt bei schönem Wetter auf dem Platz davor, trinkt ein kühles Bier und genießt die Aussicht.

Regentag – was nun?

Kunst erklettern

Das **K21** im einstigen Ständehaus am Kaiserteich zeigt internationale Kunst seit den 1980er-Jahren. Die Rauminstallation von Tomás Saraceno, eine drei Ebenen umfassende Stahlnetzkonstruktion, kannst du erklettern. Im Anschluss genieße einen Kaffee im vom kubanischen Künstler Jorge Pardo designten Museumscafé.

Ständehausstr. 1 | Düsseldorf | kunstsammlung.de

Sich wie in Tokio fühlen

Die Königsallee ist nicht die einzige besondere Flaniermeile Düsseldorfs: Nur wenige Hundert Meter vom Hauptbahnhof entfernt findest du im **Japanviertel** Shops und Lokale, für die man sich sonst wohl ins Flugzeug nach Tokio setzen müsste. Rund um **Immermann-** und **Charlottenstraße** gibt es von Karaokebars über Buchläden bis zu asiatischen Supermärkten viel zu entdecken. Einzigartig sind die japanischen Bäckereien im Viertel, wo du zur Kaffeepause authentische *Yakisobapan* (mit gebratenen Nudeln gefüllte Brötchen) genießen kannst.

Ein barockes Kleinod besuchen

Das 1755 von Kurfürst Karl Theodor erbaute Jagd- und Gartenschloss im Süden der Stadt ist außerordentlich gut erhalten. Die Gesamtkomposition von Architektur, Gartenkunst, Bildhauerei und dekorativen Künsten ist charakteristisch für die Epoche des späten Barocks am Übergang zum Klassizismus. Die traumhafte Gartenanlage und das weltweit erste Gartenkunstmuseum runden den Gesamteindruck ab.
Infos: Benrather Schlossallee 100–106 | Benrath | schloss-benrath.de

Im Schlender-Schlemmer-Paradies

Der **Carlsplatz** ist das quirlige und bunte Herz der Carlstadt und der beste Ort für schnelles Streetfood. Auf dem **Markt** bieten rund 60 Händler an sechs Tagen in der Woche ihre Waren an. 7000 m² voller Käse und Wurst, Obst und Gemüse, Brötchen, Kaffee, Torten, Eis, Bonbons, Backfisch, Reibekuchen, Currywurst ... Klingt nach Schlaraffenland? Ist es auch!

ZEITVERTREIB
Auf der Rheinpromenade in Düsseldorf kannst du den ganzen Nachmittag entlangschlendern

40
Köln
Leben und leben lassen

Der Dom, die Altstadt, die romanischen Kirchen, das Rheinufer, die großartigen Museen, die Brauhäuser und der Karneval: Sie alle mögen große Publikumsmagnete sein. Und doch sind die Touristenattraktionen nur eine Seite Kölns, denn die Stadt nimmt selbstbewusst für sich in Anspruch, ebenso hip wie Hamburg oder Berlin zu sein – nur ein bisschen kompakter. Die Clubs in Ehrenfeld etwa zählen zu den besten Adressen in ganz Europa. Die Bars und Cafés im Belgischen Viertel sind abwechslungsreich und stylish, Köln ist die Heimat vieler Kreativer und Studenten – nicht selten werden die Trends hier gesetzt. Dank all dieser Pluspunkte sind die Stadtviertel – Südstadt, Belgisches Viertel, Agnesviertel und Ehrenfeld – die eigentlichen Sehenswürdigkeiten der viertgrößten Stadt Deutschlands.

IN EINEM RUTSCH
Sightseeing-Hopping leicht gemacht: vom Rheinpark zum Zoo mit der Seilbahn

Gotik pur bestaunen

Vorgänger des **Doms zu Köln** war eine karolingische Kirche, die aber zu klein geworden war, um die Wallfahrer, die bei den Reliquien der Heiligen Drei Könige beten wollten, gebührend aufnehmen zu können. 1248 begann der Neubau und 1880, nach insgesamt mehr als 600 Jahren Bauzeit, feierte man die Vollendung des Doms.

Durch die Altstadt bummeln

Die ebenso schmalen wie farbenfrohen Giebelhäuser am **Fischmarkt** sind eines der schönsten Fotomotive der Altstadt. Wo ab dem 13. Jh. mit vorwiegend aus den Niederlanden kommendem Fisch gehandelt wurde, locken heute die Biergärten. Zwischen der Kirche Groß St. Martin und dem Rheingarten steht auch das lang gestreckte Stapelhaus: Im Mittelalter mussten alle Rheinschiffer drei Tage vor Köln ankern und ihre Waren im Stapelhaus anbieten. So kontrollierten die Kölner Kaufleute den Rheinhandel.

Einen Seitenwechsel vollziehen

Der **Rheinpark** wurde 1957 anlässlich der Bundesgartenschau eröffnet. Die mit Blumenbeeten geschmückte Grünfläche ist an sonnenüberströmten Tagen proppenvoll. Von hier kannst du ebenso bequem wie spektakulär zum **Zoo** auf die andere Rheinseite fahren: mit der Seilbahn! *Infos: koelnerseilbahn.de*

Kunstvielfalt erleben

Das Museum Ludwig ist das „Flaggschiff" unter den Kölner Museen. Es beherbergt den gesamten städtischen Kunstbesitz aus dem 20. und 21. Jh. Das Sammlereheepaar Irene und Peter Ludwig überließ der Stadt 1968 seine Sammlung mit Werken der Pop-Art. Später holte Peter Ludwig auch kaum bekannte Werke der russischen Avantgarde an den Rhein und seine Frau schenkte dem Museum die drittgrößte Picasso-Sammlung der Welt. Die Wechselausstellungen sind oftmals Publikumsmagneten. *Infos: Heinrich-Böll-Platz 1 | Köln | museum-ludwig.de*

Ins Reich des Köbes vordringen

Kölsche Veedelsatmosphäre mit echten Charakteren am Tresen. Zu essen gibt's Klassiker der rheinischen Küche. In kaum einem Traditionslokal ist das Kölsch so günstig wie im **Früh em Veedel** – zuletzt waren es 1,90 Euro pro Glas. Von hier aus kann man auch einen schönen Bummel durchs lebensfreudige Severinsveedel starten. *Infos: Chlodwigplatz 28 | Köln | fruehemveedel.de*

Regentag – was nun?

Die süße Verführung

Im **Schokoladenmuseum** ist alles zur Geschichte und Kultur der Schokolade zu erfahren. Ein Gewächshaus für Kakao, ein nie versiegender Schokoladenbrunnen, allerlei Apparaturen zur Herstellung und Verfeinerung der Ware – und natürlich eine Probierstube, in der auch Schoko-Kurse angeboten werden. Mit diesen Vorzügen hat es das mittlerweile zum Lindt-Konzern gehörende Schokoladenmuseum zum Publikumsfavoriten gebracht. Die Außentreppe hinauf aufs Dach erlaubt einen vorzüglichen Rundumblick auf Rhein, Dom und Altstadt.

Rheinauhafen 1 a | Köln | schokoladenmuseum.de

TOP OF SAUERLAND
Auch die Rinder genießen die Ruhe auf den Sauerländer Hochweiden

41
Winterberg & das Sauerland
Ultimatives Outdoorvergnügen

Winterberg zeigt sich vielfältig: Da ist einmal das alte, ruhige Städtchen mit seinen hübschen Fachwerkhäusern und da gibt es das lebhafte für Wanderer, Mountainbiker und Wintersportler, die hier reichlich Abwechslung finden. Das Sauerland präsentiert sich als komplette Outdoorregion, denn auf 5000 km² in der schwingenden Mittelgebirgslandschaft, geprägt von dichten Wäldern, weiten Wiesen und klaren Seen, gibt es so viele Möglichkeiten für Erlebnisse aller Art.

Um Winterberg wandern

Der **Rothaarsteig** verläuft mitten durch Winterberg, über die Dörfer ringsum führt die **Winterberger Hochtour**. Mit dem Kahlen Asten und der landschaftlich reizvollen Hochheide in der Nähe sind auch einige „Bergtouren" im Angebot. Apropos Kahler Asten: Zwar ist der Kahle Asten mit seinen 841 m nicht der höchste Berg in Nordrhein-Westfalen, der Turm hebt die Besucher aber auf 862 m. Die Aussicht von hier oben ist grandios. Im Inneren befinden sich das **Berghotel** mit mehreren Restaurants sowie das sehenswerte **LWL Naturkundemuseum**. Schwerpunkt ist die nahe Hochheide mit ihrem Naturschutzgebiet. *Infos:* Kahler Asten | Winterberg | winterberg.de

Einmal Adrenalin ausschütten

Ein Traum für Mountainbiker: Im **Bikepark Winterberg** steht Downhill-Enthusiasten ein bequemer Doppel-Sessellift zur Verfügung. Alle angelegten MTB-Strecken im Bikepark führen wieder direkt zur Lift-Talstation. *Infos:* Kapperundweg 3 | Winterberg | bikepark-winterberg.de

Mit Yakari um die Wette laufen

Im Freizeitpark **Fort Fun mit Abenteuerland** mit Wildwestambiente gibt es über 40 Fahrattraktionen für Groß und Klein. Dazu kommen gut gemachte Live-Entertainments, u. a. mit den Helden der Westernshow. *Infos:* Aurorastr. 50 | Bestwig-Wasserfall | fortfun.de

Mit viel Panorama durchs Sauerland kurven

Die **Hochsauerland-Höhenstraße** führt auf 120 km abwechslungsreicher Strecke durch das Rothaargebirge und verbindet kurvenreich das Schmallenberger Land, die Winterberger Hochfläche und die Medebacher Bucht. Sie ist eine der schönsten und geschichtsträchtigsten Panoramastrecken im Sauerland und liegt parallel zur alten „Heidenstraße", die von Russland nach Frankreich führte. *Infos:* winterberg.de/tour/hochsauerland-hoehenstrasse/

Im schnellsten Taxibob Europas gen Tal rasen

Beim Gästebobrennen auf der **Winterberger Hochgeschwindigkeitsbahn** wird der Viererbob von erfahrenen Piloten gesteuert. Bei Geschwindigkeiten von bis zu 130 km/h ist Nervenkitzel garantiert. Rodeln nur im Winter? Auch in der warmen Jahreszeit hat die Sommerrodelbahn Winterberg einiges zu bieten: Kurven, Brücken, Jumps – alles ist drin. 700 m geht es in rasanter Fahrt den Berg hinab. *Infos:* olympic-bob-race.de und erlebnisbergkappe.de

Historische Vielfalt entdecken

Von der historischen Besteckfabrik über ein Eishäuschen bis zum Wintersportmuseum – die mehr als 50 in der **Museumslandschaft Hochsauerlandkreis** organisierten Häuser, Scheunen und alten Fabriken sind häufig so spannend wie ihr Name exotisch. Sie werden überwiegend von Ehrenamtlichen oder Heimatvereinen geführt, die mit viel Hingabe das kulturelle Erbe ihrer Region bewahren.

sauerland-museum.de/museumslandschaft/

42
Marburg
Geschichte, Weisheit, Lebensgenuss

Die malerische Altstadt der Universitätsstadt Marburg an der Lahn zieht sich mit engen Straßen und Treppengassen halbkreisförmig am steilen Schlossberg hinauf. 1527 gründete Landgraf Philipp der Großmütige von Hessen die berühmte, nach ihm benannte Universität, die erste protestantische Hochschule in Deutschland. Die Gebäude der Universität verteilen sich über das Stadtgebiet: Südlich der Elisabethkirche grenzen die Universitätsgebäude an den schönen Alten Botanischen Garten. Zu den berühmtesten Studenten in Marburg gehörten die Gebrüder Grimm.

Auf den Spuren der Gebrüder Grimm Marburg entdecken

Wer sich auf die Spuren der Studenten Grimm machen möchte, hat Gelegenheit dazu bei einer Märchentour. Durch enge Gassen und vorbei an bekannten Sehenswürdigkeiten gilt es, Figuren aus ihren Märchengeschichten aufzuspüren. *Infos: marburg-tourismus.de/maerchen*

Die Elisabethkirche würdigen

Im Norden der Stadt hat der schönste Bau Marburgs über die Grenzen der Stadt hinaus Berühmtheit erlangt. Die **Elisabethkirche** gilt neben der Liebfrauenkirche in Trier als frühester rein gotischer Sakralbau Deutschlands. Die Ausstattung ist fast vollständig erhalten und umfasst u. a. in der Sakristei den goldenen Schrein und im Chor eine Statue der Heiligen Elisabeth sowie Glasgemälde aus dem 13. und 15. Jh. Im nördlichen Querschiff sind ein Marienaltar von 1517 und der Elisabeths Sarkophag beachtenswert, im südlichen Querschiff die Grabmäler hessischer Fürsten. *Infos: Elisabethstr. 3 | Marburg | elisabethkirche.de und marburg-tourismus.de*

Auf den Spuren der Reformatoren

Hier oben, im **Landgrafenschloss** hoch über der Altstadt, trafen sich 1529 die beiden Reformatoren Luther und Zwingli zu ihrem berühmten Marburger Religionsgespräch. Das Schloss war vom 13. bis zum 17. Jh. Sitz der Landgrafen von Hessen. Im Wilhelmsbau des 15. Jh. befindet sich das **Museum für Kulturgeschichte.** Zu besichtigen sind außerdem der großartige Rittersaal sowie die Schlosskapelle aus dem 13. Jh. Interessant ist ein geführter Rundgang durch die Kasematten der Festung.

Schloss 1 | Marburg | uni-marburg.de/de/museum

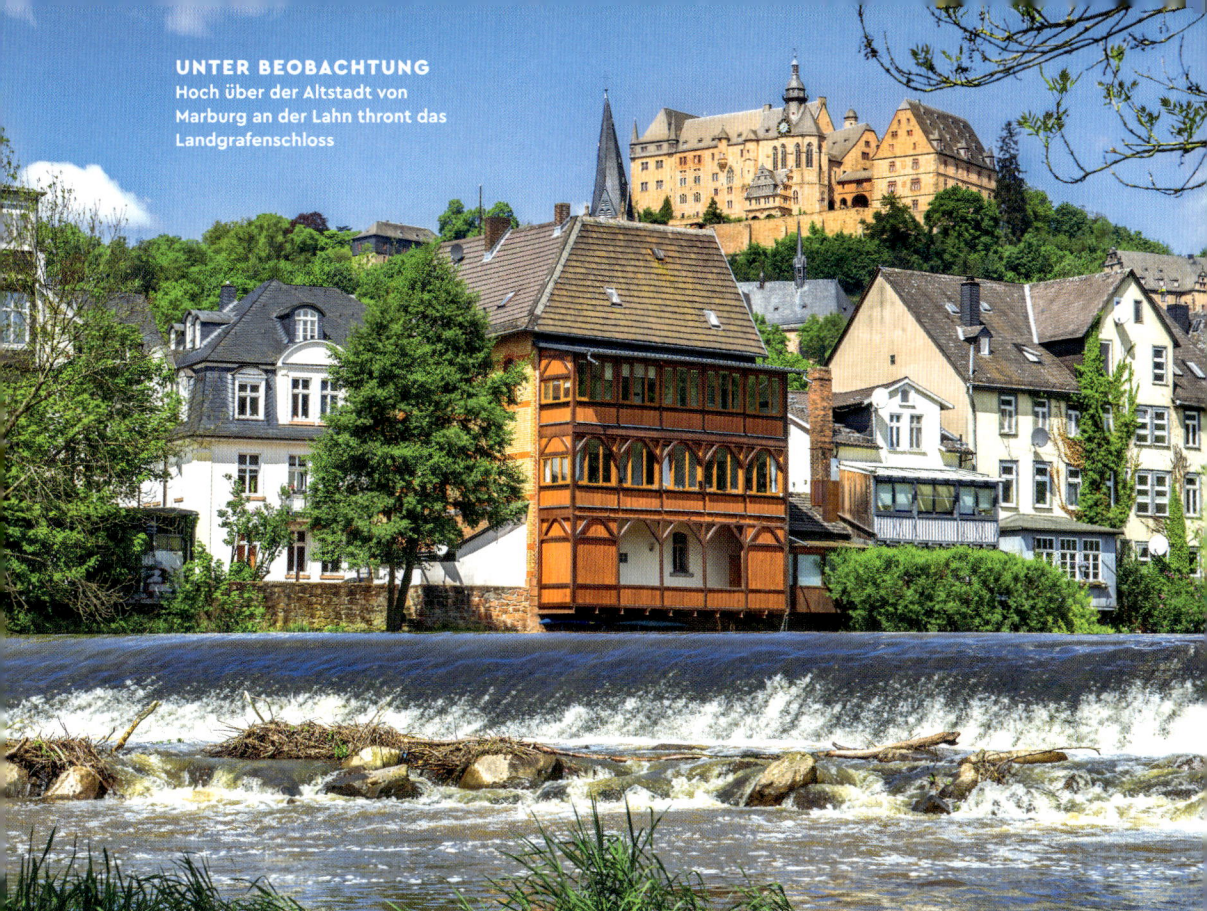

UNTER BEOBACHTUNG
Hoch über der Altstadt von Marburg an der Lahn thront das Landgrafenschloss

Mit dem Skateboard durch den Wald rasen

Abenteuerlustige können im **Marburger Kletterwald** unter anderem auf einem Skateboard in Wipfelhöhe ihre Schwindelfreiheit testen. *Infos:* Dammühlenstr. 1 | Marburg | kletterwald-marburg.de

Eine Modellstadt besuchen

Alsfeld wurde dank der gut erhaltenen Fachwerkarchitektur europäische Modellstadt für Denkmalschutz. Mittelpunkt der Altstadt ist der historische Marktplatz, dessen Ostseite das frei stehende spätgotische Rathaus mit seinen von Helmen bekrönten Erkern schmückt, das zu den bedeutendsten Fachwerkbauten Deutschlands zählt. In der Rittergasse ist in zwei Häusern aus dem 17. Jh. das Regionalmuseum untergebracht. Auf einem Hügel über der Schwalm erhebt sich Schloss Altenburg (18. Jh.). *Infos:* knapp 45 Min. östlich von Marburg über die B62

Um die Wette zwitschern

Die **Gaststätte Rotkehlchen** in der Waggonhalle gehört zu den attraktivsten Adressen in Marburg. Die Industriearchitektur des frühen 20. Jh. sorgt für eine willkommene Alternative zur Fachwerkkulisse Marburgs. Auf zwei Ebenen kannst du, umgeben von Kunst und Künstlern, lecker essen und trinken. Außerdem besitzt das Rotkehlchen einen großen gemütlichen Biergarten, der als einer der schönsten der Stadt gilt. *Infos:* Rudolf-Bultmann-Straße 2a | Marburg | waggonhalle.de/gastronomie

IMPOSANT
Echter Urwald mitten in der Eifel – wer hätte das gedacht?

43
Monschau & der Nationalpark Eifel
Fachwerk, Urwald und Eifeltiger

Die Nordeifel ist derart vielseitig, dass die Frage lautet: Wo fängt man da bloß an? Beim Rursee, um den herum es sich prima wandern oder radeln lässt, wenn man nicht gerade drin schwimmt oder drüber schippert? Bei den Monschauer Höhendörfern und ihren einzigartigen hohen Hecken in direkter Nachbarschaft zum sagenumwobenen Hohen Venn? Dann gibt es da noch den Nationalpark Eifel, in dem echte Ranger mit dir auf die Pirsch nach dem Eifeltiger gehen. Oder doch bei den mittelalterlichen Fachwerkstädtchen Bad Münstereifel, Blankenheim und Monschau?

Venedig-Blick in der Nordeifel
So nennen die Bewohner von **Monschau** die Aussicht von ihren Brücken auf die Rur. Die ist zwar nicht ganz der Canale Grande, aber das macht die alte Tuchmacherstadt Monschau (12 000 Ew.) locker wett. Und das unter anderem mit der **Burg Monschau** und der **Burgruine Haller,** verwinkelten Fachwerkbauten und dem berühmten **Roten Haus.** In dem 1752 im Stil des späten Rokoko erbauten Doppelhaus siehst du, wie reiche Tuchmacher einst lebten, bevor die Industrie den Bach runterging. Berühmt ist die freitragende hölzerne Wendeltreppe mit Motiven aus der Tuchherstellung *(Laufenstr. 10 | Monschau | rotes-haus-monschau.de/).* Kurz: ein Sehnsuchtsort für Romantiker, vor allem wenn die Tagestouristen weg sind.

Hinter Hecken Verstecken spielen
Wie sich Fachwerkhäuser hinter meterhohen Wind- und Schneeschutzhecken verstecken, siehst du am besten in den zum **Monschauer Heckenland** gehörenden Höhendörfern Höfen, Kalterherberg, Mützenich und Rohren. In Höfen haben die Dorfbewohner einen gut fünf km langen Spaziergang zu den schönsten Haus- und Flurhecken ausgewiesen. Am besten stärkst du dich vor oder nach der Tour bei gutbürgerlicher Küche in der **Alten Molkerei** *(Hauptstr. 72–74 | Monschau/Höfen | molkerei.info)* samt Terrasse mit tollem Blick. Diese dient auch als Nationalparktor.

Durch wilde Natur wandern
Seit 2004 ist der **Nationalpark Eifel** ein „Entwicklungs-Nationalpark". Innerhalb von 30 Jahren sollen auf dem 110 km² umfassenden Gebiet mindestens drei Viertel der Fläche wieder sich selbst überlassen werden. Das Leben ohne menschliche Einmischung entwickelt sich prächtig. Über 10 000 teils gefährdete Tier- und Pflanzenarten fühlen sich hier pudelwohl.

Du darfst allein durch den Park wandern oder ihn dir von einem Ranger kostenlos zeigen lassen. Infos und Ausstellungen gibt es in den fünf Nationalpark-Toren Rurberg, Gemünd, Heimbach, Höfen und Nideggen. *Infos:* nationalpark-eifel.de

Dann fahr'n wir über'n See
Bevor du von **Einruhr** aus den **Rursee** erkundest, zapfst du an der Heilsteinquelle im Hof der Touristeninformation *(Franz-Becker-Str. 2)* ein Fläschchen Mineralwasser. Das fanden schon die Römer lecker. Wer gerne planscht, kann das im Naturerlebnisbad *(natur erlebnisbad-einruhr.de)* tun. Sonst mietest du dir ein Tretboot oder du wanderst am Rursee entlang sechs km bis zur **Urfttalsperre.** Falls du für den Rückweg zu k. o. bist, nimmst du das Schiff. Mit den Schiffen der Rursee-Schifffahrt *(rursee-schifffahrt.de)* kannst du z. B. in den Nachbarort Rurberg schippern und dort im Genießerwirtshaus *(Hövel 15 | Rurberg | geniesserwirtshaus.de)* essen.

Regentag – was nun?
Senf traditionell herstellen

Familie Breuer stellt in einer der letzten handwerklich betriebenen **Senfmühlen** aus dem Jahr 1882 den berühmten *Moutarde de Montjoie* her – und das so gut, dass hier schon für die Sendung mit der Maus gefilmt wurde. Die 22 Sorten sowie andere Regionalprodukte kannst du im Senflädchen kaufen.

Laufenstr. 118 | Monschau | senfmuehle.de

NAHRUNGSAUFNAHME
Auf den Wanderungen durch die Vulkaneifel bearbeiten immer wieder Schafherden die Grasflächen

44
Vulkaneifel
Vulkane, Maare, Mord und Totschlag

Zwischen Gerolstein und Wittlich, Manderscheid und Ulmen fallen immer wieder kegelförmige, teils mit Ritterburgen gespickte Bergkuppen in der Landschaft auf. Als „Augen der Eifel" werden die mit Wasser gefüllten Maare bezeichnet. Eine Wanderung in der Vulkaneifel ist daher wie eine Zeitreise durch die Erdgeschichte. Das berühmteste und vielleicht schönste, das Weinfelder Maar, trägt im Volksmund den Namen Totenmaar. Klingt wie der Titel eines Kriminalromans, hat aber nichts mit Krimi zu tun. Und doch herrschen in der Vulkaneifel Mord und Totschlag: In und um die deutsche Krimihauptstadt Hillesheim lassen die Autoren liebend gern morden, rauben und betrügen.

Einen Ausgangspunkt wählen

Die Kreisstadt **Daun** (8000 Ew.) ist ein idealer Ausgangspunkt für Unternehmungen in die Landschaft der erloschenen Feuerberge. Einst ließen sich Kelten und Römer auf dem markanten Felsen über dem Liesertal nieder. Im Jahr 731 entstand die erste Burg auf dem steilen Basaltfelsen. Aus diesen Zeiten dürfte sich auch der Ortsname vom keltisch-römischen Wort *Dunum* für eine befestigte Anhöhe ableiten. Davon ist zwar so gut wie nichts mehr übrig, trotzdem kommen viele Besucher in die quicklebendige Stadt: Daun ist als heilklimatischer Kurort bekannt und bei einem Abstecher in den Kurpark kannst du das sehr schmackhafte Wasser der **Dunarisquelle** probieren *(Maria-Hilf-Str. 22)*.

Zwischen Gegenwart und Urknall Rad fahren

Auf dem 20 km langen kurvenreichen **Kosmosradweg Kleine Kyll** vom Kurpark Daun nach Meerfeld wird alles, was sich unseren Vorstellungen von Raum und Zeit entzieht, erfahrbar. Einzelne Planeten sind maßstabsgetreu in ihrer Größe und ihrer Entfernung zur Sonne dargestellt. Auf den letzten fünf km bis zum Meerfelder Maar entspricht jeder Schritt einem Zeitabschnitt von rund zwei Mio. Jahren. Badesachen mitnehmen: Wenn's richtig heiß ist, kannst du dich im **Naturfreibad Meerfelder Maar** abkühlen. *Infos: gesundland-vulkaneifel.de*

Die „Augen der Eifel" besuchen

Dicht beieinander liegen das **Gemündener Maar**, das **Weinfelder Maar** und das **Schalkenmehrener Maar.** Die beste Aussicht auf die Dauner Vulkanseen bietet sich vom **Dronketurm** aus, den du auf einem kurzen Spaziergang erreichst. Am schönsten ist sicherlich das Weinfelder Maar, im Volksmund auch Totenmaar genannt. Diesen düsteren Namen verdankt es dem Friedhof, der die Kapelle aus dem 14. Jh. auf dem Maarwall umgibt. Bei der Kirche in Schalkenmehren startet ein sieben km langer Rundwanderweg um das Weinfelder Maar mit schönen Aussichten aufs Dorf.

Den Tätern auf der Spur

Dem Städtchen **Hillesheim** (3200 Ew.) gelang Ende des 20. Jh. eine Sanierung der historischen Altstadt und der Stadtmauer aus dem 14. Jh. In den letzten Jahren hat sich der Ort zur deutschen Krimihauptstadt gemausert: Das **Kriminalhaus** *(kriminalhaus.de)* beherbergt unterm Dach das Deutsche Krimi-Archiv mit 30 000 Titeln samt tiefen Ohrensesseln zum Schmökern. Wer dann noch immer nicht genug von Mord und Totschlag hat, unternimmt eine Wanderung auf dem **Eifelkrimi-Wanderweg,** der auf zwei Routen von 18 bzw. 20 km Länge zu elf kriminellen Schauplätzen von Eifelkrimis führt. Die Broschüre gibts in der Touristinfo *(Am Markt 1)*. Im Dorf **Kerpen** fünf km nordöstlich liegt **Das Kleine Landcafé.** In der umgebauten Scheune werden regelmäßig (Krimi-)Lesungen und Kleinkunstabende veranstaltet. *Infos: Fritz-von-Wille-Str. 8 | Kerpen/Eifel | daskleinelandcafe.de*

Regentag – was nun?

Im Vulkanmuseum explodieren

Per Knopfdruck kannst du einen Vulkanausbruch auslösen – im Modell. Hier erfährst du, wie Vulkane und Maare entstanden sind und ob sich der Vulkanismus wirklich beruhigt hat.

Leopoldstr. 9 | Daun | vulkaneifel.de

45
Koblenz & Umgebung
Mosel meets Rhein

Koblenz (110 000 Ew.) vereint Mosel und Rhein am Deutschen Eck. Moderne Nüchternheit trifft hier auf südländische Lässigkeit. Wer die Außenbezirke der Universitätsstadt schnell hinter sich lässt, entert hinter der Europabrücke eine andere Welt mit kopfsteingepflasterten Altstadtgassen, liebevoll bepflanzten Parks und einer romantischen Rheinuferpromenade. Die lebensfrohe Art der Koblenzer zeigt sich auch bei den zahlreichen Kulturveranstaltungen, Festen und Festivals. Lohnenswert ein Stopp in den gemütlichen Cafés und Kneipen, kleinen Läden und Kunsthandwerksateliers, die sich in den Seitenstraßen rund um die Fußgängerzone verstecken.

Zum Ausblick gondeln
Den weiten Blick von hier oben wussten bereits die vorchristlichen Siedler zu schätzen, und auch die Preußen machten ihn sich zunutze, als sie 1817–28 die **Festung Ehrenbreitstein** errichteten. Heute befördert die Seilbahn Besucher aus der Altstadt direkt auf den Festungshügel. Von **Kabine 17** hast du dank eines Glasbodens „den vollen Durchblick". Die zweitgrößte Festungsanlage Europas beherbergt das **Landesmuseum Koblenz** mit wechselnden Ausstellungen zur Kultur- und Wirtschaftsgeschichte von Rheinland-Pfalz. Schön sind auch die hier veranstalteten Konzerte und Events. *Infos: Greiffenklaustraße | Koblenz | tor-zum-welterbe.de/festung-ehrenbreitstein*

Im Garten der Kaiserin wandeln
Die großzügigen Stufen der **Kaiserin-Augusta-Anlagen** zum Rheinufer hinunter sind heute Treffpunkt für Sonnenhungrige, Flussfans und Erholungssuchende. Wem das zu langweilig ist, kann noch einen Blick in den **Landschaftsgarten** mit Kunstdenkmälern und Plastiken werfen, den die Gattin von Kaiser Wilhelm I., Kaiserin Augusta, beim Gartenbaugenie Peter Lenné in Auftrag gab.

Ein Schiff auf dem Rhein steuern

Statt schnarchigen Exponaten und langweiligen Museumsführungen heißt es im **Romanticum** im Forum Confluentes „Schiff ahoi!". Während der interaktiven „Kreuzfahrt" durch das UNESCO-Welterbe Oberes Mittelrheintal werden nicht nur Kinder, sondern auch Erwachsene an 70 Mitmachstationen gern zum Rheinschiffkapitän.

Zentralplatz 1 | Koblenz | romanticum.de

UNTER DIE LUPE NEHMEN
Das Deutsche Eck hat man von der Festung Ehrenbreitstein optimal im Blick

Im Takt mit den Augen rollen

Zum romantischen **Architekturensemble** an der **Florinskirche** gehören ein gotisches Schöffenhaus und das Kauf- und Danzhaus von 1419, das seit dem Umbau im 17./18. Jh. auch barocke Elemente zieren. Hier wurde einst gehandelt und getanzt. Unter der Turmuhr von 1724 zieht der „Augenroller" seine Fratzen: Im Takt des Pendels verdreht der Kopf die Augen und streckt die Zunge raus – angeblich der Raubritter Johann Lutter von Kobern auf dem Weg zum Schafott.

Adeliges Terrain betreten

Im Bendorfer Ortsteil Sayn gibt es im **Kulturpark Sayn** für jeden etwas. Dicht an dicht liegen hier ein Schmetterlingsgarten mit filigranen Flatterschönheiten, Echsen und Wachteln, ein Eisenkunstgussmuseum, ein Mühlenmuseum, eine Abtei, eine Burg, das Industriedenkmal Eisenhütte, ein Limes-Wachturm und ein Kletterwald. Und zudem ein barockes Schloss, in dem noch immer die Fürstenfamilie zu Sayn-Wittgenstein zu Hause ist. *Infos: Schlossstr. 100 | Bendorf-Sayn | sayn.de*

Ein Stück Rheinsteig erwandern

320 km ist er lang, der **Premiumwanderweg Rheinsteig** zwischen Bonn, Koblenz und Wiesbaden. Wer meint, dass es am Fluss weitgehend eben dahingeht, sieht sich schnell getäuscht. Auf anspruchsvoller Route geht es stetig – und oft steil – bergauf und bergab. Belohnt wird der Wanderer mit fantastischen Ausblicken. *Infos: rheinsteig.de*

VON HEKTIK KEINE SPUR
Am Schaumainkai hat man die Kunst im Rücken und die Finanzwelt im Blick

46
Frankfurt
Kunst, Kultur, Business und Ebbelwoi

Frankfurt ist eine Stadt der Kontraste: cool und charmant, businessorientiert und zugleich voller Kunst und Kultur. Große Distanzen kennt man in „Mainhattan" nicht – fast alle Sehenswürdigkeiten liegen im Zentrum oder nur wenige Minuten entfernt. Zu Fuß, per Rad oder mit öffentlichen Verkehrsmitteln lässt sich die Stadt wunderbar erobern. Frankfurt ist Museumsstadt: Fast 50 Sammlungen und Institute – von Avantgarde bis Alte Meister, von Technik bis Natur – liegen innerhalb der Stadtgrenzen, viele am Schaumainkai im südlich des Flusses beginnenden Stadtteil Sachsenhausen. Futuristische Bankenpaläste und historische Bürgerpalais, ruhige Parks und belebte Einkaufsstraßen bilden ein stimmiges, nur dem Flaneur sich wirklich erschließendes Puzzle.

Frankfurts gute Stube besuchen

Der **Römerberg** ist der ideale Ausgangspunkt für einen Citybummel. Hier befindet sich das **Rathaus** und die **Neue Altstadt**, man blickt auf **Paulskirche** und **Dom** sowie auf die **Kunsthalle Schirn** – und es sind nur ein paar Minuten Fußweg zum **Goethehaus**, zu den Shoppingmeilen Zeil und Goethestraße sowie zum Sachsenhäuser Museumsufer. Im 16. Jh. stand der Römerberg in dem Ruf, der schönste Platz im Heiligen Römischen Reich Deutscher Nation zu sein. Heute wird die „gudd Stubb" Frankfurts neben Römer und Nikolaikirche geprägt durch die 1986 nach historischen Plänen wiederaufgebauten Fachwerkhäuser der Ostzeile und des Schwarzen Sterns.

Sich der Kunst widmen

Alte Meister und Werke der Moderne stehen im „Städel" in einem spannenden Dialog. Berühmte Vertreter der Vergangenheit sind u. a. Jan van Eyck, Johann Heinrich Tischbein, Auguste Renoir und Edouard Manet; die frühe Moderne vertritt Max Beckmann, im Untergeschoss ist die Gegenwartskunst eingezogen. Wechselnde Sonderausstellungen bereichern die ständige Sammlung. 2011 erhielt das Städel einen spektakulären Erweiterungsbau – unterirdisch, mit Lichtdomen im Rasen des Gartens. ***Infos:*** *Schaumainkai 63 | Frankfurt | staedelmuseum.de*

An den Wolken kratzen

Fast 100 Hochhäuser prägen die Skyline von Frankfurt, einige ragen gut 300 m in den Himmel. Das Gros der **Wolkenkratzer** konzentriert sich im **Bankenviertel** zwischen Alter Oper und Hauptbahnhof. Als bislang einziges Hochhaus bietet der **Main Tower** auf 200 m eine Besucherplattform – lass dir diesen Ausblick nicht entgehen! ***Infos:*** *Neue Mainzer Str. 52–58 | Frankfurt | maintower.de*

Durch den Dschungel streifen

Eine Runde Boot auf dem Schwanensee fahren, die Frankfurter Skyline im Blick: In den warmen Monaten ist dies ein unwiderstehliches Angebot! Doch auch sonst lohnt sich ein Besuch in einer der schönsten und größten botanischen Sammlungen Europas. Als Basis kauften Frankfurter Bürger die Kollektion tropischer Pflanzen des Herzogs von Nassau und ließen dafür das **Palmenhaus** errichten. In der Konstruktion aus Glas und Eisen kann man wie durch einen Dschungel streifen. ***Infos:*** *Siesmayerstr. 61/Palmengartenstr. | Frankfurt | palmengarten.de*

Zum gemalten Haus

Das Lokal **Zum gemalten Haus** gilt als eine der schönsten Apfelweinstuben – vor allem dank der prächtigen Fassade mit buntem Fensterglas. Grüne Sauce, Apfelwein und Co. schmecken hier ebenfalls richtig gut. ***Infos:*** *Schweizer Str. 67 | Frankfurt | zumgemaltenhaus.de*

Regentag – was nun?

Deutsche Geschichte atmen

Die **Paulskirche** ist kein Gotteshaus, sondern ein politisches Denkmal: die Stätte der ersten Deutschen Nationalversammlung 1848, als Deutschland eine liberale Verfassung gegeben wurde. Ein Monumentalfries (32 m) des Malers Johannes Grützke erinnert an den Einzug der Volksvertreter in die 1833 geweihte Saalkirche.

Paulsplatz 11 | Frankfurt
frankfurt.de

47
Cochem & Burg Eltz
Terrassenmosel-Idylle

Dem Charme von Cochem mit Fachwerkkulisse, blumengeschmückten Häusern und kleinen Gässchen können selbst die vielen Touristen nichts anhaben. Die schönste Perspektive auf die Altstadt wartet allerdings auf der anderen Seite der Mosel im Stadtteil Cond. Hier liegt dir ein Postkartenmotiv zu Füßen mit Moselschiffen, Schwänen auf dem Fluss und der Reichsburg-Silhouette. Die Umgebung ist nicht minder erkundenswert: Nirgendwo sonst in Europa ist Weinanbau so schön: An der Terrassenmosel fließt die Mosel in vielen Schleifen durch steil aufragendes Schiefergestein. Sie bilden die beeindruckende Kulisse für einzigartige Weine, Bilderbuchburgen und sportliche Herausforderungen.

Die gute Stube besuchen
Der **Marktplatz von Cochem** ist rund und klein – quasi ein Wohnzimmer. Prachtvolle Fachwerkfassaden schmiegen sich dicht aneinander, in der Mitte steht der Martinsbrunnen aus dem 18. Jh. Auch das Rathaus stammt aus dieser Zeit. Hier kannst du entspannt draußen sitzen und die Stimmung genießen. Nachteulen können jeden Samstag um 20.30 Uhr einem Nachtwächter folgen. Er plaudert auf dem einstündigen Stadtrundgang aus dem Nähkästchen. *Infos: Start Touristeninfo | Endertplatz 1 | Cochem | visitmosel.de*

Kraxeln leicht gemacht
Auf das 255 m hohe **Pinner Kreuz** musst du nicht zu Fuß. Das Kraxeln erspart dir eine Sesselbahn. Über eine Distanz von knapp 400 m wirst du sanft nach oben geschaukelt. Unvergesslich ist in der Tat, was man zu sehen bekommt: Von hier aus wirken das Gassengewirr im Moseltal rund 180 m unter dir und selbst die Reichsburg auf einem Nachbargipfel wie Spielzeug. Vom Terrassencafé lässt sich der Blick noch ein wenig länger genießen. *Infos: Endertstr. 44 | Cochem | cochemer-sesselbahn.de*

Gespenster suchen

Die um das Jahr 1000 erbaute **Reichsburg** hockt auf einem mit Wein bewachsenen Kegel aus Schiefergestein. Ihr heutiges Aussehen erhielt sie 1868, als sich der Berliner Kaufmann Louis Ravené ihrer Überreste annahm und sie zur romantischen Bilderbuchburg machte. Äußeres wie Interieur sind ein bunter Epochenstilmix aus verschiedenen. Unternehmen lässt sich auf der Burg jede Menge: von der Geisterführung bis hin zur „Dienstbotentour anno 1877".

Schloßstr. 36 | Cochem
reichsburg-cochem.de

GUTE AUSSICHTEN
... auf die Burg Eltz genießt man auch vom Traumpfad Eltzer Burgpanorama

Ein echtes Original besuchen

Mitten im Wald auf einem Felssporn erhebt sich die **Burg Eltz.** Die Ursprünge der Burg liegen im 9. Jh. Seitdem wurde immer wieder angebaut und repariert – aber nie zerstört. Bei Führungen präsentiert sich daher das komplette, mal prachtvolle, mal düstere Repertoire des mittelalterlichen Lebens vom Comtessenzimmer bis zum Waffenarsenal. Seit 800 Jahren ist die Burg im Besitz der Familie von Eltz. Abseits der Touristenpfade bietet sich ein toller Blick auf die Burg: Bieg dafür auf dem Weg zur Burg rechts in den Pfad vor der Brücke ein und überquer den Elzbach. *Infos: Burg Eltz 1 | Wierschem | burg-eltz.de*

Wo die Braunbären wohnen

Außerhalb von Cochem liegt der riesige **Wild- und Freizeitpark Klotten.** Er ist einer der abwechslungsreichsten in Rheinland-Pfalz und geradezu ein Muss für Familien mit Kindern. Hier leben Papageien, Wapitis und andere Tiere aus fernen Ländern ebenso wie Braunbären und Wölfe aus Europa. Außerdem gibt es Attraktionen wie Achterbahn, Loopingstar oder Wildwasserrondell. *Infos: Wildparkstr. 1 | Klotten | klotti.de*

Viel über Moselnatur erfahren

Anja Kneves ist zertifizierte Natur- und Landschaftsführerin. Wer sich ihr anvertraut, erlebt ein ganzheitliches und sinnliches Wandern mit einer passgenauen Strecke. Anja Kneves führt ihre Gäste auf ganz verschiedenen Routen, zudem gibt sie Tipps, wie die steilen Moselfelsen am besten zu erklimmen sind. Auf der Tour „Gangart Spezial" erwanderst du die Geheimtipps im Cochemer Krampen. *Infos: gangart-wandern-mosel.de*

48
Trier
Schmelztiegel der Kulturen

2000 Jahre sind rund um die Universitätsstadt Trier (105 000 Ew.) quicklebendig. Nirgendwo nördlich der Alpen findest du mehr antike Stätten – manchmal könnte man glauben, man wäre in Rom. Trier war schon immer ein Schmelztiegel der Kulturen: Kelten, Römer, Franken und Hunnen gaben sich hier die Klinke in die Hand. Die zentrale Lage und das warme Klima machten den Talkessel ideal für die Gründung einer Siedlung. Die Römer erklärten Trier dann als Augusta Treverorum zur Hauptstadt ihres Westreichs. Romantisch präsentiert sich der sanft bergige Saargau südwestlich von Trier: Auf Streuobstwiesen gedeihen die Früchte für den beliebten Apfelwein Viez. Und im zerklüfteten Meulenwald warten geheimnisvolle Höhlen, Schlösser und Burgruinen.

HERZSTÜCK
Romantik pur verströmt der tagsüber so quirlige Hauptmarkt von Trier am Abend

NICHT VERPASSEN

Am Trierer Leben teilnehmen
Das Kopfsteinpflaster des quirligen **Hauptmarktes** ist nichts für Highheels. Aber in den unzähligen großen und kleinen Geschäften drum herum kannst du diese kaufen und vieles andere, an den Marktständen auch frische Blumen, Obst und Gemüse. Von hier aus hast du nicht nur einen schönen Blick auf die Porta Nigra und den Dom. Die barocke Stadtkirche St. Gangolf und hübsche Bürgerhäuser wie die Steipe wollen auch einen Platz auf der Hauptmarktbühne. Auf den Steinstufen zum reich verzierten Marktbrunnen sitzen Jugendliche bis in die Nacht, die etwas älteren Einheimischen und Touristen bevölkern die Straßencafés ringsum.

Die Geheimnisse der Porta Nigra erkunden
Das größte und besterhaltene römische Stadttor nördlich der Alpen ist heute das asymmetrische und niemals vollendete Wahrzeichen von Trier. Errichtet wurde die **Porta Nigra** um 180 n. Chr. aus hellen Sandsteinquadern aus dem nahen Kylltal. Über die Zeit schwärzte der Ruß mehrerer Stadtbrände die Steine, sodass das Tor inmitten des modernen Citytrubels beinahe unscheinbar wirkt. Ein römischer Zenturio erzählt bei den unterhaltsamen Erlebnisführungen die spannende Geschichte der Porta Nigra. **Infos:** *trier-info.de*

Kaiserthermen
Schon die alten Römer standen auf Fußbodenheizungen – das zeigt ein Besuch der aus Sandstein und roten Ziegeln im 4. Jh. errichteten Kaiserthermen. Die einst größten und repräsentativsten Badeanlagen im Römischen Reich verfügten nämlich bereits hierüber sowie über ein ausgeklügeltes Warmwassersystem. Im Mittelalter wurden die Thermen dann als Steinbruch benutzt. **Infos:** *Weimarer Allee 2 | Trier | trier-info.de*

Das Ruwertal erradeln
Radfahrer sollten ins **Ruwertal** nordöstlich von Trier kommen: Auf der Trasse der ehemaligen Bahnlinie Trier–Hermeskeil ist nämlich ein schöner Radweg angelegt worden, der die Mosel mit den Hunsrückhöhen verbindet *(ruwer-hochwald.de)*. Für Wanderer gibt's entlang der Weinhänge und Obstwiesen auch schöne Wege – z. B. den **Saar-Hunsrück-Steig** oder den **Schiefer-Wackenweg** *(saar-hunsrueck-steig.de)*.

Weinstube Kesselstatt
In der gemütlichen Weinstube mit den Flaschenregalen aus Fässern und den alten Keltern gibt es Rieslingweine und moseltypische Speisen. Die Weinstube liegt direkt neben dem barocken Palais Kesselstatt und zu Füßen von Dom und Liebfrauenkirche. **Infos:** *Liebfrauenstr. 10 | Trier | weinstube-kesselstatt.de*

Regentag – was nun?

Selbst etwas für Museumsmuffel

Nirgendwo sonst in Deutschland erfährst du so viel über Wirtschaft, Kunst, Kultur, Religion und Zivilisation der ersten vier Jahrhunderte nach Christus. Auf 4000 m² präsentiert die Dauerausstellung des **Rheinischen Landesmuseums** spektakuläre Originale wie etwa die steinerne Skulptur eines bei Neumagen-Dhron gefundenen Weinschiffs. Weitere 2000 m² sind wechselnden Sonderschauen vorbehalten.

Weimarer Allee 1 | Trier | landesmuseum-trier.de

49
Luxemburg
Zwischen Altstadtromantik und Technokratenwelt

In Luxemburg paart sich internationales Flair mit dem Charme der Minimonarchie. Hinter dem Bockfelsen kauert die Altstadt mit ihren Kirchen und Museen, dem Großherzoglichen Palast und den kleinen, verwinkelten Gassen am Fischmarkt. Im Tal der Sauer beeindrucken nicht nur die Städtchen Echternach und Diekirch, sondern auch der Naturpark Obersauer und das Müllerthal. Jenseits der Sauer beginnt der waldreiche, dünn besiedelte luxemburgische Teil der Ardennen. Im südlichen „Land der Roten Erde" erobert sich die Natur das Gebiet von der Schwerindustrie allmählich zurück. Davon zeugen mehrere Naturschutzgebiete, in denen man prima wandern und spazieren kann.

NICHT VERPASSEN

Den Altstadtkern entdecken

Die **Corniche** ist ein Weg direkt am Rand des Felsens, auf dem die Altstadt thront. Von ihr hat man einen beeindruckenden Blick auf den **Bockfelsen** mit seinen unterirdischen Kasematten und auf das massige Rhamplateau gegenüber. Darunter ducken sich im Tal der Alzette die alten Handwerkerhäuser im schnuckeligen Stadtteil **Grund** und von fern grüßt die Silhouette der EU-Bauten auf dem Kirchberg. Am besten betritt man den „Balkon" hinterm Gebäude des Nationalarchivs am **Plateau du Saint-Esprit,** von da ist es ein Katzensprung ins Gassengewirr der Altstadt mit dem **Fischmarkt** als Mittelpunkt.

Ein Freilichtmuseum erforschen

Kirchberg war ehedem ein verträumtes Dorf vor den Toren der Hauptstadt, bis hier in den 1960er-Jahren die ersten Gebäude der Europäischen Gemeinschaft aus dem Boden schossen. Es folgten Banken, Einkaufszentren und das Luxembur-

Regentag – was nun?

The Familiy of Man

Edward Steichens berühmte UNESCO-Welterbe-Fotosammlung ist das Highlight jeder Clervaux-Visite. Steichen wanderte 1881 mit seinen Eltern in die USA aus. In den 1920er-Jahren machte er zunächst Furore als Modefotograf. Als Direktor der Fotoabteilung des New Yorker Museum of Modern Art stellte er u. a. die Ausstellung „The Family of Man" zusammen: 503 Bilder von 273 Fotografen aus 68 Ländern. Sein Ziel: Der Welt zeigen, dass die Menschen überall auf dem Globus gleich sind.

Mnt du Château | Clervaux | steichencollections.lu

ger Messegelände. Aus diesem städtebaulichen Wildwuchs entwickelte sich allmählich ein eigenständiger Stadtteil mit zahlreichen Beispielen gelungener zeitgenössischer Architektur. Am besten erkundet man die weitläufige Gegend mit der schönen neuen Gratistram oder mit einem Mietfahrrad von Vel'OH.

Auf Schusters Rappen
Bei Grundhof beginnt das **Müllerthal.** Den spektakulären Canyon hat der Gebirgsfluss Schwarze Ernz senkrecht in die Sandsteinfelsen der Luxemburger Schweiz gegraben. Auf 112 km führt der **Mullerthal Trail** *(mullerthal-trail.lu)* auf drei Wanderrouten durch eine wunderbare Landschaft. Los geht's in Echternach am Grenzfluss Sauer. Bevor du die Wanderschuhe schnürst, lass dir Echternachs mittelalterliche Innenstadt und den Rokokostadtpark nicht entgehen. Sehr gut essen lässt es sich in der Brasserie Heringer Millen, die vor allem für ihre Flammkuchen bekannt ist. ***Infos:*** *1 Rue des Moulins | Mullerthal | heringermillen.lu*

Nach dem Burgfräulein suchen
Die **Burg Vianden** – Filmkulisse für internationale Produktionen – kannst du entweder zu Fuß, per Sessellift oder per 3-D-Animation mit simuliertem Rundflug erobern. Sie ist nicht nur die größte, sondern wohl auch die schönste Burg im Großherzogtum. Ihre Ursprünge reichen bis ins 9. Jh. zurück, die eigentliche Burg wurde aber vom 11. bis zum 14. Jh. errichtet. Nach einer äußerst wechselvollen Geschichte begann man 1977 mit dem Wiederaufbau. Ein Rundgang durch das Prachtstück lässt das Herz von Burgenfans höher schlagen. ***Infos:*** *castle-vianden.lu*

VERWUNSCHEN
Der Mullerthal Trail führt durch Felsschluchten, Wälder, lichtdurchflutete Täler und entlang kleiner Wasserläufe

Ein Wochenende in der Mitte & im Osten

KIEZ-HOPPING
Die U-Bahn fährt über die Berliner Oberbaumbrücke von Kreuzberg nach Friedrichshain

50
Hannover
Kestner, Maschsee und ein Meer

Hannover überzeugt seit Jahrzehnten als Messestadt. Die Altstadt lädt zum Bummeln ein und auch kulturell hat Hannover einiges zu bieten. Die Kestnergesellschaft zählt zu den größten und bekanntesten deutschen Kunstvereinen. Die Herrenhäuser Gärten bilden ein einmaliges Ensemble aus barocker Gartenkunst, englischem Landschaftsgarten und botanischem Garten. Maschsee, Leine und Ihme locken im Sommer mit herrlichen Strandbädern, Beachclubs und ufernahen Restaurants und nicht weit vor den Toren Hannovers wartet mit dem Steinhuder Meer der größte Binnensee Norddeutschlands.

Am Roten Faden hängen
Hannover hat einen originellen Reiseführer: den „Roten Faden". Aufs Pflaster gemalt verbindet er 36 Hauptsehenswürdigkeiten. Er beginnt und endet am Hauptbahnhof. Eine Begleitbroschüre gibt es bei der Tourist Info Hannover oder online. *Infos:* Ernst-August-Platz 8 | Hannover | visit-hannover.com

Ballhofplatz
Der **Ballhofplatz** ist einer der beschaulichsten Plätze der Altstadt. Hier befinden sich Cafés, Bars und Restaurants, von denen aus der Blick auf den schönen Platz genossen werden kann, und auch auf den namensgebenden **Ballhof** (erbaut 1649–64). Ursprünglich diente er als Sporthalle, in der die Hofgesellschaft bei jedem Wind und Wetter Federball spielen konnte. Der schönste Profanbau Hannovers avancierte später zur Versammlungshalle und wird heute als Spielort des **Jungen Schauspiels Hannover** genutzt. Der Ballhofplatz selbst dient mehrmals im Jahr als Bühne für Jazz und Tango.

Neues Rathaus
Was viele für ein Schloss halten, ist in Wirklichkeit das **Neue Rathaus**: Der wilhelminische zehn-Millionen-Mark-Prachtbau von 1913 ist eines der Wahrzeichen der

---

Regentag – was nun?

Museum August Kestner

Das Museum August Kestner zeigt 6000 Jahre angewandte Kunst aus den Bereichen antike und ägyptische Kulturen, Design und eine wertvolle Sammlung von Münzen und Medaillen. Es ist nach dem August Kestner benannt, der als hannoverscher Gesandter in Rom ägyptische, griechisch-römische Kleinkunst und Malerei sammelte.

Trammplatz 3 | Hannover | hannover.de/Museum-August-Kestner

Leine-Metropole. Noch heute ist das Neue Rathaus Sitz des Oberbürgermeisters und seine Türen sind auch für einen Besuch geöffnet. *Infos: Trammplatz 2 | Hannover | visit-hannover.com*

Lustwandeln im Großen Garten
Kurfürstin Sophie von der Pfalz ließ den Barockgarten des 17. Jh. – das Herzstück der **Herrenhäuser Gärten** – nach französischem Vorbild anlegen. Lasst euch inspirieren von filigranen Mustern aus Buchsbaum, Marmorkies und Blumenrabatten. Eine besondere Attraktion ist die nach den Plänen der Künstlerin **Niki de Saint Phalle** mit bunten Glasmosaiken ausgestaltete Grotte. *Infos: Herrenhäuser Str. 4 | Hannover | herrenhausen.de*

Steinhuder Meer
Nicht nur die Hannoveraner schätzen Niedersachsens größten Binnensee, das **Steinhuder Meer,** als Erholungs-, Bade- und Segelrevier erster Güte. Unbedingt den berühmten Steinhuder Rauch-Aal testen! *Infos: steinhuder-meer.de*

Am Kulturstrand chillen
Am **Kulturstrand** hat man Sand aufgeschüttet. Dank Wasserlage, Booten und Möwengeschrei entwickelt sich rasch eine perfekte Strandatmosphäre. Nicht ohne Grund zieht es besonders das hippe Szenevolk im Sommer in die Liegestühle auf die Fährmannsinsel zwischen Leine und Ihme. *Infos: Weddigenufer 29 | Hannover | spandauprojekt.de*

BEGEHRTES FOTOMOTIV
Hannovers Neues Rathaus am Maschteich

IMPOSANT
Blick vom Herkules über den Bergpark Wilhelmshöhe auf Kassel

51
Kassel
Kunst, Märchen und Weinberge

Kassel und die documenta sind untrennbar miteinander verbunden. Wenn sich alle fünf Jahre die Tore zur bedeutendsten Ausstellung zeitgenössischer Kunst öffnen, wird die Stadt für 100 Tage zum Nabel der internationalen Kunstwelt. Kassel hat eine lange Tradition, was international bedeutsame Kunstausstellungen angeht. Insbesondere die vom Jugendstil geprägte „Jubiläumskunstausstellung Cassel 1913" und die „Vierte Große Kunstausstellung Kassel – Neue Kunst in der Orangerie" 1929 fanden große Beachtung. 1955 wurde erstmals, parallel zur Bundesgartenschau, die documenta abgehalten. Spuren der documenta sind im ganzen Stadtgebiet zu finden – von Claes Oldenburgs Spitzhacke bis zu Per Kirkebys Raumskulptur.

Fridericianum Kassel

Zentrum der **documenta** in Kassel ist seit ihren Anfangstagen das **Fridericianum.** Der klassizistische Museumsbau, der von 1769 bis 1779 nach Plänen von Simon Louis du Ry entstand, beherrscht die Nordseite des weitläufigen Friedrichsplatzes. Initiator der documenta war der Kasseler Künstler, Lehrer und Gestalter Arnold Bode, dem es anfangs vor allem darum ging, der breiten Öffentlichkeit jene Werke abstrakter Malerei zugänglich zu machen, die während der NS-Zeit als „entartete Kunst" geschmäht wurden. Im Laufe der Jahre verlagerte sich der Schwerpunkt der documenta hin zur zeitgenössischen Kunst. *Infos:* Friedrichsplatz 18 | Kassel | documenta.de

Große Wasserkunst betrachten

Die **Wilhelmshöhe** ist einer der größten Bergparks Europas. Die Wasserspiele mit dem Herkules an der Spitze sind fantastisch anzuschauen. Kein Wunder, dass die gesamte Anlage in die Welterbe-Liste der UNESCO aufgenommen wurde. Seit 2022 ist auch die **Löwenburg** samt rekonstruiertem Turm wieder zu besichtigen. Im **Schloss Wilhelmshöhe** sind gleich mehrere Museen und Sammlungen untergebracht: Im Mittelteil die berühmte Gemäldegalerie der Alten Meister, die Antikensammlung und die Graphische Sammlung. *Infos:* Schloßpark Wilhelmshöhe 1 | Kassel | museum-kassel.de

Dornröschens Schloss betreten

Der bereits im 16. Jh. gegründete **Tierpark Sababurg** am Fuß des Dornröschenschlosses glänzt unter anderem mit seiner Wolf-Erlebniswelt. Große sonnige Freiflächen und historische Alleen laden im Park zu Spaziergängen ein, dazu gibt's ergreifende Greifvogelschauen und spannende Vollmondführungen. *Infos:* Sababurg 1 | Hofgeismar | tierpark-sababurg.de

Viel mehr als ein Märchen

Schaffen und Werk der Gebrüder Grimm stehen im Mittelpunkt der herausragenden Ausstellungen des modernen Museumskomplexes der **Grimmwelt** im **Weinbergpark** von Kassel. *Infos:* Weinbergstraße 21 | Kassel | grimmwelt.de

Führungen im Weinbergbunker

Ab 1825 wurden in den Kalksteinfelsen des Weinbergs Stollen getrieben, die damals zur Biereinlagerung genutzt wurden. Zu jeder Jahreszeit herrscht hier eine Temperatur um 11° C. Zehn Eingänge und neun Stollen bilden die Basis für das Labyrinth aus Gängen. 1942 wurden die Bierkeller zu einem Luftschutzbunker umgebaut. Bis zu 10 000 Menschen fanden hier im Zweiten Weltkrieg Schutz und Zuflucht. Der Feuerwehrverein Kassel bietet einmal im Monat Führungen durch die Stollen an. *Infos:* Frankfurter Staße/Weinberg | Kassel | grimmheimat.de

Regentag – was nun?

Komische Kunst

Die **Caricatura,** eine Galerie für Komische Kunst im Kulturbahnhof Kassel, zeigt Ausstellungen aus den Bereichen Cartoon, Karikatur und komische Malerei. Neben den Wechselausstellungen erfreuen sich die satirischen Lesungen und Bühnenprogramme großer Beliebtheit. Angegliedert an die Galerie ist die **Caricatura Bar,** die mit Cocktails und lokal gebrauten Bieren lockt.

Rainer-Dierichs-Platz 1 | Kassel | caricatura.de/

52
Goslar & der Brocken
Fachwerk, Bergbau und Hexenspuk

Die Anreise von Norden beeindruckt am meisten: Wie ein Bollwerk erhebt sich der Harz am Ende der Norddeutschen Tiefebene. Beherrscht wird er vom Gebirgsmassiv des Brockens. Dunkle Wälder und rauschende Bäche, Felsklippen und Blockfelder, Bergwiesen und Hochmoore sind die Elemente der Oberharzer Landschaft. Viele touristische Highlights sind hier zu finden, an der Spitze Goslar, das mit seinen Fachwerkhäusern, den romanischen Kirchen, Befestigungsanlagen, der Kaiserpfalz und dem Rammelsberg zum UNESCO-Welterbe gehört. Schon kurz nach der Entdeckung des Silbers 968 verlegte Kaiser Heinrich II. um 1010 die Kaiserpfalz nach Goslar und machte sie zu seinem Lieblingssitz. In jeder Straße, in jedem Winkel gibt es etwas zu sehen, allein die etwa 1000 gut erhaltenen, gepflegten Fachwerkhäuser.

KINDHEITSTRAUM
Im Harz stapfen noch alte Dampfloks wie die Brockenbahn die Berge hinauf

Durch die Altstadt schlendern
An der Ecke **Marktstraße/Bergstraße** stehen die beiden wohl prächtigsten Häuser der Stadt: das **Brusttuch,** ein Patrizierhaus (heute Hotel) von 1526 mit bunten Schnitzreliefs, die Figuren aus der Sagenwelt und dem Alltag des einfachen Volks darstellen, und das **Bäckergildehaus,** dessen Erker (1557) ebenfalls prachtvoll geschnitzt ist. An der **Bergstraße** stehen prächtige Ackerbürgerhäuser und das **Siemenshaus** von 1697 (Stammhaus der Industriellenfamilie), ein Renaissancebau mit Sonnenrosetten und Spruchbalken. Es kann bei Stadtführungen besichtigt werden.

Auf dem Markt das Maß einhalten
Den Mittelpunkt des strahlenförmig gepflasterten **Markts** bildet der 800 Jahre alte **Brunnen** mit goldenem Reichsadler. Auf dem Platz und unter den Laubengängen des Rathauses wurde gehandelt. Die in die Mauer eingelassene Elle sorgte für eindeutige Maße. Davor steht der **Pranger,** eine Holzsäule, an der Missetäter angekettet wurden.

Mit Zinnfiguren spielen
Im **Zinnfigurenmuseum** der historischen **Lohmühle** an der Abzucht zeigen 50 Dioramen mit Zinnfiguren die Welt des Mittelalters und des Bergbaus. Nach einem Rundgang können Kinder sich in der Museumswerkstatt selbst an die Arbeit machen; Voranmeldung erforderlich. *Infos: Am Museumsufer 1 | Goslar | zinnfiguren museum-goslar.de*

Den Brocken bezwingen
Alle wollen auf den 1141 m hohen **Brocken,** der zu den meistbesuchten Mittelgebirgsgipfeln in Deutschland zählt – trotz des häufig unwirtlichen und rauen Klimas. Man muss einfach oben gewesen sein, egal ob nach hartem Fußmarsch oder einer Fahrt mit der Brockenbahn. Der Brocken bildet mit seinen Nebengipfeln Kleiner Brocken (1019 m), Königsberg (1023 m) und Heinrichshöhe (1044 m) ein Gebirgsmassiv. *Infos: national park-harz.de*

Der Brockenmauer folgen
Das **Nationalparkhaus** informiert über die Brockenhistorie, Geologie, Tiere, Pflanzen, deutsch-deutsche Vergangenheit und Fernsehgeschichte. Der rund zwei km lange Weg folgt der ehemaligen Brockenmauer. Die Felsenbastion von **Teufelskanzel** und **Hexenaltar** inspirierte Goethe bei seinen Brockenbesteigungen zur Walpurgisszene im „Faust". *Infos: brockenhaus-harz.de*

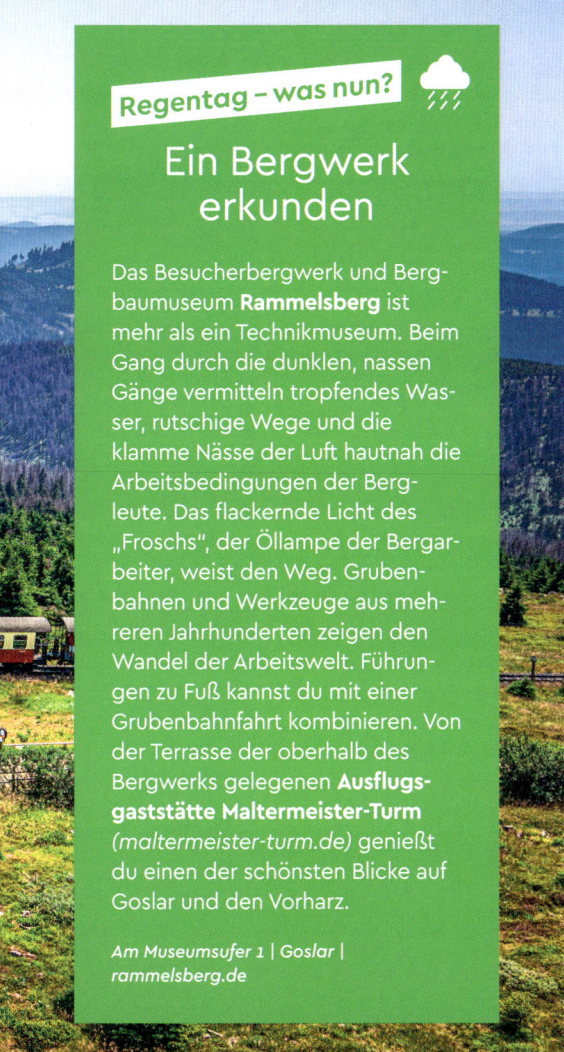

Regentag – was nun?

Ein Bergwerk erkunden

Das Besucherbergwerk und Bergbaumuseum **Rammelsberg** ist mehr als ein Technikmuseum. Beim Gang durch die dunklen, nassen Gänge vermitteln tropfendes Wasser, rutschige Wege und die klamme Nässe der Luft hautnah die Arbeitsbedingungen der Bergleute. Das flackernde Licht des „Froschs", der Öllampe der Bergarbeiter, weist den Weg. Grubenbahnen und Werkzeuge aus mehreren Jahrhunderten zeigen den Wandel der Arbeitswelt. Führungen zu Fuß kannst du mit einer Grubenbahnfahrt kombinieren. Von der Terrasse der oberhalb des Bergwerks gelegenen **Ausflugsgaststätte Maltermeister-Turm** *(maltermeister-turm.de)* genießt du einen der schönsten Blicke auf Goslar und den Vorharz.

Am Museumsufer 1 | Goslar | rammelsberg.de

53
Quedlinburg & das Bodetal
Handelsstadt und Teufelsmauer

Die kleine Stadt Quedlinburg (23 000 Ew.) ist Teil des Welterbes Kulturlandschaft Nordharz und hat eine wechselvolle Geschichte hinter sich. Die Äbtissinnen des 936 gegründeten Stifts bestimmten die Geschicke der Stadt. Quedlinburg entwickelte sich zur wohlhabenden Handelsstadt. Altstadt und Stiftskirche gehören heute zum UNESCO-Welterbe. Burgen und Schlösser thronen auf den Höhen dieser jahrhundertealten Kulturlandschaft. Als Zeugnisse der Geschichte erinnern sie an Kaiser, Könige, Dichter und Maler. Die Dörfer sind Idyllen mit kleinen Bächen und großen Bäumen. In Bauerngärten mit Blumen, Kräutern und Obstbäumen hinter den Lattenzäunen scheint die Zeit stehen geblieben zu sein.

NICHT VERPASSEN

Den Münzenberg erklimmen
Früher wohnten auf dem Quedlinburger **Münzenberg** die Leute, die man in der Stadt nicht haben wollte. Sie bauten sich auf den Ruinen eines Klosters ihre bescheidenen Häuschen. Heute ist das anders: Allein der Blick auf das Schloss macht den Münzenberg zu einer bevorzugten Lage. Zumindest das visuelle Erlebnis kannst du auch haben, wenn du den Berg über eine Treppe und eine steile Gasse erklimmst. Die Anstrengung wird mit einem grandiosen Blick auf das Weltkulturerbe belohnt.

Wunderschöne Romanik bestaunen
Eine steile, grob gepflasterte Straße führt durch das wehrhafte Burgtor von **St. Servatius**. Anstelle der mittelalterlichen Burg steht hier ein **Renaissanceschloss**. Die **Stiftskirche** ging aus der 922 gebauten Pfalzkapelle Heinrichs I. hervor und wurde 936 Damenstift. Innenraum, Friese und Kapitelle aus dem frühen 12. Jh. gehören zu den schönsten Werken der Romanik. Die Krypta ist ein Wald von Säulen, an den Wänden stehen die Grabplatten der Äbtissinnen, im Boden sind

Regentag – was nun?

Das einzige Lyonel-Feininger Museum der Welt

Der in New York geborene Lyonel Feininger (1871–1956), der ab 1887 überwiegend in Deutschland lebte, kehrte 1937 mit seiner Familie in die USA zurück. Zuvor übergab er einen umfangreichen Teil seiner Arbeiten an Dr. Hermann Klumpp (1902–87).

Der Quedlinburger rettete den Kunstschatz vor der Vernichtung durch die Nazis, die Feiningers Kunst als „entartet" diffamierten.

Schlossberg 11 | Quedlinburg | feininger-galerie.de

BIZARR VERWITTERT
80 Millionen Jahre lang formten Wind und Wetter die Felsbastionen der Teufelsmauer

die Königsgräber der Gründer eingelassen. Der einzigartige Domschatz ist in den Querschiffen ausgestellt. Im Schlossmuseum ist eine Sammlung zu Wohnkultur und Handwerkskunst des 17./18. Jh. zu sehen. *Infos: Schlossberg 1g | Quedlinburg | domschatzquedlinburg.de*

Dem Teufelspakt widerstehen
Die bekannteste Sage von der **Teufelsmauer** beginnt mit einem Streit um Land zwischen Teufel und Gott. Und mit der Wette, dass der Teufel das Land, das er mit einer riesigen Mauer in einer Nacht umbauen könne, behalten dürfe. Eigentlich ist die Teufelsmauer eine aus harten Sandsteinen der oberen Kreide bestehende Felsformation im nördlichen Harzvorland. Sie tritt zwischen Ballenstedt im Südosten und Blankenburg im Nordwesten auf einer Länge von 20 km an drei Stellen zu Tage. Zwischen Weddersleben und Neinstedt siehst du auf dem **Teufelsmauerstieg** ihre hohen Sandsteinzinnen auf einem mit Trockenrasen bewachsenen Hügelzug stehen. *Infos: harzinfo.de/erlebnisse/tour/rundwanderung-auf-dem-teufelsmauerstieg*

Einen Abschnitt auf des Hexenstiegs wandern
Zwischen Thale und Treseburg braust die Bode durch das immer engere und tiefere **Bodetal** und bricht durch die Granitmassen von **Rosstrappe** und **Hexentanzplatz,** kurz bevor sie in die Ebene eintritt. Malerische Wanderwege führen durch das Tal. Das Bodetal bildet den letzten Abschnitt auf dem beliebten Hexenstieg. Ziel des 94 km langen Fernwanderwegs ist Thale. *Infos: bodetal.de und hexenstieg.de*

54
Potsdam
Barock, Rokoko und ein bisschen Holland

Wie viele historisch bedeutende und architektonisch bemerkenswerte Gebäude passen in eine kleine Großstadt? Wenn diese Disziplin olympisch wäre, hätte Potsdam große Chancen auf den Sieg. Viele Generationen preußischer Könige wollten ihre Wahlheimat sowohl dem Zeitgeist als auch ihrem persönlichen Geschmack anpassen und ließen bauen, was das Zeug hält. Barock, Rokoko, Klassizismus – alles da! Nach Weltkriegszerstörung und Verfall in der DDR sind die Prunkbauten mittlerweile fast alle rekonstruiert und saniert und werden als Museum, Universität oder Landtag neu genutzt. Bauwerke der jüngeren Geschichte wurden und werden dafür nach und nach aussortiert, abgerissen und ersetzt. So strahlt Potsdam heute wie zu königlichen Zeiten.

REPRÄSENTATIV
Im Neuen Palais wurden zu Zeiten Friedrichs des Großen rauschende Feste gefeiert

Holländisches Viertel
Kaum vorstellbar, aber in den 1970er-Jahren wären die bezaubernden Backsteinbauten des **Holländischen Viertels** (potsdam.de/de/hollaendisches-viertel) mit dem quirligen Café- und Einkaufsbetrieb beinahe abgerissen worden. Dank des Engagements der Potsdamer wurde das Viertel jedoch unter Denkmalschutz gestellt. Friedrich Wilhelm I. ließ die 134 Häuser zwischen 1734 und 1740 von Baumeister Johann Boumann entwerfen, um niederländische Siedler anzulocken. Noch mehr über die Geschichte erfährt man im **Museum Jan-Bouman-Haus.** *Infos:* Mittelstr. 8 | Potsdam | jan-bouman-haus.de

Einmal ohne Sorgen sein
Der **Park von Sanssouci** vereint Naturschönheiten, mehrere Schlösser und zahllose Kleinarchitekturen zu einem einzigartigen Kunstwerk. Hauptattraktion ist **Schloss Sanssouci** (1745–47), der von Friedrich dem Großen geschaffene Prunkbau, eine Perle des Rokoko. Größtes Bauwerk im Park von Sanssouci ist das **Neue Palais** mit über 200 Räumen, darunter der als Grotte gestaltete Garten- sowie der Marmorsaal. Lenné gestaltete den Neuen Garten mit dem Marmorpalais am Ufer des Heiligen Sees. *Infos:* spsg.de

Hinter die Kulissen schauen
Stars wie Greta Garbo, Marlene Dietrich, Zarah Leander und Hans Albers haben den Ruhm der **Babelsberger Studios** mitbegründet. Der **Filmpark** bietet viel Action und interessante Blicke hinter die Kulissen von Film und Fernsehproduktionen. Mehrmals am Tag gibt es Führungen durch das Außen-Set von „Gute Zeiten, Schlechte Zeiten" sowie diverse Shows. Cineasten sollten auch einen Blick ins **Filmmuseum Potsdam** (filmmuseum-potsdam.de) werfen. *Infos:* Großbeerenstr. 200 | Potsdam | filmpark-babelsberg.de

Mal zur Ruhe kommen
Die unterschätzte Perle der Potsdamer Parklandschaften, der **Park Babelsberg,** wurde ab 1833 von Peter Joseph Lenné und Fürst Hermann von Pückler-Muskau und damit gleich von zwei Gestaltungsstars ihrer Zeit geprägt. Rund um das Schloss glänzen gepflegte Rabatten. Wer auf angelegten Wegen weiter Richtung Süden streift, hat es mit mehr Wildwuchs und Steigung, dafür aber mit wunderbarer Aussicht auf die Glienicker Brücke, Schloss Sacrow sowie die Potsdamer Skyline zu tun. *Infos:* spsg.de

Sich durch Potsdam futtern
Die Touren von **Eat the world** kombinieren Wissenswertes über das Holländische Viertel oder die Altstadt mit Einkehrschwenks bei örtlichen Gastronomen. *Infos:* eat-the-world.com

Regentag – was nun?

Das zweite Standbein

Das Barberini war für Kunstmäzen Hasso Plattner und seine Sammlung nicht genug: Seit September 2022 werden in wechselnden Ausstellungen Werke der DDR und der Gegenwart im frisch sanierten ehemaligen belarussischen Restaurant **Minsk** südlich des Hauptbahnhofs gezeigt. In den 1970er-Jahren war es aus Völkerfreundschaft zur Sowjetunion eröffnet worden. 2000 geschlossen, drohte dem imposanten Bau der Verfall.

Max-Planck-Str. 17 | Potsdam | dasminsk.de

LIPPENBEKENNTNIS
Das Mauerbild vom Kuss zwischen den kommunistischen Staatsoberhäuptern Honecker und Breschnew erlangte Kultstatus

55
Berlin
Start-up-Boom, Kunst, Kultur und Späti

Berlin ist eine Wundertüte: tolerant, offen für neue Wege und in vielerlei Hinsicht Avantgarde. Mit über 150 Konzerthäusern, Theatern und Bühnen, rund 170 Museen und Sammlungen sowie über 200 Clubs bietet die Stadt eine unglaubliche kulturelle Vielfalt – und immer wieder kommt Neues hinzu. Kurz nicht hingeschaut – und zack, schon sieht die Stadt ganz anders aus. Immer wieder setzt sich Berlin aus Alt, Neu und neuem Alten zusammen. So sehen Besucher heute eine Stadt, die es so vor einigen Jahren noch gar nicht gab.

Einen Überblick verschaffen

Zum Glück wurde der 1966–69 errichtete **Fernsehturm** seinerzeit nicht am Stadtrand errichtet, wie es die ursprünglichen Pläne vorgesehen hatten. Sonst hätte man aus 203 m Höhe (bis zur Spitze sind es 368 m) heute nicht so eine gute Aussicht über die ganze Stadt! Der **Alexanderplatz** zu Füßen des Fernsehturms ist seit 1805 nach Zar Alexander I. benannt und wurde einst als Exerzier- bzw. Marktplatz genutzt. Heute tummeln sich hier Einkaufsbummler, Fernsehturmbesucher und Skater, die die Treppen und Blumenkübel unsicher machen. *Infos: Panoramastr. 1a | Berlin | tv-turm.de*

Historische Meilen abschreiten

Unter den Linden reihen sich Berliner Dom an Kronprinzenpalais an Zeughaus an Neue Wache an Staatsoper an Humboldt-Universität. Wo einst der Palast der Republik stand, öffnete 2021 der multifunktionale Museumskomplex des Humboldt-Forums im wiedererrichteten Stadtschloss seine Pforten. Und schließlich: das **Brandenburger Tor.** Kaum vorstellbar, aber als das Tor 1791 seinen Job antrat, war es als Teil der Zollmauer Stadtrand und Berlin dahinter zu Ende. Viktoria, die Siegesgöttin, bildet gemeinsam mit ihren Pferdchen und Wagen die Quadriga.

Deutsche Geschichte atmen

Demokratie verlangt Transparenz. Daher ist die Kuppel auf dem Reichstag heute aus Glas und nicht wie bei seiner Einweihung 1894 aus Eisen. Nach dem Brand von 1933 und dem Wiederaufbau 1961–71 entschied das der Architekt Norman Foster so. Seit 1999 tagt der Deutsche Bundestag wieder hier, und die Abgeordneten lassen sich sogar aufs Dach steigen. Auf den spiralförmigen Gang innerhalb des Glasbaus gelangst du heutzutage (Terrorgefahr!) jedoch nur nach Voranmeldung. Der Blick über **Regierungsviertel, Hauptbahnhof** und das übrige Berlin lohnt sich und ist besonders nach Einbruch der Dunkelheit spektakulär. *Infos: Platz der Republik 1 | Berlin | bundestag.de*

East Side Gallery

Zwischen Ostbahnhof und Oberbaumbrücke erstreckt sich die größte Open-Air-Galerie der Welt. 118 Künstler haben sich hier auf einem 1316 m langen Stück der Berliner Mauer verewigt, darunter Dimitri Vrubel mit dem berühmten „Bruderkuss". Eine Online-Version ist seit September 2022 unter *eastside galleryausstellung.de* zu erleben.

Durch die Zeit reisen

Futuristisch in die Vergangenheit unterwegs bist du mit **TimeRide Go!,** die dir die bewegte Geschichte Berlins an den Originalschauplätzen auf die Virtual-Reality-Brille holen. *Infos: timeride.de*

Regentag – was nun?

Museums-Hopping

1797 gab König Friedrich Wilhelm II. den Startschuss, auf dass in den Folgejahren Koryphäen wie Karl Friedrich Schinkel, Friedrich August Stuler und Wilhelm von Humboldt Bauten und Konzeption übernahmen. Das Ergebnis ist eine Insel mit fünf wunderschönen Museen, die seit 1999 als Gesamtensemble zum UNESCO-Welterbe zählen: Pergamonmuseum, Altes Museum, Bode-Museum, Alte Nationalgalerie, Neues Museum und James Simon Galerie.

smb.museum | museumsinsel-berlin.de

56
Lübbenau & der Spreewald
Grachtenwelt in Brandenburg

Lübbenau ist beliebter Ausgangspunkt für Kahnfahrten in den Oberspreewald. Eines der schönsten Ziele ist der romantische Ortsteil Lehde, der schon Theodor Fontane faszinierte. Der besondere Reiz des Spreewaldes liegt in seiner parkartigen, von zahlreichen Fließen durchzogenen Landschaft. Durch Kultivierung entstand ein Mosaik aus kleinen Wiesen, Äckern und Wald sowie das Geflecht der Fließe. Die weitgehend naturnahe Auenlandschaft bietet einer reichen Tier- und Pflanzenwelt einen Lebensraum. Um diese Landschaft zu schützen und zu bewahren, wurde der Spreewald 1990 zum Biosphärenreservat erklärt, 1991 erhielt es den UNESCO-Status.

Durch den Spreewald gurken

Natürlich sollte man nicht versäumen, auf einem der zahllosen Kähne den Spreewald vom Wasser aus kennenzulernen. Der Spreewald ist aber auch ein Paradies für Kanuten und Fahrradfahrer. Kilometerlang kann man am Rand der Fließe radeln. Der **Gurkenradweg** führt 250 km durch den Spreewald, markiert ist er mit dem Symbol der Fahrrad fahrenden Spreewaldgurke. *Infos: spreewald-biosphaerenreservat.de und spreewald.de*

Nach Spreewaldperlen fischen

Lübbenau, der bekannteste und größte Ort des Spreewalds, ist jährlich für Tausende von Besuchern der Ausgangspunkt für Kahnfahrten in den Oberspreewald. Beliebtestes Ziel ist der romantische **Ortsteil Lehde,** den Fontane als „Lagunenstadt im Taschenformat, ein Venedig, wie es vor 1500 Jahren gewesen sein mag" bezeichnete. Alle Häuser in Lehde, auch die Gaststätten, haben eigene **Kahnanlegestellen.** Besonders schön ist

Mit Pinguinen schwimmen

Die **Spreewelten** bieten neben einem großen Schwimm-, Sauna- und Wellnessangebot auch noch etwas ganz Besonderes an: Wettschwimmen mit Humboldt-Pinguinen. Paul, Tilly und ihre Freunde warten schon im Außenbecken. Nur durch eine 15,5 m lange gebogene Plexiglasscheibe getrennt, schwimmst du mit den neugierigen Tieren um die Wette. Bei den Fütterungen erfährst du auch noch viel Wissenswertes über das Leben der Frackträger.

Alte Huttung 13 | Lübbenau/Spreewald
spreewelten.de/pinguinwelt.html

NATURPARADIES
Wo sich der Wald im Wasser spiegelt, dort gleitet man mit dem Kahn durch den Spreewald

der alljährliche Kahnkorso zum Lehde-Fest Ende September. *Infos: luebben.de und spreewald-dorf-lehde.de*

Im Heu träumen
Das **Freilandmuseum Lehde** heißt seine Besucher „Willkommen im 19. Jahrhundert!". Im ältesten Freilandmuseum Brandenburgs erhältst du einen lebhaften Einblick in das Leben der sorbischen/wendischen und deutschen Spreewaldbewohner vor über 100 Jahren. Aus verschiedenen Regionen des Spreewaldes wurden Hofanlagen zusammengetragen und hier wieder aufgebaut. *Infos: An der Giglitza 1a | Lehde | museums-entdecker.de*

Im Kolonialwarenladen einkaufen
Das **Torhaus am Topfmarkt** ist eines der markantesten Gebäude in Lübbenau. Schon Theodor Fontane fuhr bei seinem Spreewaldbesuch 1859 auf diesem Torweg in die Stadt ein. Das Torhaus war in früherer Zeit Rathaus, königliches Amtsgericht, Gefängnis und Polizeistation, bevor es zum **Spreewald-Museum** wurde. Heute nehmen dich spannende Ausstellungen mit auf eine Zeitreise in die Vergangenheit einer typischen Spreewaldstadt. *Infos: Topfmarkt 12 | Lübbenau/Spreewald | museums-entdecker.de*

Den fliegenden Holländer vom Spreewald besuchen
Nur eine **Dreifachwindmühle** in Deutschland vereint Korn-, Öl- und Sägemühle unter einem Dach, und die steht in **Straupitz**. Hier könnt ihr auch frisch gepresstes Leinöl kaufen und kleine Gerichte genießen. *Infos: Laasower Str. 11 a. | Straupitz | windmuehle-straupitz.de*

57
Posen
Hier stieg Polen aus der Wiege

Die Posener genießen den Ruf, die Preußen Polens zu sein. Gewiss hat die beinahe 150 Jahre andauernde Herrschaft Preußens hier ihre Spuren hinterlassen. Prägend für die starke regionale Identität ist wohl auch die Tatsache, in Polens Kern- und Keimland zu leben. Mit der Annahme des Christentums durch den ersten Herrscher Mieszko I. im Jahr 966 begann sich hier Polen als Staat zu formieren. Inmitten einer schönen Wald- und Wiesenlandschaft mit Seen profitiert die Boomtown heute von ihrer Offenheit und Internationalität, als Zentrum von Wissenschaft, Forschung und Kultur.

Durch die Altstadt bummeln
Eines der schönsten Renaissancegebäude Europas steht auf dem mittelalterlichen **Marktplatz** Stary Rynek im Herzen von Posen – das von Giovanni Baptista di Quadro im 16. Jh. erbaute **Rathaus.** Hieran grenzen die **Tuchhallen** (14. Jh.) und die **Krämerhäuser** mit ihren charakteristischen Laubengängen (15./16. Jh.). Repräsentative **Bürgerhäuser** aus verschiedenen Epochen umgeben den Markt. Seit 1915 erinnert die Brunnenfigur „Bamberka" auf der westlichen Seite des Rathauses an den Dreißigjährigen Krieg. 100 Jahre später entstand die benachbarte **St.-Stanisław-Pfarrkirche** (ul. Gołębia), eine Perle des Barock mit einer knallroten, doppeltürmigen Fassade.

Die Dominsel besuchen
Östlich der Altstadt liegt die **Dominsel** Ostrów Tumski, Posens ältestes Viertel. Die Anfänge der erzbischöflichen **St.-Peter-und-Paul-Domkirche** gehen auf die Gründung des Posener Bistums 968 zurück. Heute befinden sich dort die Gräber von Polens Gründungsherrschern Mieszko I. und Bolesław I. Daneben befindet sich die spätgotische **Kirche der Heiligsten Jungfrau Maria.** Nördlich davon siehst du den Renaissancebau der **Lubrański-Akademie,** der ersten höheren Schule Posens

Regentag – was nun?
Bei Regen mal shoppen

Mit den Einkaufszentren, Läden und Boutiquen macht Posen seiner Tradition als Handelsstadt alle Ehre. Prominente Adresse: das Einkaufs- und Kulturzentrum **Stary Browar** auf dem Gelände einer alten Brauerei. Besitzerin und Milliadärin Grażyna Kulczyk hat es mit angesagter Kunst aufpeppen lassen: Überall blinkt, blitzt und bewegt sich was …

ul. Półwiejska 42 | Posen | stary browar5050.com

(1518 gegr.). Hinter der Kathedrale führt eine Brücke zum Kulturerbe-Interpretationszentrum **Brama Poznania** *(bramapoznania.pl)*, in dem 1000 Jahre Dominsel multimedial inszeniert werden.

Nach dem weißen Panther sehen
Der **Jezioro Maltańskie** ist ein 64 ha großer Stausee im Westen der Stadt. Hier kannst du von Mai bis September mit einem Ausflugsdampfer schippern oder mit der Schmalspurbahn „Maltanka" durch den Park zum **Posener Zoo** fahren. ***Infos:*** *ul. Krańcowa 81 | Posen | zoo.poznan.pl*

Ein originales Dorf anschauen
Am **Lednicki-See** liegt der **Wielkopolski Park Etnograficzny,** auf dessen Gelände ein großpolnisches Dorf aus dem 19. Jh. rekonstruiert wurde: 73 Häuser aus Dörfern der Region, ausgestattet mit Original-Interieur. Im See liegt die **Insel Ostrów Lednicki,** zu der man per Boot übersetzt. ***Infos:*** *Dziekanowice 23 | Lednogóra | lednicamuzeum.pl*

Deliziös speisen im Delicja
Eine Perle, sehr persönlich geführt von Agnieszka und Przemysław. Die Karte ist klein, alles von bester Qualität. Wie wäre es mit Piroggen, gefüllt mit Kalbsfleischfarce, Jakobsmuscheln mit Blumenkohlmus und danach vielleicht noch ein Schoko-Fondant? Gute Weinauswahl, im Sommer mit Patio unter Platanen. ***Infos:*** *Pl. Wolności 5 | Posen | delicja.eu*

BILDERBUCHREIF Bunte Bürgerhäuser säumen den weitläufigen Marktplatz von Posen

58
Breslau
Bilderbuch-Barrock und Multikulti

Kultureller Mittelpunkt von Niederschlesien, dem Land an der „niederen", sprich: unteren Oder, ist Breslau, Polens viertgrößte Stadt (640 000 Ew.). Hier kreuzen sich böhmische, deutsche und polnische Traditionen. Der Fluss schickt sein Wasser in zahlreiche Nebenarme und Kanäle, die von über 100 Brücken überspannt werden. Grünanlagen, viele Studenten, prachtvolle gotische Bauten im Wechsel mit üppigem Barock – und natürlich die mehr als 200 über die Stadt verstreuten Zwerge, die an die regimekritische Spaßguerilla der 1980er-Jahre erinnern. Auch heute ist die Stadt offen für neue Trends, für fremde Menschen und Religionen.

AUGEN AUFHALTEN
Die Zwerge findet man in Breslau an den ungewöhnlichsten Orten

Kunstepochen raten

Elf Straßen münden auf den **Marktplatz,** in dessen Mitte sich das im Stil von Gotik und Renaissance erbaute **Alte Rathaus** erhebt – seine prachtvollen Säle kannst du besichtigen *(mmw.pl)*. Die schönsten **Bürgerhäuser** stehen auf der Westseite des Rings, u. a. Nr. 2 das Greifenhaus oder Nr. 7 Zur Blauen Sonne. An der nordwestlichen Seite verbindet sich der Markt mit dem Platz vor der **Elisabethkirche,** vorbei an den zwei kleinen Barockhäusern Jaś und Małgosia („Hänsel und Gretel"). An der südwestlichen Ecke gelangst du auf den **Salzmarkt** (Plac Solny) mit seinen Blumenständen, dem klassischen Gebäude der **Neuen Börse** und dem barocken **Oppenheimer Haus** *(Plac Solny 4 | openheim.org)* mit Ausstellungen und Konzerten der Deutsch-Polnischen Stiftung.

Einen Meilenstein der Architektur bestaunen

Der Avantgardist Max Berg schuf 1913 einen mit der **Jahrhunderthalle** einen Megabetonbau mit freischwebender Kuppel von 65 m Spannweite – heute UNESCO-Weltkulturerbe. Vor der Halle gefällt ein **multimediales Wasserspiel:** 300 Fontänen schießen bis zu 40 m in die Höhe; abends sind sie geheimnisvoll beleuchtet *(ul. Wystawowa 1 | Breslau | halastulecia.pl)*. Im Vier-Kuppel-Pavillon nebenan kannst du das **Museum für zeitgenössische Kunst** *(pawilonczterechkopul.pl)* besuchen.

Frieden suchen und finden

Die **Schweidnitzer Friedenskirche** ist die größte Holzkirche Europas. Du wirst staunen über den Gegensatz zwischen ihrem bescheidenen Äußeren und ihrem prächtigen Inneren. Ihre Ausstattung mit Gold und Malereien ist so gar nicht typisch für protestantische Gotteshäuser. Sie ist eine von drei Kirchen in Schlesien, deren Bau die habsburgischen Kaiser gemäß der im Westfälischen Frieden (1648) zugestandenen Religionsfreiheit erlaubten. Der Bau war an Bedingungen geknüpft: Die Kirchen mussten außerhalb der Stadt liegen, lediglich aus Holz, Lehm und Stroh errichtet sein und durften keine Türme und Glocken haben. *Infos: pl. Pokoju 6 | Breslau | kosciolpokoju.pl*

Was die alten Breslauer aßen, …

… das kannst du im **Wrocławska Gastropub** probieren: z. B. „Schlesisches Himmelreich", ein Gericht aus Räucherfleisch, Backobst, Zimt und Zitrone, das feine, süßsaure Noten entfaltet. Dazu gibt's Kartoffelklöße und einheimisches Bier. Das Traditionsgericht steht hier ebenso auf der Karte wie Forelle, Bigos und Piroggen. Die Żurek-Suppe wird nach alten Rezepten gekocht! *Infos: ul. Szewska 59/60 | Breslau | wroclawska.com.pl*

Regentag – was nun?

Nationalmuseum

Willst du einen umfassenden Überblick über mittelalterliche Kunst, bist du im **Nationalmuseum** richtig. Aus schlesischen Kirchen stammen ausdrucksvolle Heiligenskulpturen, Altäre und Triptychen, Grabplatten und Sarkophage. Ein Highlight des Barock sind die Werke des Malers Michael Willmann, des „schlesischen Rembrandt". Toll inszeniert ist übrigens auch die kunsthandwerkliche Sammlung, die vom schicken Louis-Vuitton-Koffer über Samurairüstungen und Seidenroben bis zu Designerglas reicht.

pl. Powstańców Warszawy 5 | Breslau
mnwr.art.pl

IMPOSANT BEWACHT
Steinerne Totenwächter hüten die Krypta im Völkerschlachtdenkmal

59
Leipzig
Kultur, Tradition und Dynamik

Industriestadt, Kulturstadt, Bürgerstadt mit zivilgesellschaftlichem Engagement – Leipzig bleibt sich treu, bietet aber auch noch viel Raum für Entwicklung. Leipzig ist kompakt. Der Stadtkern bietet auf einer Fläche von gut 700 mal 900 m Hochkultur, Geschichte, Universitätsleben. Außerhalb des Innenstadtrings sind weitere eindrucksvolle Zeugnisse der reichen Gründerzeit zu sehen. Leipzig ist grün. Im Sommer verlagern vor allem junge Leute ihren Lebensmittelpunkt in die Parks. Leipzig ist wasserreich. Das Stadtgebiet durchziehen Flüsse, Kanäle, Gräben und Bäche von über 250 km Länge. Wer mag, kann sich ein Kanu leihen und durch den naturgeschützten Auwald zu den Sandstränden des Neuseenlands paddeln.

Die Stadt durchkreuzen
Der **Linienbus 89** fährt an der Thomaskirche, dem Bundesverwaltungsgericht und dem Rathaus vorbei. Er darf sogar in die Fußgängerzone. Übrigens: Seine Nummer erinnert an die friedliche Revolution von 1989!

Zum Denkmal pilgern
100 Jahre nachdem die europäischen Verbündeten in der Völkerschlacht bei Leipzig Napoleon und seine Truppen in die Flucht geschlagen hatten, wurde das aus Beton und Granitporphyr errichtete, 91 m hohe **Völkerschlachtdenkmal** 1913 mit großem Tamtam eingeweiht. Von der Aussichtsplattform eröffnet sich ein grandioser Panoramablick über Leipzig und seine Umgebung. Das gigantische Denkmal beeindruckt durch seine rittergeschmückte Krypta, die fast zehn m hohen Kolossalfiguren und die 68 m hohe Reiterkuppel. *Infos: Prager Str. | Leipzig | stadtgeschichtliches-museum-leipzig.de*

Zum Pudels Kern spazieren
Weltstädtisches Flair wie keine andere Verkaufsmeile der Stadt strahlt die elegante **Mädlerpassage** aus. Kofferfabrikant Anton Mädler ließ den lichten Durchgang 1912 nach dem Vorbild der Mailänder Galleria Vittorio Emanuele II. bauen. Die Geschichte des Hauses lässt sich am Portal Grimmaische Straße ablesen: Die Sandsteinfiguren mit Vase und Weintrauben erinnern daran, dass der Bau einst als Weinkeller und Porzellanmessehaus genutzt wurde. In Leipzigs berühmtester Schankstube, **Auerbachs Keller,** vermischen sich bis heute der „Faust"-Mythos und alte Gasthaustradition zu einem belebenden Elixier. *Infos: maedlerpassage.de und auerbachs-keller-leipzig.de*

Künstlern beim Spinnen zusehen
Für Kunstfans ist die **Baumwollspinnerei** ein wahres Schlaraffenland: Zahlreiche interessante Galerien haben sich auf dem Gelände des ehemaligen Industriekomplexes von 1884 angesiedelt. *Infos: Spinnereistr. 7 | Leipzig | spinnerei.de*

Am See entspannen
Das aus dem Tagebau enstandene Freizeitparadies **Cospudener See** wartet mit seidenweichen Sandstränden und bester Wasserqualität auf; Sport und Gastronomie machen den See im Sommer zum Ausflugsmekka. Schön ist die Radtour rund um den See. Am Jachthafen Pier 1 *(Hafenstr. 23 | Markkleeberg)* werden Sportgeräte jeder Art verliehen.

Erlebniswelt Tropenhalle

Im **Gondwanaland** des wunderbaren **Leipziger Zoos,** einer überdachten Tropenhalle mit verschlungenen Dschungelpfaden und einem Baumwipfelpfad, leben Exoten wie der Schabrackentapir und ein Komodowaran. Entspannt erlebst du die Tierwelt bei einer Bootsfahrt auf dem Urwaldfluss, während zu beiden Seiten die Entstehungsgeschichte der Welt im Zeitraffer an dir vorbeizieht.

Pfaffendorfer Str. 29 | Leipzig | zoo-leipzig.de

60
Eisenach
Luther, Bach und ganz viel Wald

Hoch über Eisenach thront die Wartburg, das über 900 Jahre alte Nationaldenkmal und steinernes Dokument deutscher Geschichte und Kultur. Eisenach selbst ist klein, aber fein: Vom Markt mit dem Schloss und der Georgenkirche sind das Bach- und das Lutherhaus sowie die Nikolaikirche in wenigen Minuten zu Fuß zu erreichen. Das Nikolaitor, durch das die alte Handelsstraße von Frankfurt am Main nach Krakau führte, ist das einzige erhaltene Stadttor. Die bewaldeten Höhen und tiefen Täler des Thüringer Waldes rund um Eisenach legen ausgedehnte Wandertouren auf dem Rennsteig nahe, auf denen immer wieder fantastische Ausblicke faszinieren.

GANZ SCHÖN ENG
In der Drachenschlucht führt der Trail zum Teil durch nur 86 cm breite Wege

Die Burg der Burgen erkunden

Was die **Wartburg** schon alles erlebt hat: Sie war Wirkungsstätte der hl. Elisabeth, Schauplatz des legendären Sängerwettstreits im 12. Jh. während der Blütezeit des Minnesangs, Ort von Luthers Übersetzung des Neuen Testaments 1521/22, Treff der Burschenschaften 1817. Das Äußere der Burg entspricht ganz den gängigen Vorstellungen von einem mittelalterlichen Herrensitz, obwohl sich im Lauf der Jahrhunderte viele Baustile dazugesellten. Im **Museum** sind Stücke aus den Kunstsammlungen der Wartburg zu sehen, wie der große Dürerschrank, eines der schönsten Möbelstücke aus der Übergangszeit von der Spätgotik zur frühen Renaissance. Den Abschluss des Rundgangs bildet die Vogtei mit der Lutherstube, in der der Reformator während seiner Schutzhaft wohnte. *Infos:* wartburg.de

In die Eisenacher Stadtgeschichte eintauchen

5400 Jahre alte Siedlungsspuren zitieren die Vorzeit, aber erstmals urkundlich erwähnt wird die Stadt Eisenach im Jahre 1150. Durch die Jahrhunderte hat sich in Eisenach Weltgeschichte zugetragen. Das Leben in dieser Stadt hat Epochen geprägt. Auf einer faszinierenden Stadtführung kannst du im heutigen Eisenach auf den Spuren der Vergangenheit wandeln. *Infos:* eisenach.info

Mit wenig Platz wandern

Die romantische **Drachenschlucht** mit ihren weit überhängenden, moosbedeckten, zehn m hohen Felswänden liegt zwei km südlich von Eisenach in der Nähe der B 19. Durch das 200 m lange und an der schmalsten Stelle nur 86 cm breite Naturwunder schlängelt sich der Steinbach. Er wurde mit Glasfaser-Gitterrosten abgedeckt, die den Weg bilden. Im Winter gleicht die Schlucht oft einem Eiskristallpalast. *Infos:* eisenach.info

Einfach mal losrennen

Das etwa 70 km lange und bis zu 20 km breite Mittelgebirge **Thüringer Wald** ist im Sommer und Winter gleichermaßen als Erholungs- und Wandergebiet beliebt. Der berühmteste Wanderweg, der **Rennsteig,** verläuft auf dem Kamm des Thüringer Walds und des Thüringer Schiefergebirges bis in den nördlichen Frankenwald. Der 168 km lange Weg ist mit einem weißen „R" gut markiert. Traditionell wird von West nach Ost gewandert. *Infos:* thueringer-wald.com und rennsteig.de

In den Berg einfahren

Schmalkalden gehört zu den besonders sehenswerten Orten an der Südseite des Thüringener Walds. Interessant ist auch ein Besuch des Museums auf Schloss Wilhelmsburg und des **Besucherbergwerks Finstertal**. *Infos:* schmalkalden.com

---

Regentag – was nun?

Wie es funkelt

Die **Marienglashöhle Friedrichsroda** ist eine der größten und wohl auch schönsten Kristallhöhlen Europas. Ihren Namen bekam sie vom Marienglas (einer seltenen Form von Gips), das aus durchsichtigen Kristallen besteht und im 18./19. Jh. zum Schmücken der Marienbilder verwendet wurde. Das Geoinformationszentrum informiert über die Entwicklungsgeschichte von Natur und Landschaft sowie über die bestehenden Naturerlebnisangebote der näheren Umgebung.

marienglashoehle-friedrichroda.de

61
Weimar
Mehr als Goethe und Schiller

Weimar – das ist eine Stadt der kurzen Wege, in der auf engstem Raum ein Highlight neben dem anderen liegt. Diese Stadt eroberst du am besten zu Fuß! Dabei erwartet dich eine riesige Vielfalt spannender Orte: Es gibt die historischen Altbauten, in denen die berühmten Persönlichkeiten der Stadt residierten, wie das Stadtschloss, das Wittumspalais oder Goethes Wohnhaus. Sie wechseln sich ab mit Museen, die Höhen und Tiefen in Weimars Vergangenheit dokumentieren – das Bauhausmuseum, die Gedenkstätte Buchenwald oder das Haus der Weimarer Republik. Und das ist längst nicht alles. So vielfältig wie ihre Geschichte sind die Sehenswürdigkeiten dieser Stadt.

Beim Dichterfürst vorbeischauen

Ein Blick in **Goethes Wohnhaus** und du erkennst sofort, dass er zur High Society gehörte. Vor allem für Italien hatte der Dichter ein Faible. In den Räumen, die du heute besichtigen kannst, lebte Johann Wolfgang von Goethe (1749–1832) rund 50 Jahre lang. Im Erdgeschoss liegt der Hör- und Lesesaal: Mach's dir kuschelig und lass dir vom Audioguide Auszüge aus Goethes Werken vorlesen. Die Ausstellung „Lebensfluten – Tatensturm" beleuchtet Goethes Leben und Wirken. *Infos: Frauenplan 1 | Weimar | klassik-stiftung.de*

Ein Designerhaus besuchen

Ein echtes Stück Bauhaus-Architektur! Das **Versuchshaus am Horn** entstand 1923 zur Bauhaus-Ausstellung und ist das einzige von der Designschule errichtete Gebäude in der Stadt – noch dazu eine Gemeinschaftsarbeit aller Bauhaus-Werkstätten. Also: Außen- und Innenarchitektur made by Bauhaus. Auch wenn die meisten Möbel nur durch Gestelle angedeutet sind, erlebst du hier, wie man sich zeitgemäßes Wohnen in den 1920er-Jahren vorstellte. Man möchte eigentlich gleich selbst einziehen! Audioguide empfiehlt sich. *Infos: Am Horn 61 | Weimar | klassik-stiftung.de*

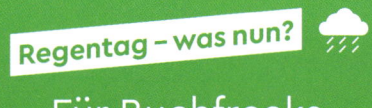

Regentag – was nun?
Für Buchfreaks

Der 2. September 2004 hat sich in Weimar buchstäblich ins Gedächtnis gebrannt: An diesem Tag brach ein Feuer in der **Herzogin-Anna-Amalia-Bibliothek** aus, das mehrere Tausend Bücher vernichtete. Heute kannst du die Bibliothek wieder in ihrer vollen Pracht bestaunen. Und staunen wirst du, vor allem im Rokokosaal: ein Traum für Bücherfreaks und Kunstverliebte. Der Renaissancesaal wird derzeit umgeordnet und soll danach barrierefrei für alle Besucher zugänglich sein. Seit Frühjahr 2022 präsentiert eine Ausstellung wichtige Kunstwerke aus der Zeit der Renaissance wie z. B. die Lutherbibel und die Cranachgemälde.

Platz der Demokratie 1 | Weimar | klassik-stiftung.de

CHARMANT
Der Blick vom Park an der Ilm auf das Weimarer Stadtschloss

Sich der Geschichte stellen

Das ehemalige **Konzentrationslager Buchenwald** wurde 1937 auf dem Ettersberg errichtet und war zum Ende des Zweiten Weltkriegs das größte auf deutschem Boden. Du kannst die **Gedenkstätte** auf eigene Faust besichtigen oder dich einer Führung des Fördervereins Buchenwald e. V. anschließen (Treffpunkt am Besucherservice). Die Touren gehen unter die Haut, aber das sollen sie auch. Eindrücklich vermitteln sie die historischen Zusammenhänge hinter diesem Gelände, auf dem über 56 000 Menschen ihr Leben verloren. Ein Besuch für Kinder unter 12 Jahren empfiehlt sich nicht. *Infos:* buchenwald.de

Die Zeit im Grünen verbringen

Im **Park an der Ilm** darfst du dich ruhig ein bisschen verlieren. Es lohnt sich, einfach drauflos zu spazieren. 48 ha mitten in Weimar: Der Park ist das grüne Herz der Stadt. Studierende, Familien, Spaziergänger, mitunter Schafherden – alle fühlen sich hier wohl. Der Park ist zu jeder Jahreszeit schön, nicht zuletzt wegen der vielen Sichtachsen. An den Parkeingängen stehen Übersichtskarten, an denen du dich orientieren kannst. Es gibt eine Menge zu entdecken.

Kuchen kosten

Himmlisch leckeren Kuchen gibt es bei **Koriats Kuchenmanufaktur.** Er kommt aus Israel und backt seine Kuchen und Tartes nach alten Rezepten, die er als Kind bei seiner Mutter und anderen Frauen in dem Kibbuz kennenlernte, in dem er aufwuchs. Es mangelt aber auch nicht an deutschen Konditoreiklassikern. *Infos:* Steubenstr. 48 | Weimar | koriat.de

62
Dresden
Museen, Kirchen und hippe Viertel

Es liegt ein Zauber über dieser Stadt. Wenn die Morgensonne das Wasser der Elbe glitzern und die berühmte Altstadtsilhouette aufleuchten lässt, dann geraten auch die Einheimischen selbst immer wieder ins Schwärmen. Um Dresden zu erkunden, reicht ein Tag nicht aus: Die historische Altstadt kannst du in wenigen Stunden „ablaufen", dann hast du alle Sehenswürdigkeiten gesehen. Allerdings nur von außen ... Bau- und Kulturdenkmäler wie die Frauenkirche, der Zwinger oder die Semperoper stehen in der Gunst der Besucher aus aller Welt ganz oben. Ebenso die berühmtesten der mehr als 40 Dresdner Museen. Wer aber Dresden wirklich kennenlernen will, muss tiefer eintauchen – vor der Sixtinischen Madonna stehen, über das Blaue Wunder gehen und abends in einer Neustadtkneipe unerwartete Freundschaften schließen.

STADTSYMBOL
Die Frauenkirche erhebt sich seit 2005 wieder im Herzen der Stadt über dem Neumarkt

Dem Museumsflash erliegen

Rund um den Theaterplatz mit der weltbekannten **Semperoper** jagt ein Museumshighlight das nächste. Die **Gemäldegalerie Alter Meister** versammelt die europäische Malerei des 15.–18. Jh. unter ihrem Dach. Der **Zwinger** gilt als eines der prächtigsten barocken Baudenkmäler Europas und beherbergt Kunstschätze von Weltrang. Der unter der „Porzellankrankheit" leidende Soldatenkönig Friedrich Wilhelm I. trug die wertvolle **Porzellansammlung** zusammen und das **Grüne Gewölbe** im **Residenzschloss** ist der Ort der „Geheimen Verwahrung" von herrschaftlichen Schätzen wie Edelsteinen, Gold und Elfenbein. So viel Bling-Bling, dass dir die Augen übergehen. *Infos: skd.museum und museen-dresden.de*

Sich an den Wiederaufbau erinnern

Mit ihrer imposanten Kuppel überragt die **Frauenkirche** die Altstadt und prägt nach 60 Jahren Abwesenheit wieder das Stadtbild Dresdens. Heiter verspielte barocke Pracht prägt den Innenraum. Das protestantische Gotteshaus entstand 1726–43 nach Plänen von Ratszimmermeister George Bähr. Die Kirche samt der riesigen Kuppel, die „Steinerne Glocke", wurde durch Bomben 1945 zerstört. Die Ruine avancierte zum Mahnmal gegen Krieg, in den 1980er-Jahren zum Symbol der DDR-Friedensbewegung. *Infos: Neumarkt | Dresden | frauenkirche-dresden.de*

Ein cooles Viertel entdecken

Die fünf von Künstlern fantasievoll gestalteten Höfe der **Kunsthofpassage** zwischen **Görlitzer** und **Alaunstraße** gehören auf jeden Fall zu einem Besuch der **Äußeren Neustadt.** Inzwischen hat sich das Gründerzeitquartier oberhalb der Bautzner Straße zur Boomtown entwickelt, mit Kneipen, Cafés, Bars, Läden, Galerien, Hostels und Clubs.

Höhenluft schnuppern

Am **Loschwitzer Elbhang** zeigt sich Dresden von seiner romantischen Seite: Schlösser, Weinberge, Villen und Fachwerkhäuser, Gasthäuser, Biergärten und die als „Blaues Wunder" bezeichnete Loschwitzer Brücke. Die 1895 eröffnete **Standseilbahn** führt vom Körnerplatz auf den Weißen Hirsch. Von der Talstation der 1901 eingeweihten **Schwebebahn** am Beginn der Pillnitzer Landstraße geht es ruckzuck auf die **Loschwitzhöhe.** Von der Aussichtsplattform auf dem Dach der Bergstation hat man einen tollen Blick auf die Elbe und das Tal. *Infos: Körnerplatz | Dresden | dvb.de*

Beim Mießner einkehren

Ganz großes Kino! Vom fabelhaften Ambiente bis zur kreativen, internationalen und regionalen Hochküche von Sternekoch Stephan Mießner. Der gebürtige Dresdner hat aus einer ehemaligen Fabrikhalle ein gastronomisches Kleinod gezaubert – das **Elements Deli & Restaurant.** *Infos: Königsbrücker Str. 96/ Haus 25–26 | Dresden | restaurant-elements.de*

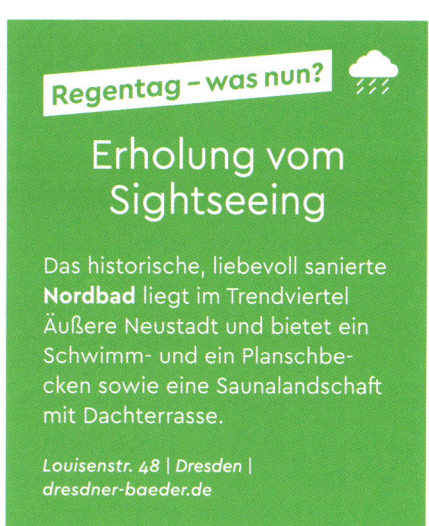

Regentag – was nun?

Erholung vom Sightseeing

Das historische, liebevoll sanierte **Nordbad** liegt im Trendviertel Äußere Neustadt und bietet ein Schwimm- und ein Planschbecken sowie eine Saunalandschaft mit Dachterrasse.

Louisenstr. 48 | Dresden | dresdner-baeder.de

DELUXE-BLICK
Den hat man von der Basteibrücke übers Elbsandsteingebirge

63
Sächsische Schweiz
Tafelberge, Sandsteinnadeln und die Elbe

Wilde Schluchten, spektakuläre Aussichten und Täler mit beschaulichen Orten – diese Landschaft gehört zu den außergewöhnlichsten Deutschlands. Ihren Namen verdankt sie zwei Schweizer Malern des 18. Jh., die sich an ihre Heimat erinnert fühlten. In der Kreidezeit lag das Gebiet unter einem Meer, auf dessen Boden sich über Jahrmillionen eine 600 m mächtige Sandsteinplatte bildete. Aus der schufen Wasser, Eis und Wind nach dem Rückzug des Meeres das Elbsandsteingebirge: majestätische Tafelberge, zerklüftete Felsen, bizarre Sandsteinnadeln und mittendrin die Elbe.

In Pirna anhalten
Die Stadt ist das Tor zur Sächsischen Schweiz. Wer **Pirna** (38 000 Ew.) auf der B 172 in Richtung Königstein und Bad Schandau nur im Vorbeifahren streift, verpasst ein Kleinod. So finden sich in der historischen Altstadt alte Kaufmannshäuser mit prächtigen Giebeln, Erkern, Sitznischenportalen und reizvollen Höfen. Nimm dir bei deinem Stadtbummel Zeit oder buche eine der interessanten Stadtführungen des TouristService. *Infos:* Am Markt 7 | Pirna | pirna.de

Auf dem Malerweg wandern
Zwei Schweizer Maler, Anton Graff und Adrian Zingg, zogen ab 1766 regelmäßig zu Fuß mit ihren Skizzenbüchern elbaufwärts. Die Gebirgswelt, die sich ihnen hinter Pirna öffnete, erinnerte sie an den Schweizer Jura – so kam die Sächsische Schweiz zu ihrem Namen. Generationen von Künstlern haben sich seither von der pittoresken Landschaft faszinieren lassen. Der 116 km lange **Malerweg** folgt den Spuren der Dresdner Romantiker und führt in acht Etappen vom Liebethaler Grund nach Pirna. *Infos:* malerweg.de

Grandiose Panoramen erleben
Vom **Basteifelsen** aus schweift der Blick in schier endlose Weiten: Links lugen am Horizont die böhmischen Berge hervor, rechts überblickt man einen großen Teil des Erzgebirges, und gleich vorne liegen der Königstein mit der Festung und der Lilienstein. 190 m tiefer schlängelt sich die Elbe als silbernes Band durch das Tal. Wer dieses Panorama erleben darf, dem verschlägt es die Sprache. Leider bist du bei jährlich 500 000 Besuchern nicht allein mit der Natur.

In Hohnstein rasten
Die Entstehung und seinen Namen verdankt das Städtchen (3200 Ew.) seiner über 800 Jahre alten Burg. Ein halbstündiger Waldspaziergang führt zu einem der schönsten Aussichtspunkte in der ganzen Region – dem **Brand** mit der **Brandbaude** (brand-baude.de), einer gemütlichen Bergwirtschaft. Im Frühjahr lohnt unbedingt ein Besuch der dann blühenden Märzenbecherwiesen im Polenztal.

Klettermaxe spielen
Das in Tschechien entspringende nur 19 km lange Flüsschen Biela fließt auf deutscher Seite durch eine verwunschene Landschaft aus zerklüfteten Felswänden und bizarren Türmen. Diese „Felsenstadt" im Bielatal ist ein Paradies für Wanderer und Kletterer. *Infos:* saechsische-schweiz-touristik.de

Regentag – was nun?

Das Nationalparkhaus besuchen

Hier gibt es den besten Überblick über Fauna, Flora und Geologie der Sächsischen Schweiz und über alles, was sonst noch so geht: Die 275 km² der einmaligen Fels-Wald-Landschaft sind seit 1956 Landschaftsschutzgebiet; ein Teil wurde 1990 zum Nationalpark erklärt. Es gibt rund 400 km markierte Wanderwege, 745 genehmigte Kletterfelsen, 36 km markierte Fahrradrouten und etliche Aussichtspunkte mit Panoramablick. Die Nationalpark-Ranger bieten geführte Touren an.

Dresdner Str. 2 | Bad Schandau | lanu.de und nationalparkzentrum-saechsische-schweiz.de

64
Frankenwald
Wälder, Mühlen und Naturdenkmäler

Dass du den Wald vor lauter Bäumen nicht siehst, könnte dir passieren – immerhin besteht der Naturpark zu 50 Prozent daraus. Der Frankenwald am nördlichen Zipfel des Freistaats an der grünen Grenze zu Thüringen trägt den Spitznamen „die grüne Krone Bayerns". Massentourismus ist hier nicht angekommen. Radfahrer fahren dennoch auf hervorragenden Wegen, und beim Wandern siehst du rund um Presseck (1850 Ew.) Mühlen und Naturdenkmäler wie die Steinachklamm. Durchs Höllental rauscht die Selbitz, in deren Flusslauf riesige, farnbewachsene Felsquader liegen. Sehenswert sind außerdem die Besucherbergwerksstollen, etwa der Friedrich-Wilhelm-Stollen.

WILDE FAHRT
Eine Floßfahrt auf der Wilden Rodach durch den Frankenwald ist nichts für Wasserscheue

Das Wasserschloss Mitwitz beehren

Ein Schloss wie aus dem Bilderbuch! Die von einem Wassergraben umgebene Vierflügelanlage ist mit ihren Türmen für Spaziergänge eine wundervolle Kulisse. 1266 wurde der Renaissancebau erstmals urkundlich erwähnt. Bei einer Führung besichtigst du die historischen Räume, hinterher kannst du im Schlosspark flanieren. Besonders schön ist es um den See herum. Im Winter, wenn der See gefroren ist, darf man darauf eislaufen. *Infos:* Unteres Schloss 5 | Frankenwald | schlossmitwitz.de

Auf der Wilden Rodach reiten

Ein tragfähiger Ausflug übers Wasser: Auf dem Floß fährst du feucht-fröhliche fünf km auf der Wilden Rodach bei **Wallenfels,** dann bekommst du eine wohlverdiente Brotzeit. *Infos:* Fremdenverkehrsamt Wallenfels | Rathausgasse 1 | Wallenfels | wallenfels.de

Mal anders wandern gehen

Wer führt wen? Das ist beim erholsamen wie originellen **Lama-Trekking** häufig die Frage. In jedem Fall wirst du die strahlenden Kinder- und Lamaaugen beim Wandern durch die schöne Landschaft um den Döbraberg nie vergessen! *Infos:* Döbrastöcken 5 | Naila | mitimino-lamas.de

In Selb auf Porzellan schreiten

Vielleicht steht es auch auf deinem Esstisch: Porzellan aus **Selb** (15 700 Ew.), das in der ganzen Welt verkauft wird. 1857 begann Lorenz Hutschenreuther hier mit der Produktion von Porzellan, und viele Unternehmer taten es ihm gleich. Noch heute sind zahllose Firmen vor Ort, etwa Rosenthal oder Villeroy & Boch. Im Porzellangässchen schlenderst du über ein wahrhaft teures Pflaster aus 55 000 farbigen Porzellanfliesen. Mehr als 45 000 Mosaikteile stecken im Porzellanbrunnen am Martin-Luther-Platz. Achte auch auf das Glockenspiel aus echtem Meissener Porzellan am Rathaus, dessen 22 Glocken täglich um 11, 13, 15 und 17 Uhr erklingen. Im **Porzellanikon Selb** kannst du dich über das Weiße Gold informieren. *Infos:* Werner-Schürer-Platz 1 | Selb | porzellanikon.org

In der Adelskammer schlemmen

Im ältesten Wirtshaus von Franken hat die Bezeichnung „hausgemacht" ihren Namen verdient: Die Klöße werden aus selbst angebauten, selbst geriebenen und selbst gekochten Kartoffeln geformt, die Spiegeleier stammen von eigenen Hühnern und Wurst und Schinken sowie der Sonntagsbraten vom Fleisch des eigenen Viehs. *Infos:* Dorfplatz 8 | Bad Steben-Carlsgrün | gasthof-adelskammer.de

---

Regentag – was nun?

Deutsche Geschichte

Mödlareuth lag immer schon diesseits und jenseits einer Grenze: Der Tannbach teilte den Ort in zwei Teile; die eine Hälfte gehört zu Thüringen, die andere zu Bayern. Die Teilung Deutschlands führte auch zur Teilung des 50-Seelen-Dorfs, das die Amerikaner deshalb „Little Berlin" nannten. Heute ist das **Deutsch-Deutsche Museum Mödlareuth** eine Gedenkstätte zur Deutschen Teilung und an die Zeit des Kalten Kriegs.

Mödlareuth 13 | Töpen | moedlareuth.de

TISCHLEIN DECK DICH
Auf dem stimmungsvollen Coburger Wochenmarkt stehen regionale Produkte ganz vorne

65
Coburg
Schösser, Klöße und Adam Riese

Typisch britisch trifft very fränkisch: Die Wurzeln von Queen Elizabeth II. reichen nach Coburg (41 000 Ew.). Prinz Albert von Sachsen-Coburg, Gatte von Queen Victoria, wurde in Schloss Rosenau bei Coburg geboren. Trotz des britischen Einflusses sind nicht Fish and Chips, sondern Bratwürste und Klöße die kulinarischen Lokalmatadore, was auch an der thüringischen Vergangenheit der Stadt liegen kann: Coburg ist erst seit einer Volksabstimmung 1920 bayerisch.

NICHT VERPASSEN

Mal eine Runde drehen
Der **Marktplatz,** umrahmt von historischen Gebäuden, ist damals wie heute das Zentrum des urbanen Lebens in Coburg und gilt als einer der schönsten in ganz Bayern. Er wurde um das Ende des 13. Jh. angelegt und im 16. Jh. gepflastert. Sieben Gassen führen vom Marktplatz aus in die Altstadt. In der Mitte thront seit 1865 das Denkmal von Prinz Albert von Sachsen-Coburg und Gotha. Im Norden steht das **Stadthaus** im Stil der deutschen Spätrenaissance mit figurenbesetzten Giebeln und Coburger Erkern, gegenüber erhebt sich das Renaissance-Rathaus. Jeden Mittwoch- und Samstagvormittag findet auf dem Marktplatz der Coburger Wochenmarkt statt, auf dem du regionales Gemüse, Fleisch, Brot und Blumen kaufen kannst.

Eine Burg erstürmen
Luther versteckte sich hier, Wallenstein versuchte die Festung vergeblich zu erobern: Ein doppelter Mauerring mit Zwinger, Basteien und Pechgruben machten die **Veste Coburg** praktisch uneinnehmbar. Wegen ihrer Lage 150 m über der Stadt wird sie „fränkische Krone" genannt. *Infos: kunstsammlungen-coburg.de*

Bad Staffelstein besuchen
Ein markanter Berg plus die herrlichste Therme der Gegend plus ein hübsches Fachwerkrathaus mit Glockenturm ergibt nach Adam Riese einen ziemlich tollen Urlaubsort. Adam Riese, der im 16. Jh. populäre Rechenbücher geschrieben hat, ist übrigens der berühmteste Sohn **Bad Staffelsteins** (10 600 Ew.). An ihn erinnert das Stadtmuseum *(Kirchgasse 16 | bad-staffelstein.de).* Ein Blick vom Hochplateau des Staffelbergs (539 m) lässt dich dennoch alle Rechnereien des Alltags vergessen.

Typisch fränkisch essen
Mindestens viermal pro Woche isst der Oberfranke einen Kloß, heißt es. Die **Klößerei** hilft, dieses Pensum zu leisten: Dort gibt es Kloß mit Soß und wahlweise mit Braten aufgetischt, alternativ darf alles mitgenommen werden. Wenn du dir auch daheim die köstlichen Klöße auf der Zunge zergehen lassen willst, kannst du verpackten Kloßteig als Souvenir kaufen. *Infos: Judengasse 25 | Coburg | linden-hof.com/kloesserei*

Wildkatzen erspähen
Beim Spazieren über das riesige Areal des **Wildparks Schloss Tambach** genießt du tolle Blicke auf wilde Tiere und ein Barockschloss. Die tägliche Greifvogelschau lässt dich mit eingezogenem Kopf in den Zuschauerrängen sitzen. *Infos: Am Wildpark 3 | Weitramsdorf | wildpark-tambach.de*

Regentag – was nun?

Auf der Spur der Royals

Bei ihren Coburg-Besuchen hielt sich Queen Victoria am liebsten auf **Schloss Rosenau** auf, wo ihr Gatte Prinz Albert aufgewachsen war. Die Rosenau ist ein bemerkenswert frühes Beispiel des romantischen Historismus in Bayern. Vielleicht kannst du ihre Begeisterung bei einer Führung durch die prächtigen Räume, vorbei an Alberts Babywiege, und im englischen Landschaftspark nachvollziehen.

Rödental | schloesser-coburg.de

66
Würzburg
Historische Residenzstadt am Main

Gemächlich bahnt sich der Main seinen Weg durch Würzburg, das neben der Residenz vor allem für seine vielen Weinstuben und Weingüter bekannt ist. Zwischen einem Glas Silvaner zum Mittag und einem fränkischen Rotling am Abend lässt man sich durch die Gassen treiben, vorbei am Dom, über den Markt bis zur alten Mainbrücke. Hier mischt man sich bei einem Glas Brückenschoppen unter Einheimische und Touristen, während ein Brückenwächter darauf achtet, dass das Brückentreiben nicht zu bunt wird.

Bocksbeutel mit Aussicht auf der Festung Marienberg

Die Ausmaße der Anlage mit **Burggraben** und **Fürstengarten** ist beeindruckend. Im Inneren erhellt das **Museum für Franken** die Geschichte Würzburgs und der Region. Der beste Platz für ein Picknick samt Bocksbeutel, einer in Franken typischen Weinflaschenform, ist die **Neutorwiese** am nördlichen Festungshang. Wow – diese Aussicht auf Main und Altstadt! Kein Wunder, dass die Festung als Kulisse für den Film „Die drei Musketiere" ausgewählt wurde. *Infos: museum-franken.de und schloesser.bayern.de*

Kanu fahren auf dem Altmain

Den Fluss entlangschippern, rechts und links gleitet die Natur vorbei. Der Altmain zwischen **Astheim** und **Schwarzenau** ist einer der schönsten Flussabschnitte bei Würzburg, auch die **Mainschleife** bei Volkach mit ihren Weinbergen ist idyllisch. Der Kanuverleih **Kanuta** bietet Touren mit Weinprobe oder im Anschluss Grillen an. *Infos: Mainstr. 19 | Volkach | kanuta.de*

Über den Steinweinpfad durch die Weinberge wandern

Der vier km lange **Panoramarundweg** führt entlang rosenstrauch-geschmück-

Auf den Spuren der X-Strahlen

Es war ein später Freitagabend am 8. November 1895, als Professor Dr. Wilhelm Conrad Röntgen im Physikalischen Institut der Uni Würzburg die X-Strahlen entdeckte. Neben einer spannenden Ausstellung zu seiner Vita kannst du in der **Röntgen-Gedächtnisstätte** sein Labor und den historischen Hörsaal des Physiknobelpreisträgers anschauen.

Roentgenring 8 | Würzburg | wilhelmconradroentgen.de

FILMREIF
Die Festung Marienberg hoch über dem gemächlich dahinziehenden Main diente schon als Filmkulisse

ter Wege durch die Weinberge und bietet herrliche Ausblicke auf die Stadt. Los geht es z. B. am **Weingut Am Stein,** hier linksherum halten, um dem steilen Anstieg zu entgehen. Den Wegweisern durch die Weinberge folgen. 25 **Infostelen** entlang des Pfads informieren über die Geschichte und Bedeutung des Weinbaus für die Region. *Infos: Mittlerer Steinbergweg 5 | Würzburg | wuerzburger-steinweinpfad.de*

Mit dem Ausflugsdampfer über den Main tuckern
Bei einer **Dampferfahrt nach Veitshöchheim** ziehen Weinberge und Natur vorbei. Vor Ort hast du Zeit, dir das gleichnamige Rokokoschlösschen und den Hofgarten anzusehen, bevor der Dampfer wieder zurück nach Würzburg schippert. *Infos: Abfahrt in Würzburg am Kranenkai beim Brauerei-Gasthof Alter Kranen | mainschifffahrt.de*

Den angesagtesten Biergarten entern
Zwischen bunt angepinselten Holzstühlen unter Kastanienbäumen und einem kreischend coolen Kinderspielplatz wird in der **Waldschänke Dornheim** Fassbier und Rhabarber-Rosmarin-Schorle ausgeschenkt. Und: Fast täglich gibt's Livemusik und irgendwelche Kunstaktionen. Abends verwandelt sich der Biergarten in einen der hipsten Clubs der Stadt. *Infos: Talaveraplatz | Würzburg | waldschaenke-dornheim.de*

67
Bamberg
Sieben Hügel, viel Bier und jede Menge Kartoffeln

Ja, es stimmt: Bamberg gilt mit seinen sieben Hügeln nicht nur als das fränkische Rom, sondern wird auch Klein-Venedig genannt. Die Regnitz teilt sich in der Altstadt in einen linken und rechten Flussarm mit mehreren Seitenkanälen und mixt italienisches Flair zwischen all die wunderbaren Fachwerkhäuser, die der Stadt den UNESCO-Titel einbrachten. In der Anbauregion für Bio-Gemüse und der Heimat des berühmten Rauchbiers ist auch kulinarisch für Highlights gesorgt – einfach eine Stadt zum Verlieben.

VENEDIG IN FRANKEN
In Bamberg sitzt der Bürgermeister zwischen zwei Brücken direkt über der Regnitz

NICHT VERPASSEN

Staunend durchs UNESCO-Welterbe schlendern

Der Spaziergang beginnt am **Alten Rathaus**, ein Topfotomotiv. Die Rathausinsel wurde extra für den gotisch-barocken Bau angelegt. Über die Karolinenstraße ist man ruckzuck am **Bamberger Dom,** der **Alten Hofhaltung** mit Historischem Museum und der **Neuen Residenz** mit Rosengarten. Weiter über Residenz- und Elisabethenstraße in Richtung Flussufer landest du direkt vis-à-vis von Klein-Venedig mit den schnuckligen Fachwerkhäusern. Links über die Markusbrücke, dann rechts entlang der Weinwirtschaft Fischerei läufst du zurück Richtung Rathaus. Direkt ums Eck solltest du dir das **Residenzschloss Geyerswörth** zumindest von außen anschauen. *Infos: Stadtbus 910 fährt die wichtigsten Highlights ab, zusteigen kannst du z. B. am Domplatz*

Auf der Regnitz herumgondeln

Romantisch veranlagt? Dann ab in eine venezianische Gondel und übers Wasser kutschieren lassen. Gondoliere Jürgen alias Luigi hat seine erste Gondel vor über 25 Jahren nach Bamberg gebracht und noch eine zweite angeschafft, da rumgondeln auf der Regnitz so beliebt ist. Am schönsten ist die Ansicht auf die alte Fischersiedlung Klein-Venedig: dicht gedrängte Fachwerkbauten mit Blumengärtchen und Holzstegen davor. *Infos: gondel.info*

Im Fluss baden

Wo kann man schon mitten in der Altstadt baden!? Im linken Regnitzarm seit 1935 – Kultstatus für das **Hainbad** am Bamberger Stadtpark. Wer nicht im Wasser treibt, lümmelt sich auf der langen Holzterrasse oder der großen Liegewiese. Im Sommer auch Open-Air-Kino. Chillig. *Infos: Mühlwörth 18a | Bamberg | Stadtbus 909 hält um die Ecke*

Inspiration für Hobbygärtner

In und um Bamberg wird schon seit Jahrhunderten Gemüse angebaut. Gesund. Nachhaltig. Bio. Ein Rundweg führt über 18 Themenstationen durch die **Gärtnerstadt** *(gaertnerstadt-bamberg.de)*. Das **Gärtner- und Häckermuseum** *(Mittelstr. 34 | Bamberg | gaertner-und-haeckermuseum.byseum.de)* zeigt, wie früher gegärtnert wurde. Nebenan in der **Bioland Gärtnerei** gedeiht heute bestes Gemüse, auch viele alte Sorten wie z. B. Bamberger Hörnla *(sebastian-niedermaier.de)*.

Es muss nicht immer Fleisch sein

Im **Restaurant Kornblume** kommt leichte und kreative Küche, vor allem vegetarisch und vegan, auf den Tisch. Wenn Fleisch, dann nur in Bio-Qualität. Die pikanten Gemüsetacos sind einfach zu lecker. *Infos: Kapellenstr. 22 | Bamberg | kornblume-bamberg.de*

Regentag – was nun?

Auf den Spuren eines großen Mannes

E. T. A. Hoffmann ist vielen ein Begriff, doch was hat der Schriftsteller eigentlich verfasst? Das **E. T. A.-Hoffmann-Haus**, wo er ab 1808 einige Jahre wohnte, stellt heute als kleines Museum sein Leben und Werk vor. Durch das „Punschloch" wurde ihm Alkohol gereicht. Zur Inspiration.

Schillerplatz 26 | Bamberg | Facebook: Etahoffmannhaus

68
Fichtelgebirge
Felstürme und dichte Wälder

Felstürme aus Granit und dichte Wälder prägen die Landschaft, in der früher Erz abgebaut wurde. Main, Saale, Naab und Eger haben hier ihre Quellen. Früher galt der Ochsenkopf (1024 m) als höher, dann wurde nochmals nachgemessen, mit dem Ergebnis, dass es sich beim Schneeberg mit 1051 m um den höchsten Berg Frankens handelt. Was den Tourismus betrifft, gewinnt der Ochsenkopf das Kopf-an-Kopf-Rennen: Die Aussicht vom Gipfel ist besser, hier kannst du Ski fahren, im Alpine Coaster den Berg hinabsausen und zahllose Loipen entlanggleiten. Wer die Einsamkeit bevorzugt, ist beim großen Bruder besser dran. Das verwunschene Fichtelgebirge ist es wert, entdeckt zu werden, etwa von einem der gemütlichen Orte inmitten der hügeligen Märchenlandschaft aus.

Naturpark Fichtelgebirge

Im 19. Jh. wurde das Fichtelgebirge touristisch entdeckt, heute ist es als Wintersportregion sehr beliebt. Auch im Sommer viel besucht ist der 1024 m hohe **Ochsenkopf**, dessen Gipfel von zwei Seiten mit einem Sessellift erschlossen ist. Zwischen Ochsenkopf und **Schneeberg** liegt der **Fichtelsee**, der einst ein Hochmoor war. 10 ha groß und rund 15 m tief, dient er als Naturfreibad und zum Boot fahren. Es gibt einen schönen **Rundwanderweg** und einen Bootsverleih. *Infos: naturpark-fichtelgebirge.org*

Im Felsenlabyrinth verstecken spielen

In Wunsiedel, der Geburtsstadt Jean Pauls, kannst du Europas größtes **Felsenlabyrinth** erkunden. Ein Rundweg führt zu den eindrucksvollsten Gesteinsformationen. Der schönste Aussichtsfelsen ist die 939 m hohe **Große Kösseine** mit einem Blick bis weit in die Rhön. *Infos: Luisenburgstr. | wunsiedel.de*

Regentag – was nun?

Ausflug nach Entenhausen

„Ächz", „stöhn", „grübel" – mit Neuschöpfungen wie dem Inflektiv und Lautmalereien bereicherte Erika Fuchs die deutsche Sprache. Sie übersetzte von 1951 bis 1988 fast alle Disney-Produktionen. Das **Museum für Comic und Sprachkunst** informiert in den Kulissen Entenhausens über die Welt der Comics.

Bahnhofstraße 12 | Schwarzenbach/Saale | erika-fuchs.de

NICHT VERPASSEN

Leinen los
Wie am Schnürchen läuft es im **Zipline-park** an der Talstation Süd des Ochsenkopfs. Gut gesichert schießt du über 16 Seilstrecken per Seilrolle zwischen den Bäumen hindurch zwei km den Berg hinab. Auf Baumplattformen in über 20 m Höhe kannst du dich zwischendurch erholen. *Infos: ziplinepark.info*

In die Grube einfahren
Wenn du mit Grubenlampe und Bergmannshelm ausstaffiert bist, darfst du mitkommen in das über 500 Jahre alte **Silberbergwerk Gleissinger Fels,** das einen Einblick in die Bergbautradition des Fichtelgebirges gibt. *Infos: Fichtelberg | besucherbergwerk-fichtelberg.de*

In die Ferne schweifen
Einen tollen Blick auf die schöne **Hofer Altstadt** im Biedermeierstil hat man vom **Theresienstein,** einem bezaubernden Landschaftspark mit künstlicher Burgruine, Biergarten und Jugendstil-„Schlösschen". Seine Sehnsucht nach fremden Ländern kann man im **Fernwehpark** stillen. Der Filmemacher Klaus Beer hat dort rund 4000 Wegweiser, Straßen- und Ortsschilder aus der ganzen Welt zusammengetragen. *Infos: Fabrikstr. 11 | Oberkotzau | fernweh-park.de*

EINFACH MAL RUNTERKOMMEN
In der romantischen Umgebung des Fichtelsees kann man herrlich entspannen

69
Karlsbad
Mondäne Kurstadt

Prächtige Kolonnaden und überbordend verzierte Fassaden, heilsames Mineralwasser und die Ruhe der Wälder ringsum – diese Kombination zieht schon seit Jahrhunderten Gäste in den Kurort. Dichter, Komponisten und Maler fanden hier Inspiration und Muße. Dank ihres Heilwassers avancierte die Stadt zu einer der angesagtesten Adressen in Europa. Heute ist Karlsbad ein Hort des Wohlstands. In den Sommermonaten, wenn die Pferdekutschen in den Kopfsteinpflastergassen unterwegs sind, liegt wieder ein Hauch von Österreich-Ungarn über der Stadt.

Wandeln wie die Könige

Die überdachten **Kurkolonnaden** sind das Herzstück von Karlsbad, die schon dem Hochadel eine trockene Kur bei jedem Wetter ermöglichten. Die meisten sind geschnitzte Holzkunstwerke aus der Gründerzeit, immer wieder hat sich aber ein kommunistisch-wuchtiger Glasbau eingeschlichen. Park-, Markt-, Schloss-, Mühlbrunnen- und Sprudelkolonnade etwa liegen alle im Zentrum, dazwischen stehen historische **Kurhäuser,** die heute luxuriöse Hotels beherbergen oder zu Shoppingmalls ausgebaut wurden.

Gotteshäuser bestaunen

Dass es unter Karlsbads Kirchen eine orthodoxe gibt, **St. Peter und Paul** (*Krále Jiřího 2c | Karlsbad | podvorie.cz*), zeigt, dass die Russen schon früh gern in Karlsbad waren. Als „kleines Sankt Petersburg" verspotten die Tschechen ihren größten Kurort bis heute gern. Sehenswert ist die Kirche mit ihren vergoldeten Türmen und dem byzantinisch gehaltenen Interieur auf jeden Fall. Genauso wie das katholische Pendant, die **Maria-Magdalena-Kirche** (*Nám. Svobody 1 | farnost-kv.cz*), die aus der Barockzeit stammt.

Den Drachen Scharkan besuchen

Dieses brave Ungeheuer wohnt im Turm der Burg Loket und sorgt für Feuer im Kamin. Die Geschichte der Trutzburg an der markanten Biegung der Eger (Ohře) soll bis ins 12. Jh. zurückreichen. Sie ist vollständig erhalten – inklusive Zeremoniensaal, Herrschafts- und Mannschaftsquartieren. Zugänglich ist auch der alte Folterkeller, in dem die widerwärtigsten Praktiken nachgestellt sind – Achtung, das ist nichts für Zartbesaitete.

Zámecká 67 | Loket | hradloket.cz

ZUCKERBÄCKERSTIL
Über die reich verzierte, gusseiserne Parkkolonnade erreicht man die Park- und die Schlangenquelle

Glasbläsern bei der Arbeit zuschauen

Glanzstücke aus 160 Jahren böhmischer Kristallglastradition werden im **Moser Museum** funkelnd in Szene gesetzt. Aber noch spannender ist es, auf einer Werkstour die Produktion mundgeblasener Unikate hautnah mitzuerleben. Bei den Kreativtouren darf man sogar selbst ein Glas gravieren bzw. mit Gold verzieren. *Infos: Kpt. Jaroše 46/19 | Karlsbad | moser.com | Touren nur mit Vorbuchung*

Zum Panoramablick in die Hügel

Vom **Aussichtsturm Diana** hast du den besten Blick über die Stadt. Anstatt zu laufen, kannst du vom Grandhotel Pupp auch per Standseilbahn hochfahren (*dpkv.cz/cms/stadtseilbahnen*). Abstecher vom Weg führen zum minarettartigen **Aussichtsturm Karl IV.** oder zu Karlsbads Wahrzeichen, der **Hirschsprung-Statue**.

Im Dizajnpark Kunst gucken, kaufen und selber machen

Die alternative **Kunstgalerie** mit Design-Geschäft, Werkstatt zum Selberbasteln und Café versteht sich als Kreativort, an dem bewiesen wird, dass in jedem Mensch ein Künstler steckt. *Infos: Nám. republiky 1 | Karlsbad | supermarketwc.cz*

Im Velkopopovická schlemmen

Das rustikale **Restaurant** liegt etwas oberhalb des Zentrums, aber die freundliche Bedienung und die leckeren böhmischen Speisen – wie Ente mit Rotkohl und Klößen – lohnen den Weg. *Infos: Petřín 10 | Karlsbad | velkopopovicka.cz*

70
Pilsen
Biermetropole

Wer den Namen Pilsen hört, denkt zuerst an gutes böhmisches Bier. Tatsächlich bildet die Brauerei, in der 1842 das erste Bier nach Pilsner Brauart gebraut wurde, einen der unbestrittenen Höhepunkte eines Stadtrundgangs. In Nordböhmens Hauptstadt spielt sich auch dank der Studierenden reges Leben ab. Ins Ortsbild haben sich aber auch die Jahre des Kommunismus und der langen Vorherrschaft der Schwerindustrie unverkennbar eingebrannt. Doch der engere Innenstadtkern ist von hässlichen Betonklötzen und anderen Bausünden verschont geblieben.

Um die Pestsäule schleichen
Barock- und Renaissancehäuser umstehen den zentralen **Platz der Republik.** Neben der Pestsäule von 1681 und dem prächtigsten Bau, dem Rathaus, ist hier die gotische **St.-Bartholomäus-Kathedrale** die Dominante: Die Skulpturen im Innenraum stammen teilweise noch aus dem 14. Jh. und strahlen eine ganz besondere Würde aus. Vom über 100 m hohen Kirchturm hast du den besten Blick über die Altstadt. *Infos:* bip.cz/en/katedrala-sv-bartolomeje

Moderne Raumgestaltung bestaunen
Der weltberühmte Architekt Adolf Loos realisierte im ersten Drittel des 20. Jh. den kompletten Umbau mehrerer großbürgerlicher Industriellenwohnungen in Pilsen. Nach dem Krieg waren diese **Loos-Interieurs** fast in Vergessenheit geraten, doch mittlerweile wurden vier von ihnen renoviert und sind nun im Rahmen von Führungen öffentlich zugänglich. *Infos:* adolfloosplzen.cz | unbedingt Tickets reservieren!

Lernen, wie man Bier zapft
Natürlich sind die Touren durch die **Pilsner-Urquell-Brauerei** und das ange-

Regentag – was nun?
Kreativzone erkunden

Früher wurden auf dem Areal des **DEPO2015** Linienbusse instandgehalten. Gearbeitet wird hier immer noch, aber ganz anders: Kreative haben auf dem Gelände ihre Ateliers und Co-Working-Spaces und das Kulturzentrum veranstaltet Kunstfestivals und Street-Food-Märkte. Eine Galerie mit angeschlossenem Café macht Industriegeschichte lebendig und zeigt wechselnde Ausstellungen.

Presslova 14 | Pilsen | depo2015.cz

schlossene Museum eine riesige Werbeshow für das Pilsener Bier – aber sie sind gut gemacht, da stimmen auch diejenigen zu, die sonst nicht für Bier zu haben sind. Vom Museum aus starten zudem Führungen in die mittelalterlichen **Katakomben** der Stadt. *Infos: Plzenský Prazdroj | U Prazdroje 7 | Pilsen | prazdrojvisit.cz*

Synagogen besuchen
Die im maurisch-romanischen Stil gehaltene **Große Synagoge** (*Sady Pětatřicátníků 7 | Pilsen*) von 1893 wurde vor einigen Jahren aufwendig restauriert und eignet sich dank ihrer hervorragenden Akustik auch für Konzerte. Sie bietet rund 2500 Menschen Platz und ist damit eine der fünf größten Synagogen der Welt. Ganz in der Nähe liegt versteckt in einem Innenhof die **Alte Synagoge** (*Smetanovy sady 5*). Sie wird aktuell von der Gemeinde genutzt, die nach der Ermordung der meisten ihrer Mitglieder im Zweiten Weltkrieg heute nur noch gut 100 Mitglieder zählt. *Infos: zoplzen.cz*

Im U Mansfelda Eisbein bestellen
Zur klassisch-böhmischen Küche wird ein gepflegtes Bier gereicht. Der Gastraum des zentral gelegenen Restaurants ist modern eingerichtet, wer's rustikaler mag, geht in den urigen Kellerraum mit Gewölbedecken. *Infos: Dřevěná 9 | Pilsen | umansfelda.cz*

MODERNE WASSERSPEIER
Die goldenen Brunnen bilden einen interessanten Kontrast zu den historischen Fassaden auf dem Platz der Republik

STADTRUNDFAHRT
Die Tram 22 chauffiert dich an den wichtigsten Sehenswürdigkeiten vorbei, darunter die St.-Nikolaus-Kirche auf der Kleinseite

71
Prag
Goldene Stadt

Prag, das goldene, tausendjährige, hunderttürmige – eine Stadt der Geschichte und Geschichten, der heimlichen Gärten und barocken Winkel, der prächtigen Paläste und imposanten Kirchen, von Büros und Business, von Start-ups und hektischem Treiben. Prag lebt den Wandel seit Jahrhunderten und geht ein spannungsreiches Wechselspiel aus Tradition und Moderne, aus Gegenwart und Vergangenheit ein. Wenn du entlang des Königswegs vom Wenzelsplatz über die Karlsbrücke hinauf auf den Burgberg Hradčín spazierst, kannst du die berauschende Atmosphäre der Stadt auf dich wirken lassen.

Über den Staroměstské Náměstí flanieren

An diesem Platz kristallisiert sich die ganze Pracht der Hauptstadt: Die Dominanten sind das **Altstädter Rathaus** mit der berühmten astronomischen Uhr und den auftretenden zwölf Aposteln (von 1410) und dem Aussichtsturm. Das bronzene Denkmal für den böhmischen Reformator Jan Hus steht ebenso am „Altstädter Ring" wie die **Teynkirche** mit ihrem markanten Doppelturm. Überbordend verziert sind die Fassaden, die umgebenden Paläste und Dutzende Bürgerhäuser stellen den Reichtum der Stadt zur Schau.

Das Josefov-Viertel samt Spuren des jüdischen Prag erkunden

Vom historischen jüdischen Viertel ist nur noch wenig übrig geblieben: der **Alte Friedhof,** das barocke Rathaus sowie sechs Synagogen, darunter die sehenswerte **Staronová Synagoga,** die älteste in Europa erhaltene. Vor gut 130 Jahren expandierte Prag, die Grundstückspreise stiegen und an der Stelle des einstigen Ghettos entstanden luxuriöse Neubauten. Prunkstück der neuen **Josefstadt** wurde die prächtige Pařížská (Pariser Straße) mit ihren aufwendig geschmückten Jugendstilhäusern. **Infos:** jewishmuseum.cz

Die Aussicht von der Prager Burg genießen

Steile Gassen und enge Treppen führen hinauf zum **Hradčín,** einer der größten geschlossenen Burganlagen der Welt. Er ist Amtssitz des Staatspräsidenten und beherbergt neben dem Goldenen Gässchen und dem Veitsdom weitere Kirchen, verschiedene Gärten und Restaurants sowie mehrere Ausstellungen und Museen, u. a. eine Bildergalerie, eine Ausstellung über die Geschichte der Burg oder das **Lobkowicz-Museum.** Im Anschluss lohnt ein Bummel durch die zeitentrückten Gassen des ehemaligen Armenviertels Nový Svět in der Burgvorstadt. **Infos:** hrad.cz | lobkowicz.cz

Im Slavia dem Pianisten lauschen

Prags berühmtestes **Kaffeehaus** ist immer noch ein Treffpunkt für Literaten. Neben dem guten Essen sind die großen Fenster ein weiteres Plus des Art-déco-Cafés: Sie eröffnen einen traumhaften Blick auf Moldau und Burg. **Infos:** Národní 1012/1 | cafeslavia.cz

Bier trinken im U Zlatého tygra

Es gibt sie immer noch – die gute alte Prager **Kneipe:** holzvertäfelt und bierdunstig. Wenn der „Goldene Tiger" unweit des Altstädter Rings nachmittags um Punkt drei seine Türen öffnet, steht meist schon eine Schlange Durstiger vor der Tür – eine verschworene Gemeinschaft von Stammgästen, zu denen einst auch der legendäre Schriftsteller Bohumil Hrabal gehörte. **Infos:** Husova 17 | uzlatehotygra.cz

---

Regentag – was nun?

Franz Kafka im Museum begegnen

Eintauchen in Kafkas Leben und Zeit, das verspricht die Mulitmedia-Ausstellung des privaten **Kafka-Museums** am Kleinseitner Moldauufer. Auf vielen Ebenen wird das Verhältnis des Schriftstellers zu seiner Heimatstadt Prag in „sinfonischer Gesamtheit" aus Wort, Bild, Licht und Musik nachgezeichnet – anstelle von langatmigen Texten. Ein Angriff auf Kopf und Bauch zugleich.

Cihelná 2b | kafkamuseum.cz

WAS FÜR EINE AUSSICHT
Die Bergkuslisse des Stubaitals breitet sich zu deinen Füßen aus

72
Kaiserslautern & der Pfälzerwald
Burgen, Bäume und Barbarossa

Von oben betrachtet wirkt Deutschlands größtes zusammenhängendes Waldgebiet so, als gäbe es hier nichts als Bäume. Deren Schutz wussten schon Adels- und Rittersleute des Mittelalters zu schätzen, die hier zwischen imposanten Felsgebilden zahlreiche Festungen und Burgen errichteten, viele davon gut erhalten. Hoch im Norden des Naturparks Pfälzerwald liegt Kaiserslautern, das den rauen Charme einer Industrie- und Arbeiterstadt mit der Jugendlichkeit einer Universitätsstadt verbindet. Ihr Beiname „Barbarossastadt" geht auf Kaiser Friedrich I. zurück, der hier um 1152 einen Palast bauen ließ, von dem heute jedoch kaum noch etwas zu sehen ist.

BEOBACHTUNGSPOSTEN
Charakteristisch für den Pfälzerwald sind die großen Sandsteinfelsen, von denen sich weite Ausblicke eröffnen

NICHT VERPASSEN

Durch die Altstadt von Kaiserslautern bummeln

Zwischen **Martinsplatz** und **Mainzer Tor** kommt man vorbei an Galerien, Museen und Theatern. Und mit der **Fruchthalle** ist sogar die beliebteste Konzertlocation der Stadt nicht weit. Schau doch, was das aktuelle Programm gerade hergibt. Zahlreiche Lokale, Kneipen und Restaurants findest du in den lebhaften und schmalen Gassen, durch die du dich treiben lässt und immer wieder Fotostopps einlegst, denn hier reihen sich schnuckelige Fachwerkhäuser an thronende Patrizierbauten.

Blumen und mehr bestaunen

Mit den **Gärten der Vielfalt** entstand im Jahr 2000 die erste rheinland-pfälzische Gartenschau; seither blühen am Fuß des Kaiserbergs Jahr für Jahr die schönsten Blumen. Zudem ist hier eine der größten **Dinosaurierausstellungen** Europas zu sehen. Wer tiefer in moderne Landschaftsarchitektur eintauchen möchte, nutzt das Kombiticket und spaziert rüber zum **Japanischen Garten**. *Infos: Lauterstr. 51 | Kaiserslautern | gartenschau-kl.de; Am Abendsberg 1 | japanischergarten.de*

Durchs Karlstal wandern

Natur pur ist das Motto des Luftkurorts **Trippstadt** im Herzen des Pfälzerwalds. Von hier aus schlängelt sich das drei km lange romantische Karlstal, in dem du auf deinen Wanderungen eine wunderschöne Landschaft erkunden kannst – mit saftigen Wiesen, stämmigen Laub- und Nadelbäumen sowie zahlreichen kleinen Wasserfällen. In der Ortsmitte lockt der 1726 erbaute Landgasthof **Zum Schwan** zur Einkehr. *Infos: Kaiserslauterer Str. 24 | Trippstadt | schwan-trippstadt.de*

Wissen sammeln im Dynamikum

Bewegung ist alles im ersten rheinland-pfälzischen **Science Center.** Krabble, renn oder tanz. Bring Massen in Bewegung, starte einen Wettkampf gegen einen Elefanten und versuch, den richtigen Dreh rauszubekommen. Vor allem Familien mit Kindern erweitern hier ihr Wissen und lassen der Lust am Experimentieren freien Lauf. Du wirst Naturwissenschaft aus einer völlig neuen Perspektive erleben. *Infos: Fröhnstr. 8 | Pirmasens | dynamikum.de |*

Eine Burg erobern

Eine mittelalterliche Folterkammer, die Burgküche, das Schlafzimmer eines Ritters sowie dessen Ausrüstung und Waffenkammer sind die spannendsten Einblicke auf **Burg Berwartstein** bei Erlenbach, wo einst der Raubritter Hans Trapp hauste. Die Burg wurde 1152 erstmals erwähnt und ist heute noch bewohnt und bewirtet. Uneinnehmbar wurde sie durch den Burgaufstieg in Form einer senkrechten Höhle. *Infos: burgberwartstein.de*

Regentag – was nun?

Im warmen Wasser entspannen

Zugegeben, ein wenig gruselig kann es schon sein, bei **Just Float** in die weißen Boxen mit dem blau schimmernden Innenleben zu steigen, um sich für die nächste Stunde in völliger Isolation schwerelos zu fühlen. Aber der Wellnesstrend scheint zu funktionieren, zumindest berichten etliche Patienten über Linderung von Hautproblemen, Schlafstörungen und Bluthochdruck.

Kanalstr. 24 | Kaiserslautern | justfloat.de

73
Heidelberg
Hauptstadt der Romantik

Heidelberg ist alt und jung zugleich: Die Ruine des Schlosses sowie der rote Sandstein seiner zerborstenen und ausgebrannten Türme und Paläste zogen zu Beginn des 19. Jh. die Romantiker aus aller Welt geradezu magisch an. Die schillernde Vergangenheit glänzt bis in die Gegenwart, die kopfsteingepflasterten Gassen und Plätze, die historischen Häuserzeilen sowie das berühmte Panorama mit dem Schloss und der Alten Brücke bezaubern noch heute. Das Hier und Jetzt wird vor allem durch die Universität und ihre internationale Studentschaft geprägt, die für lebendiges Flair in den alten Kulissen sorgen.

NICHT VERPASSEN

Durch die Altstadt spazieren
All die Sehenswürdigkeiten, für die Heidelberg berühmt ist, liegen praktischerweise fußläufig beieinander: das **Schloss** mit dem Deutschen Apotheken-Museum, die Universität, die Alte Brücke und das Karlstor. Und obwohl die Stadt im Pfälzischen Erbfolgekrieg Ende des 17. Jh. niedergebrannt wurde, finden sich sogar noch Überbleibsel aus dem Mittelalter wie die gotische **Heiliggeistkirche** am Marktplatz oder das Hotel **Zum Ritter St. Georg** mit üppig verzierter Renaissancefassade. *Infos:* schloss-heidelberg.de

Auf den Königstuhl gondeln
Wenn deine Füße schmerzen, bietet sich eine Fahrt mit der **Bergbahn** vom Kornmarkt zur Molkenkur und weiter hoch auf den Heidelberger Hausberg an. Der Blick von oben ist phänomenal! Zudem treffen hier zwei Superlative aufeinander: Die Bahnen im unteren Bereich gelten als modernste Bergbahn Deutschlands, die obere Strecke wird von der ältesten elektrisch betriebenen Standseilbahn befahren. *Infos:* bergbahn-heidelberg.de

Durch die Zeit reisen
In der archäologischen Abteilung des **Kurpfälzischen Museum** begegnet dir der Homo heidelbergensis – wenn auch nur eine Kopie des Unterkiefers des berühmten Urmenschen. Stadtgeschichte und

> **Regentag – was nun?**
>
> ## Sich das Brauen erklären lassen
>
> In der Kulturbrauerei verbindet sich die Kunst des Bierbrauens mit deftigen Speisen und einer rustikalen, stilvollen Atmosphäre. Bei einer Brauereiführung erhältst du Einblicke in die Braukunst und ihre Geschichte – und natürlich verschiedene Biersorten zum Testen.
>
> *Leyergasse 6 |*
> *heidelberger-kulturbrauerei.de*

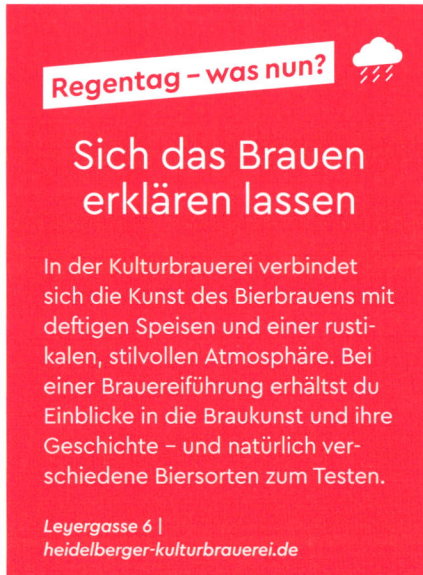

das Leben in der Kurpfalz lassen historische Wohnräume und Kleidungsstücke Heidelberger Familien lebendig werden. Außerdem zu bewundern: romantische Malereien, Frankenthaler Porzellan und das Tafelsilber der Kurfürstin Elisabeth Augusta. In einem Erweiterungsbau des barocken Palais Morass zeigt der Heidelberger Kunstverein Werke zeitgenössischer Künstler. *Infos:* *Hauptstr. 97 | Heidelberg | museum-heidelberg | hdkv.de*

Café Gundel
In einer der ältesten Bäckereien werden Spezialitäten wie Heidelberger Pflastersteine oder Kurfürstenkugeln hergestellt – mit Schokolade umhüllte Marzipankugeln, gefüllt mit Nougatcreme und Biskuit, mmmh! *Infos:* *Hauptstr. 212 | Heidelberg | gundel-heidelberg.de*

Schnookeloch
„Mindescht ämol i der Woch, g'hört der Mensch ins Schnookeloch!" steht an der Decke des uralten Lokals. Die Karte enthält Herzhaftes und Deftiges wie Maultaschen, Leberknödelsuppe und Flammkuchen. Wochenends wird das bunt gemischte Publikum mit Klaviermusik unterhalten. *Infos:* *Haspelgasse 8 | Heidelberg | schnookeloch-heidelberg.de*

WAHRZEICHEN
Die Alte Brücke verbindet das Brückentor in der Altstadt mit dem Neckarufer im Stadtteil Neuenheim

GUT BELÜFTET
Auf der Luftansicht der dicht bebauten Altstadt fallen die typischen Dachgauben auf, die ursprünglich der Belüftung dienten

74
Straßburg
Europastadt im Fachwerk-Look

Was ist Straßburg? Wahrscheinlich wissen es selbst die *Strasbourgeois* nicht so genau, denn auf dem Ortsschild steht in allen drei Sprachen des Elsass Strasbourg, Straßburg, Strosburi. Die Hauptstadt des Elsass und der Großregion Grand Est gehört scheinbar allen, denn alle waren schon da: Römer, Alemannen, Preußen, Franzosen … Die Stadt hat davon profitiert und ist heute Sitz des Europäischen Parlaments. Kein Ort in Ostfrankreich hat gastronomisch so viel auf der Pfanne und ist architektonisch so interessant!

Durchs alte Straßburg flanieren

Wer nicht in **Petite France** war, war nicht in Straßburg. Mit seinen Gassen, Winkeln, Ecken, Brücken und Schleusen sowie den imposanten alemannischen Fachwerkhäusern und der gewaltigen Wasserfläche ist das Viertel der malerischste Ort der Stadt. Sogar bei Nebel – *bonjour, mélancholie* – ist es hier schön. „Klein Frankreich" hat seinen Namen von einem Hospiz im alten Gerberviertel, das seit dem ausgehenden Mittelalter auf Syphilis, damals Franzosenkrankheit genannt, spezialisiert war. Obwohl das Viertel täglich von Tausenden Touristen überrannt wird, gibt es hier immer noch lauschige Ecken.

Das Wunderwerk aus rosa Vogesensandstein bestaunen

Bis 1875 war die **Cathédrale Notre-Dame** mit ihrem 142 m hohen Nordturm das höchste Gebäude der Welt. An der Stelle eines zweiten Turms befindet sich eine Besucherplattform auf der schon der junge Goethe seine Höhenangst besiegen wollte. Zu den Glanzlichtern des gotischen Liebfrauenmünsters gehören die Portale mit ihrem Harfenmaßwerk sowie die unzähligen Figuren und Wasserspeier. Im Inneren faszinieren u. a. Altäre, Rosette, Bleiglasfenster, Wandteppiche sowie die astronomische Uhr mit Apostelprozession. *Infos: Place de la Cathédrale | Straßburg | cathedrale-strasbourg.fr*

Über die Ill schippern

Ob „pur" oder mit Menü, Weinprobe oder als Diskothek, eine Fahrt mit dem **Panoramaboot** über Ill und Kanäle ist eine wunderbare Sache. Wer sich für Stadtarchitektur (Fachwerk, Gründerzeit, Europaviertel) interessiert, wird große Augen machen. *Infos: Place du marché aux poissons (Pier am Palais Rohan | Straßburg | batorama.fr*

Im Park Pause machen

Der **Schlosspark in der Robertsau** ist groß genug für alles Mögliche, so auch für Kunstwerke wie Barry Flanagans Hase „The Bowler". Folgt man dem Rheindamm, wird aus dem Park eine Rheinauenlandschaft, sogar mit Badesee (Blauelsand). Wer kein Picknick dabei hat, bedient sich im Biergarten **Le Jardin du Pourtalès** am Eingang zum Park. *Infos: lejardindupourtales.com*

Au Pont Corbeau

Klein, aber fein und ja, auch etwas eng. Hier wird man schon mal umgesetzt und sitzt mit wildfremden Leuten zu Tisch, doch eine *Winstub* wie diese lebt davon. Zartes Fleisch, feine Saucen und natürlich Spätzle sind hier jedes Mal eine Feierstunde der guten elsässischen Küche. *Infos: 21, Quai Saint-Nicolas | Straßburg | aupontcorbeau.fr*

Regentag – was nun?

Moderne Kunst entdecken

Der Fundus des **Musée d'Art Moderne et Contemporain de Strasbourg** (MAMCS) ist unglaublich groß, sodass ständig neue, immer wieder überraschende Ausstellungen aus dem Hut gezaubert werden. Stark vertreten sind die Straßburger Künstler Hans Arp und Gustave Doré. Von der Terrasse des **Art Café** im ersten Stock öffnet sich ein großartiger Blick auf die Stadt.

1, Place Jean Arp | Straßburg | musees.strasbourg.eu

75
Colmar
Weltkunst und Flammkuchen

Rund um Colmar schmiegt sich der schönste Teil des Elsass – Idylle pur. Hier klappern die Störche, tuckern Traktoren durch die Weindörfer und überall duftet es nach Flammkuchen. Klein, aber sehr, sehr fein präsentiert sich die Departementhauptstadt Colmar mit Kunstschätzen wie dem Isenheimer Altar oder „Maria im Rosenhag", die dem Klein-Venedig einen Platz auf der touristischen Weltkarte sichern. Landschaftlich ist dieser Teil des Elsass besonders spannend: Auen zwischen Rhein und Ill, die Weinstraße, die Wälder und ganz oben die Hochvogesen. Und das Beste: Alles liegt nah beieinander.

VENEDIG AUF ELSÄSSISCH
Die Kanäle von Colmar erinnern an die italienische Metropole, versprühen aber ihren ganz eigenen Charme

Das elsässische Venedig erkunden

Als wunderbare Heimstatt der guten alten Zeit präsentieren sich das ehemalige Gerberviertel, Quartier des Tanneurs, sowie die noch hübschere Krutenau, die auch als **Petite Venise** bezeichnet wird. Hier am Ufer der Lauch mit Kopfsteinpflaster, vielen Restaurants und Weinstuben ist Colmar besonders pittoresk. Der neu gestaltete **Quai de la Poissonnerie** setzt dem Ganzen ein Krönchen auf. Gut zu genießen auf einer der Caféterrassen oder einer Bootstour. *Infos:* Ablegestelle Pont Saint-Pierre | barques-colmar.fr

Das Mittelalter hochleben lassen

Man sieht es schon aus der Ferne, das **Château du Hohlandsbourg.** Zum Glück hat das Elsass ein Herz fürs Mittelalter und so wurde die alte Habsburger Burg wieder für Besucher fit gemacht. Kinder finden hier ein schönes Gelände für eine Zeitreise mit Führungen, Ritterspielen, Mittelaltermärkten und deftigem Rittermahl. Endlich mit den Händen essen! *Infos:* chateau-hohlandsbourg.com

Elsässische Weine verkosten

Das Dorf **Riquewihr** ist das Sinnbild fürs pittoreske Elsass. Da jedes zweite Haus unter Denkmalschutz steht, bist du schnell mittendrin in der Postkartenidylle. Probiere dich durch die Köstlichkeiten der vielen kleinen Geschäfte, die Käse, Nougat, Wein und Schnaps verkaufen. Wer sich für trockene Weine interessiert, findet sie bei Vincent Sipp im **Weingut Domaine Agapé** *(10, Rue des Tuileries | Riquewihr | alsace–agape.fr)*; in Sachen Sekt ist **Dopff au Moulin** der Anlaufpunkt *(2, Avenue Jacques Preiss | Riquewihr | dopff-au-moulin.fr)*. Im Sommer nehmen Winzer Urlauber mit auf einen Rebenspaziergang samt (kostenloser) Weinprobe. *Infos:* Office de Tourisme | 2 Rue de la 1E Armée | Riquewihr | ribeauville-riquewihr.com

Dem Vogesenhimmel begegnen

Auto-, Motorrad- und Rennradfahrer, Drachenflieger, Wanderer: Alle lieben die gut 75 km lange ehemalige Militärstraße **Route des Crêtes** an der historischen deutsch-französischen Grenze. Sie verbindet auf einer Höhe zwischen 950 und 1250 m alle wichtigen Vogesengipfel. Wenn du hier anhältst, bist du beim Picknick dem Himmel etwas näher. Überall bieten sich gute Wandermöglichkeiten zu Almen und Seen. Ab Mitte November ist die Straße bis zur Schneeschmelze im Frühjahr gesperrt.

Im L'un des Sens einkehren

Diese Bar ist der ideale Ort für eine weinselige Weltreise mit frisch aufgeschnittenem Schinken, dreierlei Arten Forellen oder Käse aus der Region. Wer sich hier niederlässt, möchte gar nicht mehr fort. Warum auch? *Infos:* 18, Rue Berthe Molly | Colmar | lun-des-sens.alsace

---

Regentag – was nun?

Zum Kunstgenuss ins Kloster gehen

Das **Museé d'Unterlinden** ist eines der wichtigsten in Frankreich. Sein größter Schatz ist der Isenheimer Altar aus dem 16. Jh. vom Renaissancekünstler Matthias Grünewald. Seit der Neugestaltung und Erweiterung hat das Museum auch genug Platz, um surrealistische Kunst, das römische Mosaik von Bergheim, ein Bad aus der Kaiserzeit oder eine gigantische Weinpresse angemessen zu präsentieren.

1, Rue d'Unterlinden | Colmar | musee-unterlinden.com

76
Basel
Kulturstadt für Genießer

Ein Hauch mediterranen Flairs weht durch beide Hälften der Stadt, Großbasel mit der historischen Altstadt auf der einen und Kleinbasel mit seinen bunten, kulturell gemischten Vierteln auf der anderen Rheinseite. So ist Basel alt und modern, schick und leger, betriebsam und entspannt – alles zugleich. Das liegt auch an den Baslern, von denen viele aus aller Welt hierhergekommen sind: Studenten, Industrielle, Arbeiter fahren hier in der gleichen Straßenbahn, um am Rhein gemeinsam ein Bier zu trinken. Und wer im „Basler Teig" (der reichen Oberschicht) etwas auf sich hält, steckt sein Geld in die Kultur. Auch deshalb ist Basel eine weltweit berühmte Kunststadt.

NICHT VERPASSEN

Die Basler Riviera erkunden

Bei schönem Wetter versammelt sich auf der Sonnenseite des Rheins halb Basel und sitzt entweder am Kleinbaseler Ufer oder in einem der Buvettes genannten Biergärten. Mitten im trendigen Matthäus-Viertel findet sich die **Kaserne** (Klybeckstr. 1b | Basel | kaserne-basel.ch), ein alternatives Kulturzentrum mit großen Grünflächen, Clubs und Kneipen. Zwischen Klybeck- und Feldbergstrasse stöberst du in kleinen Läden wie der **Boutique Riviera** (Feldbergstr. 43 | riviera basel.ch), schnupperst in tolle Kneipen wie die **Braubude Basel** (Oetlingerstr. 84 | braubudebasel.ch) rein – und dann ist da noch der ehemalige Blumenladen **Flore** (Klybeckstr. 5 | florebasel.weebly.com), in dem Miron Londreau Wein und Kaffee ausschenkt. Die **Hamburgeria Pellicano** (Feldbergstr. 60 | hamburgeria-pellicano-basel.ch) ist ein hochklassiger Imbiss und im **Nebel** (Sperrstr. 94 | nebelbar.ch) machen Clubber die Nacht zum Tag.

Per Wasserkraft übern Rhein

Vier **Fähren** fahren, an Stahltrossen hängend und nur durch die Strömung bewegt, in Basel über den Rhein: In Stromrichtung gesehen ist die St.-Alban-Fähre

---

Eine Reise durch die Kunstgeschichte

Seit mehr als 350 Jahren sammelt das **Kunstmuseum Basel** Gemälde und Skulpturen – die Sammlung ist so groß, dass sie inzwischen in drei Gebäuden gezeigt wird. Das jüngste alleine ist schon einen Besuch wert, nicht nur wegen der dort gezeigten Gegenwartskunst: Selbst der unterirdische Gang, der altes und neues Gebäude verbindet, ist Kunst.

St.-Alban-Graben 16/20 | Basel | kunstmuseumbasel.ch

VOLKSSPORT NR. 1
Pack beim Rheinschwimmen deine Kleider in den Wickelfisch und lass dich durch die malerische Altstadt treiben

die erste, dann folgen die Münster-Fähre und die wohl am meisten befahrene, die Klingentalfähre zwischen Rhyschänzli und Altstadt. Die abgefahrenste ist die mit Naturkunst und bunter Stickerei verschönerte St.-Johann-Fähre, die bis in die Nacht verkehrt. *Infos:* basel.com/de/freizeit-ausfluege/faehren

Grenzen überschreiten
Der **Rehberger-Weg** führt von der für ihre moderne Kunst weltberühmten **Fondation Beyeler** im Stadtteil Riehen (*Baselstr. 101 | Basel | fondationbeyeler.ch*) zum **Vitra-Design-Museum** im deutschen Nachbarort (*Charles-Eames-Str. 2 | Weil am Rhein | design-museum.de*). Auf den fünf km durch die Weinberge kannst du 24 kunterbunte Wegmarken des Künstlers Thomas Rehberger entdecken, darunter Wasserspeier, Wetterhäuschen oder Ferngläser. *Infos:* 24stops.info

Im Läckerli Huus naschen
In historischem Ambiente wird unter anderem die lokale Lebkuchenspezialität Basler Läckerli verkostet und verkauft. Natürlich gibt's aber auch Schoki, Pralinés und Rahmtäfeli. *Infos: Gerbergasse 57 | Basel | laeckerli-huus.ch*

77
Bern
Sag den Bären Hallo!

In Bern ist der Bär los. Wirklich! Das Wappentier der Schweizer Hauptstadt vergnügt sich mit seinen Artgenossen im Bärenpark gleich an der Aare. Der Legende nach wollte Erzherzog Berchtold von Zähringen die 1191 von ihm gegründete Stadt schlicht nach dem Tier benennen, das er zuerst erlegte. Sein Pfeil traf einen Bären und so heißt Bern heute Bern. Eine Stadt zum Wohlfühlen! Hier hetzt dich niemand, die Entfernungen sind gering. Auf zu einem Bummel durch die Laubengänge, von denen Bern einige Kilometer hat – und die Gewölbekeller darunter gehören auch dazu. Erfrischend: die mehr als 100 Brunnen überall in der Stadt. Wenn es dir dann immer noch zu heiß ist, einfach in die Aare springen.

NICHT VERPASSEN

Im Bundeshaus Politikern über die Schulter schauen

Wenn du sehen willst, wie in den beiden Kammern des **Schweizer Parlaments** gestritten wird, kannst du in der Sitzungszeit auf der Besuchertribüne Platz nehmen. Alternativ lernst du den imposanten, 1902 eingeweihten Kuppelbau über der Aareschlaufe auf einer einstündigen kostenlosen Führung kennen. Es lohnt sich, denn 38 Künstler aus allen 26 Kantonen haben das Bundeshaus gestaltet, da das Gebäude im Neorenaissancestil das Symbol der vielfältigen und geeinten Schweiz werden sollte. Vor dem Prachtbau spritzen Wasserfontänen in die Höhe, ein Kindermagnet. *Infos: Bundesplatz 3 | Bern | Anmeldung auf parlament.ch*

Einen Tausendsassa kennenlernen

Drei gläserne Wellen mitten in einem blühenden Park aus Obstbäumen: So hat Architekt Renzo Piano das **Zentrum Paul Klee** am Stadtrand angelegt. 4000 der auf 10 000 geschätzten Kunstwerke des Malers, Musikers und Philosophen sind unter den Glasdächern versammelt. Doch das Zentrum ist nicht nur ein Museum, hier passiert ständig was: Es gibt

Regentag – was nun?

Trocken durch die City bummeln

Selbst bei strömendem Regen kein Problem! Über sechs km, 14 Arkaden inklusive, erstrecken sich die **Laubengänge** zwischen Bahnhofplatz und Nydeggbrücke. Nicht vergessen, durch die offenen Luken in die Gewölbe zu gucken, wo noch mehr Händler und Cafés auf Kundschaft warten. Auch die reich verzierten historischen Brunnen wollen bewundert werden. Der wohl schrägste unter ihnen ist der Kindlifresserbrunnen auf dem Kornhausplatz.

Ateliers, Tanzveranstaltungen, Musik. Eine weitere Besonderheit stellt das interaktive Kindermuseum **Crea-viva** dar. *Infos:* *Monument im Fruchtland 3 | Bern | zpk.org und creaviva-zpk.org*

Im Tierpark Dählhölzli ausspannen
Steinböcke, Luchse, Biber, Uhus und viele andere (nicht nur) einheimische Tiere leben hier und haben dafür richtig viel Platz. Stege führen zu offenen Gehegen die Aare entlang. Eine grüne Oase zum Durchatmen! *Infos:* *Tierparkweg 1 | Bern | tierpark-bern.ch*

Im Alten Tramdepot schmausen
Früher wurden hier Berns Straßenbahnen abgestellt, heute wird Bier gebraut. Dazu gibt's passend Zünftiges: Spätzli, Rösti, Bratwürste und auch vegetarische Linsenburger. In der angeschlossenen **Gelateria Eiswerkstatt** wird nach klassischem Handwerk Eis produziert wie in Italien. *Infos:* *Grosser Muristalden 6 | Bern | altestramdepot.ch*

Vom Gurten runtergucken
Auf den Berner Hausberg geht's ab Wabern mit der Gurtenbahn. 858 m über Bern hast du einen Rundumblick und es gibt mehrere Gaststätten (besonders beliebt: der Sonntagsbrunch). Im Kulturlokal **UPtown** und auf der **Gurtenbühne** ist immer was los, Konzerte und andere Veranstaltungen das ganze Jahr über. *Infos:* *gurtenpark.ch*

ALTSTADT VOR ALPENPANORAMA
Der Turm des Berner Münsters ist ein perfekter Aussichtspunkt

78
Freiburg
Sonnige Schönheit im Schwarzwald

Rund um das Münster hat sich die Stadt ihren mittelalterlichen Charme bewahrt – vom Kopfsteinpflaster bis hinauf zu manch prächtigem Giebel. Durch die Gassen plätschern die berühmten „Bächli", in die nur Touristen stolpern. Die Einheimischen geben sich ebenso genussfreudig wie umweltbewusst. Freiburg macht gerne auf Ökohauptstadt, was sie mit einem Gemeinderat, in dem die Grünen die stärkste Fraktion bilden, auch politisch ausdrückt. Mit dem Schwarzwald auf der einen, dem Kaiserstuhl und dem Rheintal auf der anderen Seite kann die Breisgau-Schönheit nur so mit landschaftlichen Reizen und Freizeitwerten protzen.

Regentag – was nun?

In die Stadtgeschichte hinabsteigen

Im **Wentzingerhaus** im Schatten des Münsters ist die kleine, aber feine Ausstellung zur Historie Freiburgs untergebracht. Du erfährst, was es mit den Zähringern, die die Stadt gründeten, auf sich hat und steigst in ein tiefes Gewölbe hinab. Dort stehen zwei große Modelle, die das heute über 900 Jahre alte Freiburg in der Frühen Neuzeit zeigen.

Münsterplatz 30 | Freiburg | freiburg.de

Den Münsterturm erklimmen

Die Gotik hat den Freiburgern das **Münster** beschert, 300 Jahre werkelten sie daran, bis es 1513 fertig war. Wegen seiner filigranen Bauweise wird der Turm weithin bewundert. Er ragt 116 m in die Höhe und verfügt über eine Aussichtsplattform. Von dort oben blickst du auf den Münsterplatz herab, den vormittags die **Marktstände** mit bunten Dächern und Schirmen schmücken. An der Nordseite haben regionale Erzeuger ihre Plätze; ebenso die Wurstbratereien: Unbedingt die „lange Rote" probieren! **Infos:** Münsterplatz | Freiburg | freiburgermuenster.info

Mit Historix um die Häuser ziehen

„Hexen, Folter, Scheiterhaufen" oder „Räuber, Helden, Abenteurer" heißen die schaurig-unterhaltsamen Altstadtführungen von Historix-Tours, morbidere Varianten der Kulttouren verlaufen über Friedhöfe oder werden von Vampiren heimgesucht. Die historisch gewandeten Guides sind Meister fürs Schaudern. Nicht bloß nebenbei lernt man allerhand über die Stadtgeschichte. **Infos:** Historix-Tours | Wallstr. 3 (Hinterhof) | Freiburg | historix-tours.de

Durch die Gerberau bummeln

In der kopfsteingepflasterten **Einkaufsstraße** in der Altstadt findet man schmucke Boutiquen, Papeterien, Galerien und Antiquitätenläden. Dazu gleich zwei ausgezeichnete Confiserien – Gmeiner und Rafael Mutter –, zum Zwecke der kulinarischen Meinungsbildung solltest du dich durch beide naschen. Und wirf in der Gerberau 24 einen Blick ins Holzpferd, den schönsten Spielzeugladen der Stadt.

In den Opfinger See abtauchen

Umgeben vom Mooswald ganz im Westen der Stadt ist der frei zugängliche Baggersee ein Paradies an heißen Tagen. Im Sommer versorgt ein Kiosk die Badegäste, am picknickfreundlichen Strand steigt Rauch von unzähligen Tragegrills auf. Wer ein Brett oder Kanu hat, sollte auch den hinteren, stilleren Teil des Sees erkunden. **Infos:** Freiburger Str. | Freiburg

Zur Waldtraut wandern, Deutschlands höchstem Baum

Die **Douglasie im Wald** oberhalb des Stadtteils Günterstal misst gut 67 m. Infos zur Wanderung erhältst du im Waldhaus, am Wochenende mit Café! Von dort muss man sich rund vier km durch den Wald trauen. **Infos:** Wonnhaldestr. 6 | Freiburg | waldhaus-freiburg.de

LIEBLINGSORT
Die Wiwilíbrücke am Bahnhof, benannt nach Freiburgs Partnerstadt in Nicaragua, ist ein angesagter Treffpunkt für junge Leute

GIPFELTRAIL
Für Touren im Hochschwarzwald ist man mit dem E-Mountainbike bestens ausgestattet

79
Die Feldbergregion
Hoch, höher, am höchsten

Zumindest in Baden-Württemberg kommst du nicht höher hinaus: Der Feldberg im Hochschwarzwald ist mit 1493 m der höchste Gipfel im Bundesländle, sein kahles Haupt mit Schneebelag wird gerne von Wintersportlern geflutet. Im ruhigeren Sommer klettern Rheintäler und Feriengäste hier hinauf, um die schattigen Wander- und Radwege sowie kühle Bergseen zu genießen. Nicht zu vergessen: ein paar wirklich tolle Aussichten.

Auf dem Feldbergsteig
Auf dem Rundwanderweg entdeckst du den „Höchsten" zu Fuß – und damit auf die schönste Art. Gut, zwischendurch ist die Wegführung fast schon alpin, aber die 12,5-km-Tagestour lohnt sich: wegen der Weitblicke, des Naturgenusses und der Einkehrmöglichkeiten am Wegesrand. Dazu zählen die **St. Wilhelmer Hütte** *(sankt-wilhelmerhuette.de)* und der kultige **Raimartihof** *(raimartihof.de)*. Frühaufsteher steigen zum Sonnenaufgang auf und werden von diesem einsamen Naturschauspiel überwältigt sein. **Infos:** *schwarzwald-tourismus.info/touren/hochschwarzwald-premiumwanderung-feldberg-steig*

Die Natur entdecken
Was rund um den Feldberg lebt, wächst und gedeiht zeigt das Naturschutzzentrum Südschwarzwald im **Haus der Natur** mit Ausstellungen, 3-D-Schauen und Feldberggarten. Toll sind auch die Touren mit dem Revierförster. Der Wichtelpfad im Auerhahnwald präsentiert kindgerecht die Wunder und Geheimnisse der Natur. **Infos:** *Dr.-Pilet-Spur 4 | Feldberg | haus-der-natur-feldberg.de*

Den Dom St. Blasien bestaunen
Die Benediktinerabtei beherrschte mit ihrem imposanten Kuppelbau einst den ganzen südlichen Schwarzwald. Wirkt das Portal von außen dunkel und gedrungen, überrascht der Dom im Inneren mit heller Leichtigkeit. **Infos:** *Am Kurgarten 13 | St. Blasien | dom-st-blasien.de*

Am Hasenhorn rasen
Der „Actionberg" empfängt dich mit einer Coaster-Rodelbahn und Downhill-Parcours für Mountainbiker *(bikepark-todtnau.de | Verleih: Sport Lehr | Kandermatt 2 | Todtnau | sport-lehr.de)*. Rauf geht's samt Bike mit dem Sessellift. Wer's ruhiger mag, kann über den Hasenhorn-Aussichtsturm zum **Berggasthaus Gisiboden** wandern *(gisibodenalm.com)*. **Infos:** *Lindenstr. 9 | Todtnau | hasenhorn-rodelbahn.de*

Im Schluchsee baden
Der Schluchsee ist in den 1920er-Jahren entstanden, als der kleine Eiszeitsee zu seiner heutigen imposanten Größe aufgestaut wurde. Die Staumauer mit einer Kronenlänge von 250 m und einer Höhe von 63,5 m ist bis heute das größte Bauwerk im Schwarzwald. Perfekte Abkühlung verheißen die Spaß- und Strandbäder. Das volle Programm bietet das **Aquafun** mit Zugang zum See samt Riesenrutschen, Liegewiesen, mehreren Becken und Gastro. **Infos:** *Freiburger Str. 16 | Schluchsee | schluchsee.de*

Vesperstube Unterkrummerhof
Die Ausflugsstube am Schluchseeufer mag man wegen ihrer Flammkuchen, der Vesperkarte sowie Kaffee und Kuchen – alles hausgemacht. Familienfreundlicher, großer Außenbereich. Nur per Schiff *(seerundfahrten.de)* oder nach 45-minütigem Spaziergang vom Parkplatz in Aha zu erreichen. **Infos:** *Unterkrummenweg 3 | Schluchsee | unterkrummenhof.info*

Regentag – was nun?

So richtig Spaß haben

Spielkinder aller Altersklassen, vereinigt euch! Der XL-Indoorpark **Fundorena** wartet mit einem Trampolinpark, einem Hochseilgarten und dem Rätselabenteuer Mind Games auf.

Dr. Pilet-Spur 11 | Feldberg | fundorena.de

80
Bad Wildbad & Calw
Ruhezone mit eingebautem Literaturabo

Verglichen mit den südlicheren Bergregionen geht es im Nordschwarzwald eher ruhig zu. Wenn man das mag und sich gerne durch dichte Waldmeere treiben lässt, ist man hier richtig. Auf dem Mountainbike und im Klettergurt findest du aber auch schnell dein Abenteuer. Die Wellnesswelten von Bad Wildbad verführen mit sinnlicher Schwerelosigkeit. Über Hermann Hesse, den Literaturnobelpreisträger, haben wir noch gar nicht gesprochen. Dessen Andenken pflegt seine Heimatstadt Calw. Sehenswert! Es geht also richtig was.

Auf dem Baumwipfelpfad in den Becher klettern
Auf mehr als einem km windet sich der Holzplankenweg auf Baumwipfelhöhe durch den Wald auf dem Sommerberg. Nur was für Schwindelfreie! Buchstäblich nebenbei informieren Tafeln übers örtliche Ökosystem. Zum Abschluss schraubt sich der Pfad hoch in einen becherförmigen Aussichtsturm, dort schaust du über den ganzen Nordschwarzwald. Abenteueroption: hinab auf einer Matte durch die Röhrenrutsche. Übrigens verwandelt sich der Baumwipfelpfad im Winter in eine magisch beleuchtete Zauberwelt. *Infos:* Peter-Liebig-Weg 16 | Bad Wildbad | treetop-walks.com/schwarzwald

Downhill im Bikepark
Die sechs zum Teil halsbrecherischen Abfahrten über Felsen, Baumwurzeln und eingebaute Hindernisse fordern Biker und Federgabeln extrem. Aber darum geht's ja! Zurück auf den Sommerberg kommst du mit dem Shuttleservice. Helm- und Protektorenpflicht; Ausrüstung und Bikes können vor Ort geliehen werden. Ebenfalls im Angebot: Fahrkurse. *Infos:* Paulinenstr. 39a | Bad Wildbad | adventure-bikepark.com

Sich Luxus im Palais Thermal gönnen

Der sinnlich-orientalisch gestaltete **Wellnesstempel** in Bad Wildbad zelebriert die mondäne Badekultur: mit heißen Thermalbädern, Saunen sowie Dampfbädern und einem Panoramadeck samt Pool über den Dächern der Kurstadt. Ein ziemlich guter Ort, um sich mal hemmungslos ins Verwöhnprogramm fallen zu lassen. Wunderbar! Größtenteils textilfrei.

Kernerstr. 5 | Bad-Wildbad | palais-thermal.de

SCHWINDELFREI
... sollte man schon sein, um den Aussichtsturm des Baumwipfelpfads zu besteigen

Mit Hesse durch Calw literatouren

Der berühmteste Sohn der Stadt Calw (er wurde hier geboren und wuchs hier auf) heißt Hermann Hesse und bekam 1946 den Literaturnobelpreis verliehen. Du findest ihn selfietauglich in Bronze an seinem Lieblingsplatz auf der Nikolausbrücke über die Nagold, eine Hand lässig in der Hosentasche, den Hut in der anderen. Im Heimatmuseum **Palais Vischer** erfährst du mehr über Hesses Schaffen als Künstler, während die Ausstellung im **Gerbereimuseum** sich auf sein Leben in Calw konzentriert. Der Gerbersauer Lesesommer organisiert jedes Jahr Lesungen und Veranstaltungn zu seinen Ehren. *Infos:* calw.de/kultur/hermann-hesse

Flammerie Calmbach

Im Norden von Bad Wildbad wird der Teig nach Elsässer Vorbild hauchdünn ausgerollt und für Flammkuchen von salzig bis süß (auch beides zusammen) kreativ belegt. *Infos: Alte Höfener Str. 40 | Bad Wildbad-Calmbach | flammerie-calmbach.de*

Hardthof Bio-Laden

In bester Bio-Qualität lagert im Hofladen des Bioland-Betriebs die Kühlschrank-Komplettfüllung – von hausgemachter Wurst aus der Hofmetzgerei über Brot bis zu Obst und Gemüse. Dafür lohnt sich der 20-km-Abstecher nach Beinberg. *Infos: Maisenbacher Str. 101 | Bad-Liebenzell-Beinberg | hardthof-beinberg.de*

STADTBÜHNE
Auf dem Schlossplatz, einem der schönsten Orte Stuttgarts, pulsiert das Leben

81
Stuttgart
Metropole mit Herz

Ein Sommerabend am Teehaus im Weißenburgpark. Die Hitze strahlt von den Mauersteinen ab, es duftet südlich, der Wein schmeckt hiesig. Der Blick geht über rotes Dächermeer und grüne Hügel, über Höhen und den Talkessel. Stuttgarter Leichtigkeit im Abendrot, mediterran angemalt. Einfach mal schauen, durchatmen. Und merken, dass diese Stadt ganz viel hat, Lebensgefühl nämlich, Herzlichkeit und jede Menge Natur. Die Metropole ist eine Großstadt im Grünen mit den zahlreichen Parks, den Bärenseen oder dem Wald rund um den Fernsehturm. Beim Blick von den umgebenden Hügeln fallen in der City herrschaftliche Bauten wie das Neue Schloss oder der Königsbau ins Auge.

NICHT VERPASSEN

Stadt, Wald, Alb von oben sehen
Er war der Erste und damit Vorbild für schlanke Betonnadeln in aller Welt: Der **Fernsehturm** ist als hoch aufragendes Wahrzeichen Stuttgarts nicht wegzudenken. Der vierstöckige „Korb" mit Panoramaterrasse und Café bietet Traumaussicht in 152 m Höhe. Das Leonhardts, das Restaurant am Fuß des Turms, bietet einen Grund mehr, nach Degerloch rauszufahren. *Infos: Jahnstr. 120 | Stuttgart | fernsehturm-stuttgart.de | leonhardts-fernsehturm.de*

Im Oldtimer auf Panoramatour
Auch wenn du nicht unbedingt ein Tram-Nerd bist, lohnt ein Besuch im **Straßenbahnmuseum,** vor allem sonntags, dann sind die Oldtimer unterwegs: z. B. die Linie 23 durchs Herz der Stadt hinauf zum Fernsehturm – vielleicht die schönste Straßenbahnstrecke Stuttgarts. Zudem ist das Depot von 1920 einfach sehr atmosphärisch. *Infos: Veielbrunnenweg 3 | Stuttgart | strassenbahnwelt.com*

Welterbe der Baukunst besichtigen
Die beiden Le-Corbusier-Häuser der Weissenhofsiedlung wurden 2016, zusammen mit weiteren Bauten des Visionärs weltweit, zum UNESCO-Weltkulturerbe erklärt. Insgesamt 17 Künstler aus fünf europäischen Ländern entwarfen für die Werkbundausstellung „Die Wohnung" im Jahr 1927 Musterhäuser im Bauhaus-Stil. Im **Weissenhofmuseum** erfährst du mehr über das Projekt. *Infos: Rathenaustr. 1–3 | Stuttgart | weissenhofmuseum.de*

Im Lapidarium Pause machen
Der perfekte Ort zum Verschnaufen auf dem Weg zum Biergarten **Tschechen & Söhne** (biergarten-karlshoehe.com) auf der Karlshöhe. Das Portal einer alten Mühle ist im Lapidarium (lat.: Steingarten) ebenso zu finden wie der Torbogen des abgerissenen Kronprinzenpalais. Den Park mit mehr als 200 steinernen Zeugen der Historie legte eine Fabrikantenfamilie nach dem Vorbild italienischer Renaissancegärten an. *Infos: Mörikestr. 24/1 | Stuttgart | stadtpalais-stuttgart.de/museumsfamilie/staedtisches-lapidarium*

Die Wilhelma durchstreifen
Sie ist Europas größter zoologischer und botanischer Garten und weltberühmt als Aufzuchtstation für Menschenaffen. Insgesamt finden sich hier mehr als 9000 Tiere und zahllose Pflanzen aus aller Welt, von der Seidenspinne bis zum Krokodil. *Infos: Haupteingang Neckartalstraße | Stuttgart | wilhelma.de*

Weinstube Zur Kiste
Das rustikale Kleinod in einem alten Bürgerhaus ist Stuttgarts ältestes Lokal. Hier schwelgt und schwätzt man schwäbisch, während der Duft von Fleischküchle, Rostbraten, Kässpätzle oder geschmälzten Maultaschen durch die drei Stockwerke zieht. *Infos: Kanalstr. 2 | Stuttgart | zur-kiste.de | Reservierung empfohlen!*

In weite Ferne träumen

Entflieh tief hängenden Wolken bei einer kulinarischen Weltreise: Im Jugendstilbau der **Markthalle** duftet's exotisch nach globalen Küchenstilen. Das Treiben lässt sich von der Galerie aus bei einem Espresso entspannt genießen.

Dorotheenstr. 4 | Stuttgart | markthalle-stuttgart.de

82
Tübingen
Schwabens Brain-Bastion

Aus universitärer Sicht könnte man sagen: Tübingen ist der schlaueste Ort Schwabens. Denn die drei übrigen Exzellenz-Unis des Bundeslandes befinden sich allesamt auf badischem Gebiet. Das malerische Städtchen mit Neckardurchfluss ist denn auch eindeutig studentisch geprägt, jung und lebendig. Am besten schließt man sich dieser frischen Lebensart in den Straßen der Altstadt an, in einem der zahlreichen Parks oder gleich auf dem Wasser. Zugleich wird der unbändige Forscherdrang, der hier traditionell zu Hause ist, an gleich mehreren Stellen in der Stadt kurzweilig ausgestellt.

PERSPEKTIVWECHSEL
Vom Stocherkahn oder SUP-Board Tübingens Altstadt mit neuen Augen sehen

Im MUT die älteste Kunst der Menschheit aufspüren

MUT steht für **Museum der Universität Tübingen,** die einzelnen Abteilungen findest du überall in der Stadt. Sie alle überragt das Schloss Hohentübingen mit dem Museum Alte Kulturen, in dem alles versammelt ist, was Tübinger Wissenschaftler zusammengeforscht haben: von der altägyptischen Grabkammer bis hin zur eiszeitlichen Kunst, z. B. kunstvolle Funde aus den UNESCO-Welterbe-Höhlen auf der Schwäbischen Alb, die vor 40 000 Jahren aus Mammutelfenbein geschnitzt wurden, sowie eine Flöte aus Vogelknochen – das wohl älteste Musikinstrument der Welt. *Infos: Schloss Hohentübingen | Schulberg 2 | Tübingen | unimuseum.uni-tuebingen.de*

Durchs Grüne schlendern

Die netten Parks in der Stadt sind nicht nur unter Studenten beliebt, sondern bei allen Tübingern. Besonders idyllisch und flanierfreundlich ist die **Neckarinsel** mit ihrer Platanenallee. Am Südufer breitet sich der Anlagenpark samt See aus. Von dort marschierst du nur einen km weiter ins große **Freibad Tübingen** mit seinen Schwimm- und Spaßbecken, Sprungturm, Rutschen und Barfußpfad sowie weitläufigen Sportanlagen an der Europastraße. *Infos: Freibad 1 | Tübingen | swtue.de/baeder*

Im Neckar stochern

Die Fahrten in den Nachen, die der Kahnfahrer mit langen Stangen navigiert, sind eine alte studentische Tradition. Mittlerweile darf jeder an Bord, während der Schipperei über den Neckar stellt sich die Stadt vom Wasser aus vor. *Infos: Anlegestelle Hölderlinturm | Tübingen | tuebingen-info.de | Vorabbuchung dringend empfohlen!*

Ins All schauen

Nachtleben mal anders: Bei klarem Wetter lädt die Astronomische Vereinigung in die **Sternwarte.** Sie gewährt dir durch ihre Teleskope faszinierende Blicke in unendliche Weiten, auf Mond, Sonne, Planeten und Sternbilder. Zudem sind Vorträge im Angebot. *Infos: Waldhäuser Str. 70 | Tübingen | sternwarte-tuebingen.de*

Im Kaffee Kränzle einkehren

Hier lebt nicht nur Großmutters Kaffeeservice fort, sondern auch ihr Hang zu leckerem Kuchen und zu richtig gutem Kaffee. Das alles in hellem Ambiente. Leckeres Frühstück wird bis zum Abend aufgetischt. *Infos: Neckarhalde 70 | Tübingen | kaffeekraenzle.com*

Unter alten Linden schlemmen

Vor den Toren der Stadt Richtung Herrenberg liegt das **Hofgut Schwärzloch** in halbhoher, aussichtsreicher Lage. Bei schwäbischer Küche und einem Glas Most geht der Blick weit ins Tal. Toller Hofladen mit Produkten der Region. *Infos: Schwärzloch 1 | Tübingen | hofgut-schwaerzloch.de*

Regentag – was nun?

Kniffelig Klettern

Ein athletisch-technischer Kraftakt mit hohem Spaßfaktor erhellt dir einen trüben Tag in der **Boulderhalle B12!** Hier erwarten dich trocken und geschützt Hallentouren in unterschiedlichen Schwierigkeitsgraden. Auch für Einsteiger!

Bismarckstr. 142 | Tübingen | b12-tuebingen.de

83
Sigmaringen & die Schwäbische Alb
Zwischen Schlossgeschichten und Donaudurchbruch

Spektakulär schlängelt sich der Strom durch den Naturpark Obere Donau. Man nennt ihn auch den Donaudurchbruch, ein Fest für Wanderer, Paddler und Radler. Mitten in diesem Spektakel ruht das Schloss Sigmaringen würdevoll auf seinem Felsen, das Städtchen zu seinen Füßen präsentiert sich als malerisches Mini-Fürstentum mit historischem Background. Flanierfreundlich ist es auch, 2013 fand hier die Landesgartenschau statt und hat hübsche Grünanlagen samt Hängebrücke und großem Skaterpark ausgerollt.

Duch den Naturpark wandern
Sigmaringen und Umgebung sind ein spektakulär schönes Wandergebiet. Landschaftlich sehr abwechslungsreich, auf Wunsch auch sportlich herausfordernd und gesegnet mit Aussichten, Aussichten, Aussichten. Die Wanderregion erschließen fünf Premiumwanderwege, genannt DonauFelsenLäufe. Empfehlenswert ist der Kloster-Felsenweg über Laiz und Inzigkofen; er führt am Amalienfels vorbei, der sehr imposant in der Donau steckt. **Infos:** sigmaringen.de/de/Stadt-Kultur/Aktiv-Natur/Wandern

Auf der Donau paddeln
Die mehrstündige Kanutour auf einem Flussabschnitt irgendwo zwischen Gutenstein und Sigmaringendorf erinnert an die Bootsfahrt im ersten Teil von „Herr der Ringe": Ringsum fast ausschließlich stille Natur, links und rechts mächtig aufragende, beeindruckende Felswände, zum Glück aber keine Orks.

Dem Fürstenhaus einen Besuch abstatten

Über der Donau thront das **Schloss des Hauses Hohenzollern-Sigmaringen.** Die Fassade zeigt viel Neugebautes aus dem 19. Jh., ein Brand hatte damals die zum Teil fast 1000 Jahre alten Vorgängerbauten zerstört. Es finden mehrmals pro Stunde Führungen statt. Dann wandelst du durch die ehemaligen Gemächer der Fürstin Josephine, schreitest über die Schreittreppe und erkundest die kriegerische Vergangenheit des Hauses.

Karl-Anton-Platz 8 | Sigmaringen | hohenzollern-schloss.de

PREMIUMWANDERWEG
Der Kloster-Felsenweg führt über diese Lindenallee zum Amalienfelsen

Die Donau im Naturpark darfst du nur mit einem Befahrungsschein bepaddeln. Den Schein gibt's in der **Tourist-Info** in Sigmaringen und online, dort auch Infos zu Touren und Kanuverleihern. *Infos: Apothekergasse 1 | Sigmaringen | sigmaringen.de*

Das Angebot des Wochenmarkts testen
Hier liegt frisch aus, was die Gegend kulinarisch alles zu bieten hat. Die Marktstände stehen dienstags, donnerstags und samstags in den Gassen der Altstadt zwischen Rathaus und Schloss. *Infos: Fürst-Wilhelm-Str. | Sigmaringen*

Im Bootshaus Sigmaringen essen
Mit bestem Schlossblick erwartet dich das vollverglaste Restaurant. Von Maultaschen bis zur Räucherfischplatte weiß sich die Crew klassisch-modern zu behaupten. Im Sommer lockt der Biergarten und ein großer Kinderspielplatz. *Infos: In den Burgwiesen 9 | Sigmaringen | bootshaus-sig.de*

Im Thermalwasser so richtig loslassen
Das schwefelhaltige Heilwasser der **Sonnenhof-Therme** sprudelt aus 650 m Tiefe in verschiedene Innen- und Außenbecken mit Temperaturen von 28 bis 40 °C. Die großzügige Saunawelt mit vielen Dampfbädern und einem großzügigen Liegebereich machen den Ausflug nach Bad Saulgau zum Aufbauprogramm für Körper und Seele. *Infos: Am Schönen Moos 1 | Bad Saulgau | bad-saulgau.de/sonnenhof*

SATIRISCHES DENKMAL
Die Kurtisane „Imperia" bewacht den Konstanzer Hafen mit Narrenkappe auf dem Kopf, während auf ihren Händen nackte Männer mit Kaiserkrone und Papsttiara thronen

84
Konstanz & die Reichenau
Süßes Leben am und im See

Die beiden Nachbarn am bzw. im See kennt man als historische Schwergewichte: Konstanz hat römische Wurzeln und ein berühmt-berüchtigtes Kirchenkonzil im Gepäck. Die Reichenau steht dem in nichts nach: Die mittelalterliche Vergangenheit als Klosterinsel bescherte ihr 2000 den Titel UNESCO-Welterbe. Zum Glück, möchte man sagen, sonst wäre sie heute eher „die Salatinsel". Konstanz ist die größte Stadt am See und pflegt ein sonnig-mediterranes, genussvolles Lebensgefühl mit altstädtischen Gassen, einer traumhaften Seepromenade und einem wuseligen Hafen. Die ruhigere Reichenau lockt die Radler an. Inselkirchen, -museen und -gärten präsentieren einzigartige Kunstschätze.

Das Seeufer unsicher machen

Der **Hafen** ist ein guter Ausgangspunkt: Mit dem Tretboot gleitest du aufs Wasser *(Marc Fluck Bootsvermietung | Konzil | Konstanz)*. Wer das maritime Abenteuer scheut, bleibt am Ufer und beäugt (schadenfroh), wie abgedriftete Kapitäne zurück in den Hafen geschleppt werden. Über den Hafen wacht die neun m hohe „Imperia". Der einheimische Künstler Peter Lenk schuf die barbusige Dame 1993 und nahm mit der Figur Bezug auf das fragwürdige Kirchenkonzil, das von 1414 bis 1418 in Konstanz stattfand. Auch schön: der Promenadenspaziergang zum beliebten **Strandbad Horn.** Das „Hörnle" kostet keinen Eintritt und bietet See- und Sonnenbaden satt. ***Infos:*** *Eichkornstr. 100 | Konstanz | konstanzer-baeder.de*

Ab in die Vergangenheit

Was am und im See ausgebuddelt wird, reicht bis in die Römer- und in die Steinzeit zurück. Das **Landesmuseum** zeigt die Funde und immer wieder einfallsreiche Sonderausstellungen. Reenactment-Fans statten sich im Museumsshop aus. ***Infos:*** *Benediktinerplatz 5 | Konstanz | alm-konstanz.de*

Das Welterbe wirken lassen

Die **Reichenau** gehört komplett zum Weltkulturerbe der UNESCO. Im frühen Mittelalter galt das Inselkloster als europäischer Top-Thinktank: Die Äbte berieten Kirchenfürsten, Könige und Kaiser. Währenddessen entstanden in den Schreibstuben wertvolle Handschriften, auch sie europaweit Bestseller. Diesem Erbe spürst du in den drei **Museen** zur Kirchen- und Inselgeschichte nach, in denen auch einige der Handschriften ausgestellt werden. Kinder, aber auch Erwachsene, begeistern die humorvollen Playmobil-Dioramen, mit denen Historie visualisiert wird. ***Infos:*** *Ergat 1 und 3 | Reichenau | reichenau-tourismus.de/de/erleben/unesco-welterbe/museen*

Die Reichenau erradeln

Die Topografie der Insel macht Radlern Spaß. Die Radwege führen durch Gemeinden, am Ufer entlang und zwischen Feldern hindurch. Wer die Tour in Konstanz startet, fährt über den Bodensee-Radweg zum Inseldamm mit seiner berühmten Pappelallee. ***Infos:*** *STEDI-Verleih | An der Schiffslände 1 | Reichenau | reichenau-tourismus.de/de/erleben/aktiv/radfahren*

In der Küferei Reichenau speisen

Hochwertig im besten Sinne: Im traditionsreichen Familienbetrieb wird mit Heimatliebe gekocht. Dabei interpretiert Küchenmeister Rolf Stader die regionale Küche ganz modern. ***Infos:*** *Spiegelberg 17 | Reichenau | kueferstueble.de*

Regentag – was nun?

Abtauchen im Sealife

Haie, Rochen und Oktopus schwimmen im Bodensee nicht, bevölkern aber dieses Meerwasser-Aquarium. Ebenso wie die putzmunteren Pinguine. Die Unterwasserwelten kann man jetzt auch bei Nacht erleben. Im Gebäude befindet sich auch das **Bodensee-Naturmuseum,** dessen Eintritt im Sealife-Ticket inbegriffen ist.

Hafenstr. 9 | Konstanz | visitsealife.com/konstanz | konstanz.de/bodensee-naturmuseum

85
Bregenz & der Bregenzerwald
Perfekter Mix aus Sport, Kultur und Natur

Bregenz – das ist Kultur und Sport, das ist Natur und urbanes Leben. Wer nur einen Hauch von kulturellem Interesse in sich trägt, sollte unbedingt die Bregenzer Festspiele besuchen oder zumindest einmal Museumsluft schnuppern. Und wenn es dich sportlich in die Natur zieht, dann kannst du kajaken, schwimmen, paddeln, SUPen, klettern, biken und paragliden (lernen). Und natürlich lockt auch hier ein Berg Wanderfreundige in luftige Höhen.

NICHT VERPASSEN

Kultur atmen
Bei Klassikfans gelten die sommerlichen **Bregenzer Festspiele** als das Highlight des Jahres *(bregenzerfestspiele.com)*. Das ganze Jahr sorgt das KUB, das **Kunsthaus Bregenz**, mit wechselnden Ausstellungen für glückliche Kulturliebhaber. *Infos: Karl-Tizian-Platz | Bregenz | kunsthaus-bregenz.at*

Mit dem Raddampfer auf den See hinausfahren
Ob zum Frühstück oder zum Sonnenuntergang mit Galadinner, eine Fahrt auf dem Bodensee lohnt sich. Zur Auswahl stehen Ausflüge mit dem **Schaufelraddampfer Hohentwiel**, der bereits seit 1913 im Dienst ist, oder auf dem **Art-déco-Motorschiff Oesterreich**, das 1928 erstmals auslief. *Infos: Historische Schifffahrt Bodensee | Hafenstr. 15 | Hard | hs-bodensee.eu*

Einen Tag auf dem Pfänder verbringen
Mit der Gondel, dem Auto oder zu Fuß geht's auf den 1064 m hohen **Pfänder.** Toll ist der 360-Grad-Ausblick an der Bergstation. Vor allem Kinder lieben den **Wildpark** neben der Bergstation, doch

---

Regentag – was nun?

Wissen im Vorarlberg-Museum horten

Um die 160 000 Objekte haben die Macher des Vorarlberg Museums über die Zeit des nun 150-jährigen Bestehens gesammelt. Darunter archäologische Artefakte, sakrale und profane Kunst, volkskundliche Objekte und immer häufiger auch nichtmaterielle Projekte. So geht modernes Museum! Das Unterfangen, dem Besucher die Region nahezubringen und die Kultur zu bewahren, ist eindeutig geglückt.

Kornmarktplatz 1 | Bregenz | vorarlbergmuseum.at

PANORAMAWANDERN
Den Bregenzerwald durchziehen viele Pfade für Trekking und Mountainbiking

auch manch erwachsenes Herz hüpft beim Anblick der hier lebenden Alpensteinböcke oder Murmeltiere. Nun heißt es losgewandert: Nahrhaft ist die Käseroute *(4 Std.)* vorbei an einigen Sennereien, wo du Käse verkosten und kaufen kannst. **Infos:** *Pfänderbahn | Steinbruchgasse 4 | Bregenz | pfaenderbahn.at*

Hoch hinauf und sicher runter
Die Gegend des Bregenzerwaldes ist perfekt zum Paragliden. Ausreichend Winde sind vorhanden, aber nicht zu turbulent, und die Thermik gilt als gutmütig. Perfekt also, um einen Flug oder einen Tandemsprung zu wagen, z. B. bei der **Flugschule Bregenzerwald. Infos:** *Wilbinger 483 | Bezau | gleitschirmschule.at*

Gourmet & Papeterie
Postkarten schreiben ist out? Wie sehr freuen sich deine Kartenbedachten wohl, wenn du sie mit handgefertigten Kunstkarten bedenkst? Es gibt aber auch feinste Teesorten, super Kaffee und Schokolade vom Weltmeister ChocoMe aus Budapest. **Infos:** *Kirchstr. 39a | Bregenz | gourmetundpapeterie.at*

Im Freischwimmer speisen
Ob Rindersaftgulasch oder Cremesuppe vom Kürbis, aus regionalen Zutaten entstehen hier Gerichte mit urbanem Flair – sowohl für den Gaumen als auch fürs Auge ein Genuss. **Infos:** *Anton-Schneider-Str. 1 | Bregenz | goesserbregenz.at/restaurant*

86
Montafon
Im wunderschönen Alpental die Ruhe genießen

Ins südlichste Tal Vorarlbergs geht es am „aussichtsreichsten" über die Silvretta-Hochalpenstraße. Drei imposante Gebirge umrahmen das nur 39 km lange Tal und seine elf Orte: Silvretta, Rätikon und Verwall. In der Region ragt der höchste Berg Vorarlbergs hervor, der 3312 m hohe Piz Buin. Hauptattraktionen sind Wandern, Klettern, Biken und im Winter natürlich Skifahren. Besonders reizvoll ist es aber vor allem im Sommer ohne Massentourismus. Dann hast du die Natur noch oft für dich allein.

URSPRÜNGLICH
Im Montafon musst du die Natur oft nur mit den Tieren teilen

NICHT VERPASSEN

Um den See herum spazieren
Auf 2300 m Höhe glitzert der **Silvretta-Stausee,** den du auf einem einfach zu gehenden Wanderweg in zwei Stunden umrundest. Ist dir das zu langweilig, dann wage dich auf den **Klettersteig:** An der Staumauerwand geht es steil bergauf. Hängende Bänke laden zur Rast. Highlights sind die Seilbrücke oben und ein abenteuerliches Schwingpendel (optional). Schwindelfreiheit sowie eine komplette Klettersteigausrüstung werden vorausgesetzt! *Infos: silvretta-bielerhoehe.at | Leihequipment: Intersport | Silvrettastr. 3a | St. Gallenkirch | weitere Filialen: intersport-montafon.at*

Sich aufs Eis wagen
Am Stausee Silvretta Bielerhöhe geht es los, über die **Wiesbadener Hütte** erreichst du dank sachkundiger Führung dein Ziel: den **Vermuntgletscher.** Steigeisen werden gestellt, aber achte auf festes Schuhwerk. Und auch wenn es richtig Sommer ist: Handschuhe und wetterfeste Kleidung sind hier oben im Schnee ein Muss. *Infos: Touren über Touristeninfo | Bahnhofstr. 28 | Schruns | montafon.at/de/Veranstaltungskalender*

Mit Händen und Füßen kraxeln
Kletterbegeisterte haben in der Silvretta Montafon die Wahl zwischen vier **Klettersteigen,** das Angebot reicht von Einsteiger-Varianten bis hin zu hochalpinen Routen. Wer sich noch nicht allein lostraut, schließt sich einer geführten Tour an. *Infos: silvretta-montafon.at | Leihequipment: s. o. Silvretta-Stausee*

In der Wormser Hütte schmausen
Auf der urigen Berghütte am Hochjoch oberhalb von Schruns schwören Freunde des Süßen auf den Apfelstrudel. Wenn du es deftiger magst, wähle die Tiroler Käspressknödel, die Hauswurst oder eine Brettljause. *Infos: wormser-huette.at*

Lernen, wie Sennen geht
Die Spezialität der Region ist der Montafoner Sura Kees. Viele Infos zu diesem würzigen Sauerkäse mit 1,8 Prozent Fettgehalt hat das **Käsehaus Montafon.** Neben Gasthaus und Hofladen gibt es auch eine Sennschule. *Infos: Montafonerstr. 17 | Schruns | kaesehaus-montafon.at*

In der Biersiederei Gebräue testen
Seit 2019 werden ausgefallene Craftbiere im Montafon gebraut. Ob untergäriges Märzenvollbier oder Weißbier mit Bananenaroma – vielleicht findest du hier dein neues Lieblingsflüssigbrot. *Infos: Bahnhofstr. 10 | Schruns | biersiederei.at*

Regentag – was nun?

Alle Wetter – die Aquarena

Hand aufs Herz, „Regensachen an und trotzdem raus" ist heute keine Option für dich? Dann ist das **Allwetterbad Aquarena Montafon** vielleicht eine Idee. Nass wirst du auch hier, aber immerhin ist das Wasser mit 28 °C ziemlich warm. Geht's raus ins Außenbecken auf die Wellenrutsche, erwarten dich immerhin noch angenehme 24 °C.

Galgenulerstr. 199a | St. Gallenkirch | aquarena-montafon.business.site

SCHNEEWEISS ...
... sind im Engadin nicht nur die eisigen Gipfel, sondern auch die feuchten Wiesen, auf denen im Sommer das Wollgras blüht

⭐ 87
Engadin
Willkommen im Paradies!

Gut 100 km fließt der Inn durch das Hochtal, das deshalb Engadin, Garten des Inn, genannt wird. Garten Eden wäre noch passender! Weite, von Gletschern geformte Ebenen mit großen Seen, überragt von den steilen Wänden der Ostalpen im Oberengadin. Im Unterengadin, wo die Berge enger zusammenrücken, rauscht der Inn immer wilder. Und der Himmel ist überall zum Greifen nahe: Zwischen 1000 und gut 1800 m Höhe liegt das Tal, die Gipfel doppelt so hoch. Im Winter ist das Engadin ein Ski-, im Sommer ein Wander-Eldorado.

Das elegante St. Moritz erkunden

Hier wurde vor 150 Jahren der Wintertourismus erfunden. Auf den Flaniermeilen der Oberstadt begegnest du vor allem in der kalten Jahreszeit den Reichen und Berühmten. Das **Segantini-Museum** zeigt einige der bekanntesten Werke des 1899 im Engadin gestorbenen naturalistischen Malers Giovanni Segantini. Highlight: drei riesige Ölgemälde in der Kuppel, die Werden, Sein und Vergehen darstellen. Sonderausstellungen widmen sich Künstlern, die – wie etwa Gerhard Richter – selbst eine Beziehung zum Engadin haben. *Infos: Via Somplaz 30 | St. Moritz | segantini-museum.ch*

Über den Silsersee schippern

Im charmanten Ort **Sils-Maria** musst du unbedingt mit einem **Kursschiff** der höchstgelegenen Schifffahrtslinie Europas über den auf 1800 m liegenden Silsersee fahren, etwa zur Halbinsel Chastè: Auf einer Bank unter Lärchen soll dort schon der Philosoph Friedrich Nietzsche gesessen und Ideen für seine Bücher gesammelt haben. Schlossgleich überragt das **Hotel Waldhaus** *(waldhaus-sils.ch)* den Ort, einen Kaffee solltest du dir hier unbedingt leisten, um das geschichtsträchtige Haus auch von innen zu bestaunen. *Infos: Silser Schifffahrtsgesellschaft | sils.ch*

Durch den Schweizerischen Nationalpark wandern

Mehr als 110 Jahre gibt es ihn schon, den ältesten Nationalpark der Alpen, den die Tiere größtenteils für sich haben. Erste Anlaufstelle: das **Nationalparkzentrum** mit allen Infos und der Ausstellung „Wildnis im Zentrum". Und dann geht's raus in die Natur! Ab Champlönch winkt zum Einstieg eine leichte dreistündige Rundwanderung mit tollen Aussichten und guter Chance, Wild zu beobachten. Und wenn du mal eine Nacht mitten in der Natur verbringen willst (unbedingt vorher anmelden!): Ab Zernez führt ein Wanderweg zur **Chamanna Cluozza** *(cluozza.ch)*, der einzigen Hütte im Park. *Infos: Urtatsch 2 | Zernez | nationalpark.ch |*

Whisky verkosten im Münstertal

In Santa Maria findet sich die kleinste **Whiskybar** der Welt, angeschlossen ist ein Mini-Whisky-Museum. Und um die Ecke wird auf über 1400 m Whisky destilliert: Die **High Glen Whisky Distillery** kann (nach Anmeldung) besucht werden. Im Nachbarort Müstair lohnt ein Besuch des Welterbe-Klosters **St. Johann** mit seiner Kirche aus dem 8. Jh. *(muestair.ch)*. *Infos: Distillerie: Chasatschas 110 | Sta. Maria Val Müstair | highglen.ch; Bar & Museum: Plaz 71 | swboe.com*

Regentag – was nun?

Auf virtuelle Zeitreise gehen

Wie sah der Morteratschgletscher 1875 aus? Wie weit werden sich die Gletscherzungen im Berninagebiet im Jahr 2100 zurückgezogen haben? Die interaktive Ausstellung **VR Glacier Experience** stellt unterschiedliche Szenarien dazu vor. Sobald du die Virtual-Reality-Brille aufsetzt, tauchst du in eine dreidimensionale künstliche Welt ein und erlebst die Veränderungen, welche der Klimawandel im hochalpinen Raum mit sich bringt.

Talstation Diavolezza | Pontresina | glacierexperience.com

FASZINIEREND
Die durch einen Wanderweg erschlossene Breitachklamm bei Oberstdorf ist die tiefste Felsenschlucht Mitteleuropas

88
Immenstadt & Oberstdorf
Berge, Pisten und Almwiesen im Allgäu-Idyll

Nach Immenstadt und Oberstdorf kommt man wegen der Natur: Wälder und Almen, Gipfel und Klammen, Skipisten, Hütten und Bergbahnen wie die bekannte Nebelhornbahn. Hier ist man mitten im Allgäu, bei Kühen, Glockengebimmel und Alpen-Vergissmeinnicht. Höhepunkt des Jahres ist der Viehscheid Mitte September, wenn unzählige Tiere von den Hirten, erkennbar an ihren Edelweiß-Hosenträgern, beim Abtrieb von den Almen hinab ins Tal gebracht und ihren Besitzern übergeben werden. Das wird kräftig gefeiert mit Blasmusik und Allgäuer Leckereien.

NICHT VERPASSEN

Boot fahren, relaxen, informieren
Auf dem langen Holzsteg picknicken, auf den Uferwiesen sonnenbaden oder mit dem Tretboot über den **Alpsee** schaukeln – das Westufer ist ideal für einen lieben langen Tag am See. Direkt am See liegt auch das Infozentrum **AlpSeeHaus** des **Naturparks Nagelfluhkette** mit einer Ausstellung über Landschaft, Alpwirtschaft, Flora und Fauna des Naturparks. Mit Skytrail und Piratenspielplatz für die Kleinen, Pause im Naturparkcafé für die Großen. **Infos:** Seestr. 10 | Immenstadt | nagelfluhkette.info; Bootsverleih: Seepromenade 15 | wassersportschule-oberallgaeu.de)

An Wasserfällen baden gehen
Was für ein Naturschauspiel! Mitten im Wald bei Oberstaufen rauschen die **Buchenegger Wasserfälle** hinab und bilden, umgeben von Felsbrocken, smaragdgrüne Badebecken – wirklich erfrischend! Danach ist man fit für den steilen 500-m-Aufstieg zurück zum Parkplatz. **Infos:** buchenegger-wasserfaelle.de

Eine Runde wandern
Das **Werdensteiner Moos** wirkt einsam und mystisch. Vom Aussichtsturm erstreckt sich die braun-feuchte Landschaft in ihrer ganzen Weite. Ein 3,5 km langer **Rundlehrpfad** erklärt Entstehung und Ökosystem des renaturierten **Moorgebiets** und schildert das Leben der Torfstecher.

Heidi und Almöhi lassen grüßen
In **Oberstdorf** würde sich Heidi aus dem schweizerischen Graubünden auch wohl fühlen. Der Kneippkurort liegt zwischen den Skigebieten am Nebelhorn, Söllereck und Fellhorn, ein Abstecher zu Deutschlands größter **Skiflugschanze** flößt Respekt ein. Wenn du mit Virtual-Reality-Brille auf dem Balken sitzt, kannst du nachempfinden, wie sich ein Skiflieger fühlen muss. **Infos:** Zimmeroy 1 | Oberstdorf | skiflugschanze-oberstdorf.de

Dem Rauschen in der Breitachklamm lauschen
Rund um **Oberstdorf** liegen Hochtäler, wie z. B. das Breitachtal mit dem abenteuerlichen **Wanderweg** durch die Breitachklamm. Erst plätschert der Fluss gemächlich durch sein steiniges Bett, doch bald verengt sich das Tal und das Wasser stürzt wild durch enge Felswände. Spektakulär! **Infos:** breitachklamm.com

Zum lustigen Hirsch
Im historischen **Gasthof** gibt's nicht nur einen super Blick in die Bergwelt, in der modernisierten Küche werden vorwiegend heimische Produkte verarbeitet. Das Rindfleisch stammt vom eigenen Hof. Ein kleiner Hofladen bietet Produkte aus der Region an. **Infos:** Akams 3 | Immenstadt | lustiger-hirsch.de

---

Regentag – was nun?

Mal selbst so richtig auskäsen

Käse ist im Allgäu allgegenwärtig. Aber Käse selber machen? Geht auch. Georg Gründl leitet dich in seiner Käseschule in Thalkirchdorf fachgerecht und kurzweilig an. An einem der zwölf Arbeitsplätze stellst du deinen eigenen Käse her. Drei bis vier Stunden dauert der Kurs. Das Ergebnis darfst du gern mit nach Hause nehmen.

Kirchdorferstr. 7 | Oberstaufen | kaeseschule.de

89
Lechtal
Idylle am wilden Fluss

Das breite Flusstal zwischen den Lechtaler und den Allgäuer Alpen ist eines der wenigen, in dem ein Fluss noch wild seinen eigenen Weg finden darf: Und das tut der Lech mal wild, mal gemächlich fließend. Umgeben von Bergen lockt eine sanfte Hügellandschaft auf zahlreichen Fahrrad- und Wanderwege in die Natur. Gleich mehrere Hängebrücken laden zur Überwindung des inneren Schweinehunds ein und wer schnitzen lernen will, findet hier die passenden Lehrmeister. Auch kulturelle Einblicke sind im Angebot: Wer Ritter spielen möchte, ist auf Burg Ehrenberg genau richtig.

NICHT VERPASSEN

Den ungezähmten Lech erkunden
Das schönste Teilstück des letzten Wildflusses im nördlichen Alpenraum findest du auf der Strecke zwischen Weißenbach und Elmen. Das **Naturparkhaus Klimmbrücke** beherbergt die Ausstellung „Abenteuer Wildfluss", hier starten auch die individuellen Führungen durch die Nationalparkexperten. Ganz nah an Forchach führt eine 1906 erbaute Hängebrücke mit einer Spannweite von 75 m über den Lech. *Infos: Klimm 2 | Elmen | naturpark-tiroler-lech.at*

Die Perle des Lechtals entdecken
Im kleinen **Holzgau** fallen direkt die reich verzierten Fassaden ins Auge. Bekannt ist das Dorf auch für seine 200 m lange **Hängebrücke**, die sich auf 110 m über die Höhenbachtalschlucht spannt. Aktive nutzen sie im Rahmen einer Wanderung mit Kneippgüssen auf dem **Vitalweg Holzgau** oder wenn sie vom **Erlebniskletterstieg Simmswasserfall** zurückkehren. *Infos: lechtal.at*

Den Rittern in der Burgenwelt auf die Schliche kommen
Die **Burgenwelt Ehrenberg** umfasst u. a. die **Burgruine Ehrenberg** und die **Festung Schlosskopf**. Lohnend sind das **Erlebnismuseum** „Dem Ritter auf der Spur" und die **Naturausstellung** „Der letzte Wilde". Auch die über 400 m lange

Wasser marsch!

Lust auf Indoornass? Dann auf in die Alpentherme Ehrenberg. Lieber raus in die Natur? Beim Fun Rafting wird sowieso jeder nass – was spricht also gegen ein extravagantes Raften im Regen? Der Vorteil: Der Lech ist dann (noch) etwas wilder, da steigt der Spaßfaktor.

Alpentherme: Thermenstr. 10 | Reutte | alpentherme-ehrenberg.at;
Fun Rafting: Ebele 209 | Häselgehr | fun-rafting.at

GUT FESTHALTEN!
Rafting auf dem Lech – ein Erlebnis der besonderen Art

Hängebrücke **Highline 179** ist beliebt. Wer gerade einen Adrenalinkick braucht, schwebt einfach mit der Zipline **Dragon-Fly** über die sagenumwobene Kulisse mitten im Märchenwald. *Infos: Klause 1 | Reutte | ehrenberg.at*

Schnitz dir was
Das Dorf Elbigenalp ist für seine Schnitztradition bekannt. An der Fachschule für Kunsthandwerk und Design werden junge Leute aus ganz Österreich ausgebildet und in der **Schnitz- und Bildhauerschule Geisler Moroder** kannst auch du in zahlreichen (Schnupper-)Kursen lernen, wie man schnitzt, drechselt, modelliert. *Infos: Dorf 63 | Elbigenalp | schnitzschule.com*

Zur Geierwally
Rustikal, urig, deftig, authentisch: Wie wäre es mit einer guten Portion Schlutzkrapfen, Jägernudeln, Tiroler Knödel mit Sauerkraut oder Kasspätzle? Jeden Montag können 15 Personen dabei sein und zuschauen, wenn der Chef am offenen Herd kocht. Unbedingt reservieren. *Infos: Elbigenalp 40 | Elbigenalp | zur-geierwally.at*

Café Uta
Die beliebte Almhütte liegt am Bach beim Simmswasserfall und lockt im Sommer zur Jause: mit Schinkenplatten, Kaiserschmarren, Gulasch und vielen Leckereien mehr. *Infos: Höhenbachtal | Holzgau | cafe-uta.at*

90
Füssen
Schlösserhopping durch Eiszeitlandschaft

Bayernkönig Ludwig II. hat sich Füssen nicht umsonst als Standort für sein Märchenschloss Neuschwanstein ausgesucht: Die grüne Hügelregion wurde durch die Eiszeit geprägt. Sanfte Berge und enge Täler, Wälder, Wiesen und Seen soweit das Auge reicht. Der Lechgletscher hat Spuren hinterlassen, sein Überbleibsel, der Lech, fließt noch heute durch die hübsche Stadt im Ostallgäu. Kein Wunder, dass sich in dieser Schlossparkregion neben Ludwig auch andere adlige Herrschaften königspudelwohl fühlten.

NICHT VERPASSEN

Zu Besuch beim König

Das Auge war größer als die Finanzen: Sein **Lieblingsschloss Neuschwanstein** gab König Ludwig II. ab 1869 in Auftrag. 300 Handwerker waren über 20 Jahre beschäftigt, um den Prachtbau voranzubringen. Dennoch wurden von über 200 Zimmern nur 15 Räume und Säle ausgestaltet, darunter der **Thron- und Sängersaal.** Ludwig starb, bevor das Werk vollendet war. Nur sechs Wochen später wurden bereits Besucher eingelassen, um vom Eintritt die königlichen Schulden zu tilgen. Heute klingelt die Kasse: Neuschwanstein ist das einzige Objekt der Bayerischen Schlösserverwaltung, das mehr einbringt, als es kostet. Einen super Blick auf das Traumschloss hast du von der **Marienbrücke,** zu der dich vom Parkplatz der Pöllatweg und der Wanderweg E4 führen. *Infos: Neuschwansteinstr. 20 | Schwangau | neuschwanstein.de*

Katzensprung zum Bergschloss

Nur einen km weiter ragt das nächste Märchenschloss in den Alpenhimmel: **Hohenschwangau.** Schon im Mittelalter gab es hier eine Burg. Bayernkönig Maximilian II. gefiel die Ruine so gut, dass er sie zum Schloss umbauen ließ. Später inspirierte der Ort Sohn Ludwig zum Bau von Neuschwanstein. **Prunkräume** können bei einer Führung besichtigt werden. *Infos: Alpseestr. 30 | Schwangau | hohenschwangau.de*

Regentag – was nun?

History View

Olle Kamellen im Museum der Bayerischen Könige anschauen? Aber ja! Wo sonst gibt es einen begehbaren Stammbaum und das Reisebesteck der Könige zu bestaunen? Ein Audioguide erklärt die Hintergründe der Dynastie.

Alpseestr. 27 | Schwangau | hohenschwangau.de

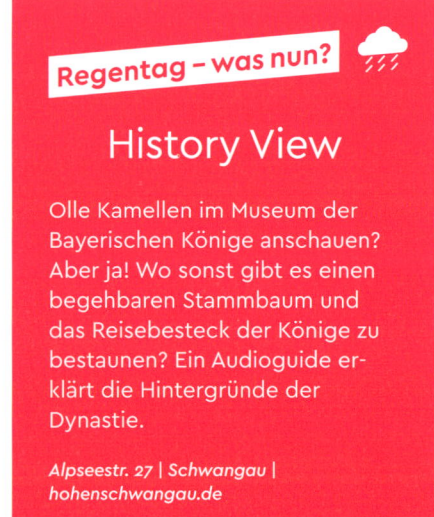

Durch die wilde Natur im Walderlebniszentrum

Vor den Toren Füssens verzweigt sich der türkisblaue Lech und lässt so kleine Inseln entstehen. Am Auwald- und Bergwaldpfad im **Walderlebniszentrum Ziegelwies** kannst du den Fluss samt Nebenbächen mittels Hängebrücke, Baumstamm oder hangelnd überqueren. Und nebenbei viel über die Kraft des Wassers erfahren. Vom 21 m hohen **Baumkronenpfad** ist der Blick auf Lech und Berge phänomenal *Infos: Tiroler Str. 10 | Füssen | walderlebniszentrum.eu*

Ein Tag am Forggensee

Baden, Boot fahren, eine **Schiffstour** – am See wird's nicht langweilig. Er ist nicht nur für die Hochwasserregulierung wichtig, sondern bietet auch eine Besonderheit: Im Winter wird das Wasser im südlichen Teil abgelassen und man kann zu einer alten Römerstraße, der **Via Claudia Augusta,** die hier auftaucht, hinspazieren. *Infos: Forggenseeschiffahrt | Weidachstr. 80 | Füssen | forggensee-schifffahrt.de*

Überdachter Marktbummel

In den historischen Mauern der **Markthalle Füssen** findest du regionale Produkte wie Käse, Brot, Gemüse und Fleisch. Ein Tipp ist die Fischhandlung Geiger. Hier gibt es frischen und geräucherten Fisch. Und vor Ort wird eine hervorragende Fischsuppe serviert. *Infos: Schrannengasse 12 | Füssen*

LUFTSCHLÖSSER
Schloss Neuschwanstein samt Traumblick konnte Ludwig II. nicht mehr genießen

91
Innsbruck & das Stubaital
Das Wintersportzentrum ist auch im Sommer ein Hit

Innsbruck ist eine spannende Mischung aus Alt und Modern. Es weht beinahe ein Hauch Italien durch die Gassen; modebewusst ist man hier, dazu sportlich und irgendwie etwas bunter als anderswo in Österreich. Die Stadt ist umgeben von hohen Bergen. Vor allem im Frühjahr, wenn unten alles grünt und blüht, oben aber noch eisige Kälte herrscht und die Gipfel in strahlendes Weiß getaucht sind, erlebst du hier urbanes Leben eingebettet in eine grandiose Natur.

Regentag – was nun?

Ach, du heiliger Bimbam

Ob die Glocke um den Kuhhals, die du auf der letzten Wanderung hast bimmeln hören, auch in der **Glockengießerei Grassmayr** gegossen wurde? Der Familienbetrieb ist seit über 420 Jahren im Geschäft. Im kleinen Museum wird anschaulich vermittelt, wie Glocken aller Art hergestellt werden. Im Klangraum kannst du sie selbst ertönen lassen.

Leopoldstraße 53 | Innsbruck | grassmayr.at

NICHT VERPASSEN

Goldene Dächer und ganz viel Maximilian kennenlernen

Innsbrucks **Altstadt** ist klein und gut erhalten. Bemerkenswert ist das Goldene Dachl, bedeckt mit feuervergoldeten Kupferschindeln, die Kaiser Maximilian vor Sonne und Regen schützten (wenn er hier um 1500 auf die Stadt blickte). Oder der Stadtturm (um 1450), von dessen Aussichtsplattform dir Innsbruck zu Füßen liegt. Auch die Hofkirche und die Kaiserliche Hofburg solltest du dir ansehen. Mit der **Innsbruck Card** kannst du 21 Sehenswürdigkeit besuchen, und der Transport ist auch mit dabei. *Infos: innsbruck-shop.com*

Von der Freiheit träumen

Die Sprungschanze auf dem **Bergisel** ist nicht zu übersehen. Der Hügel, auf dem sie thront, ist besonders geschichtsträchtig, denn hier gewann der Freiheitskämpfer Andreas Hofer 1809 mehrere Schlachten. Das 1000 m² große **360-Grad-Tirol-Panorama**, gemalt und ganz real, erzählt davon. *Infos: Bergisel 1–2 | Innsbruck | tiroler-landesmuseen.at/haeuser/tirol-panorama-mit-kjm*

Ein Schloss mit Wunderkammer aufspüren

Im **Schloss Ambras** befindet sich das mutmaßlich erste Museum der Welt. Erzherzog Ferdinand II. brachte im 16. Jh. seine Sammlung hier unter, die bis heute in der Kunst- und Wunderkammer bestaunt werden kann. *Infos: Schlossstraße 20 | Innsbruck | schlossambras-innsbruck.at*

Von der Hungerburg über die Seegrube zum Hafelekar

Über die Bergbahnstationen geht es hinauf zum **Top of Innsbruck.** Am Endziel heißt es nur noch kurz bis zur **Hafelekarspitze** auf 2334 m wandern. Dann ist er da, der grandiose Blick auf Innsbruck. *Infos: Nordkettenbahn | Innsbruck | nordkette.com*

Ins Stubaital ausfliegen

15 km fährst du von Innsbruck bis Schönberg im **Stubaital.** Hier erwartet dich Skispaß im Winter, Wandern, Bergsteigen, Klettern und Biken im Sommer. Zu den schönsten Naturschauplätzen gelangt man auf dem Wilde-Wasser-Weg *(wildewasserweg.at)*. Bergsportler trekken von Hütte zu Hütte auf dem 80 km langen Stubaier Höhenweg. *Infos: stubai.at*

POSTKARTENMOTIV
Hinter den bunten Häusern von Mariahilf türmt sich die Nordkette majestätisch auf

92
Ammersee
Liebling der Hauptstädter

Der Ammersee ist der Haussee von München, die S-Bahn S8 fährt von der Landeshauptstadt direkt bis nach Herrsching am östlichen Seeufer. Der Ammersee, Bayerns drittgrößte Pfütze, ist Teil der Kulturlandschaft Fünfseenland und zu fast jeder Jahreszeit gut besucht, denn hier ist immer was los. Ob ein Tag im Strandbad Seewinkel in Herrsching, eine Dampferfahrt von Utting aus über den See oder eine Runde Stand-up-Paddling im Erholungsgebiet Eching – die Wassersportmöglichkeiten sind vielfältig und das bei einer Wasserqualität mit gutem Ruf.

ROMANTISCH
Auch Schwanenpaare genießen die friedliche Stimmung und das Abendlicht am Ammersee

Ab in die Natur zum Vögel gucken
Am südlichen Ammersee fließen Rott und Ammer durch die **Vogelfreistätte Ammersee,** ein Naturschutzgebiet, das über 300 Vogelarten Schutz bietet, darunter Zwergtaucher, Flussseeschwalbe oder Schwarzkehlchen. Im Frühjahr und Herbst rasten viele Zugvögel in dem bedeutenden Feuchtgebiet. Am Ufer bei Dießen gibt es einen **Beobachtungsturm** versteckt im Schilf. Vom Parkplatz bei Fischen startet ein **Dammweg,** der parallel zum Ammerzufluss bis an den See verläuft. *Infos: Kirchstr. 7 | Pähl | ammerseepfad.de/naturraum/ammersee-sued*

Der Fischer vom Ammersee
Die **Fischerei Rauch** ist eine der ältesten am ganzen Ammersee. Verkauft werden aus der urigen Fischerhütte am Töpfermarkt Fischsemmeln, frischer und geräucherter Fisch. Das Angebot variiert je nach Saison: Renken, Karpfen und Saiblinge. Der bärtige Simon nimmt Interessierte in der Morgendämmerung mit aufs Boot, um nach dem Fang in den Netzen zu schauen. Anpacken erwünscht! *Infos: Mühlstr. 40 | Dießen | fischerei-rauch.de*

Mit 2 PS durch die Landschaft kutschieren
Ob im Schlitten, Planwagen oder mit der Kutsche: Klement Noll vom **Hof Noll** macht jede Ausfahrt mit seinen historischen Gefährten und prächtigen Vollblutpferden zu einem besonderen Erlebnis – auch nach individuellen Wünschen. *Infos: Kalkofen 2 | Dießen | noll-hof.de*

Adrenalin tanken
Ab ins Kletterparadies! Im **Hochseilgarten Ammersee** in **Utting** am Westufer des Sees kannst du hangeln, balancieren, frei klettern – die Parcours im Design eines Piratenschiffs haben es in sich. Über fünf Ebenen geht's bis zum Mastkorb auf 13 m Höhe! Bevor es losgeht, erklären die Mitarbeiter, wie man die Klettergurte richtig anlegt. *Infos: Fahrmannsbachstr. 2 | Utting | hochseilgarten-ammersee.de*

Kloster-Shopping
Nach einem Besuch des Klosters Andechs samt Gastwirtschaft sollte man noch im **Klosterladen** vorbeischauen. Neben religiösen Dingen gibt es viele Souvenirs. Wie wäre es mal mit einer handgeschriebenen Postkarte für die Daheimgebliebenen? Oder einem Andechser Kräuterschnaps als Mitbringsel? *Infos: Bergstr. 2 | Andechs | andechs.de*

Glücklich schlecken
Klassisch bis außergewöhnlich, handgemacht und lecker schmeckt's in der **Eismacherei Fischer**. Neben Eis gibt's hier auch Kaffee und frisch gebackene Waffeln zum herrlichen Blick über den Ammersee. *Infos: Landsberger Str. 80 | Inning | fischer-ammersee.com*

Regentag – was nun?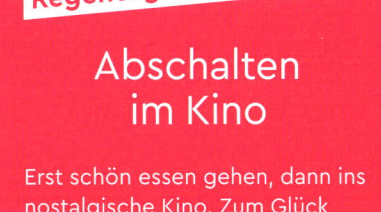

Abschalten im Kino

Erst schön essen gehen, dann ins nostalgische Kino. Zum Glück bietet die **Alte Brauerei Stegen** dieses 2-in-1-Erlebnis. Im Gasthaus schmeckt ein Steak samt Selbstgebrautem ausgezeichnet und hinterher läuft im Kultkino im alten Gewölbe garantiert ein Film, der nicht 0815 ist.

Landsberger Str. 57 | Inning | kino-stegen.de

DAS HERZ DER STADT
Vom Herkulesbrunnen geht der Blick über die Maximilianstraße auf die Basilika St. Ulrich und Afra

93
Augsburg
Hier tanzen nicht nur die Puppen

Wer hier gleich an die Puppenkiste denkt, liegt zwar richtig, aber Augsburg ist mehr. Augsburg ist lässig mit Charme, romantisch und doch modern, studentisch, aber nicht so groß wie München, doch immerhin die drittgrößte Stadt Bayerns. Augsburg ist kontrovers, auch in Sachen Street Art. Wer gern ins Museum geht, findet hier eine Menge davon: von der Automobilindustrie bis hin zu den Fuggern, die ihr Geld auch in Sozialprojekte vor Ort investierten. Und Augsburg liegt am schönen Fluss Lech – für Outdoor-Ativitäten ist also auch gesorgt.

Abstecher zur Fuggerei
Die reiche Kaufmannsfamilie der Fugger wohnte seit dem Mittelalter in Augsburg. Jakob Fugger rief hier 1521 die Sozialsiedlung Fuggerei ins Leben. Nur arme katholische Augsburger, aber keine Bettler, durften hier einziehen. Das ist bis heute so. Die acht Gassen mit ihren drei Toren und rund 150 Anwohnern bilden praktisch eine Stadt in der Stadt, mit Kirche und Stadtmauer. Seit 2006 dürfen Touristen durch das **Ochsentor** eintreten, das von 22 bis 5 Uhr vom Nachtwächter geschlossen wird. Das **Fuggereimuseum** zeigt, wie die Bewohner hier im 18. Jh. und wie sie heute leben. *Infos: fugger.de/fuggerei*

Per Segway durchs Lechviertel
Augsburg hat mehr Brücken als Venedig. Nee, echt jetzt? Ja, 530, die italienische Konkurrenz nur etwas über 400. Im Lechviertel mit seinem verzweigten Kanalsystem kannst du mit dem Zählen beginnen. Während der **Segway-Wassertour** erzählt dein Guide bei den Stopps Storys aus den Augsburger Wasserwelten. Unterwegs bezaubern Häuserfassaden, nette Kneipen und kleine Läden – ein guter Grund, zu Fuß zurückzukommen. *Infos: Segway Tour Augsburg | Dominikanergasse 18 | seg-tour-augsburg.de*

Industrieanlage mit Charme bestaunen
Riesige Pumpen, Generatoren und Druckbehälter. Es ist schon verrückt, wie früher die Wasserversorgung der Stadt ohne Strom geklappt hat. Das **historische Wasserwerk am Stauwehr** Hochablass ist eine imposante Industrieanlage und man erfährt, wie die Trinkwasserversorgung der 320 000 Menschen im Einzugsgebiet heute funktioniert. Vom Werk führt ein kurzer Spaziergang zum wilden **Eiskanal**, einer Trainingsstrecke für Kanuten. Am unteren Teil des Kanals kann man im Sommer sogar baden. *Infos: Führung nur nach Anmeldung | Am Eiskanal 50 | sw-augsburg.de/swa-erleben/swa-erleben-fuehrungen-rund-ums-wasser*

Bier verkosten beim Kneipentrip
Die Jungs von **Tavern Tours** verbinden eine kleine **Altstadtführung** mit einem köstlichen Biertasting. Gute Stimmung ist garantiert. Dabei erzählen die Stadtkenner Spannendes aus der Augsburger Geschichte und so manche kuriose Anekdote. *Infos: taverntours.de.*

Naschen bei Johannes Becker
Der kleine **Süßwarenladen** zieht bereits seit dem Jahr 1900 Naschkatzen an. Die Inhaberin findet aus dem breiten Sortiment genau das Richtige für dich. Wie wäre es z. B. mit Veilchenbonbons aus Frankreich oder Schokolade mit getrockneten Tomaten? *Infos: Judenberg 7 | Augsburg | schoko-becker.de*

Regentag – was nun?

Die Reichen und Schönen besuchen

Wie lebten die Reichsten im ausgehenden Mittelalter? Womit machten sie ihr Geld, mit wem trieben sie Handel? Im **Fugger und Welser Erlebnismuseum** nahe dem Dom ist ihr Erfolgskurs nachvollziehbar. Hörstationen und Touchscreens machen den Rundgang spannend. Man ist praktisch unter Fuggern – und lernt sie fast persönlich kennen ...

Äußeres Pfaffengäßchen 23 | Augsburg | fugger-und-welser-museum.de

94
Nürnberg
Mittelalterflair in der beliebten kleineren Großstadt Bayerns

Immer mehr Menschen ziehen in die Frankenmetropole, wie sich Bayerns zweitgrößte Stadt stolz nennt. Und es könnte alles so schön sein: Man bummelt sorglos durch die mittelalterlichen Gassen mit all ihren Gasthäusern, Handwerksläden, Türmen und Brücken über die Pegnitz und probiert Streetfood am Wochenmarkt. Doch Nürnberg hat neben Fachwerk und Flair auch eine dunkle Geschichte. Und die gehört zu einem Stadtbesuch dazu.

Zeitreise ins Mittelalter

Der steile Aufstieg zur **Kaiserburg** vom Hauptmarkt aus ist bei der fantastischen Aussicht über Nürnberg schnell vergessen. Die Ausstellungen samt Audioguides sind gut gemacht und beim Blick in den 45 m tiefen Brunnen spürt man den Kloß im Hals. Besonders schön ist der versteckte Burggarten mit schattigen Sitzmöglichkeiten. Der **Biergarten Hexenhäusle** im Torwächterhaus serviert fränkisches Schäufele und Nürnberger Rotbier. *Infos: kaiserburg-nuernberg.de*

In die Nazi-Vergangenheit blicken

Der riesige Komplex des **Reichsparteitagsgeländes** zeugt von Größenwahn, Machtstreben und Manipulation – und stimmt nachdenklich. Als Mahnmal, wozu Menschen fähig sein können, ist der Erhalt des Baus ein wichtiger Teil der Erinnerungskultur, die beim Besuch des **Dokumentationszentrums** wachgehalten wird. Das Außengelände ist frei zugänglich, innen erklärt ein Audioguide die Hintergründe. *Infos: Bayernstr. 110 | Nürnberg | museen.nuernberg.de/dokuzentrum*

Staunen und Begreifen im Kunstbunker

Im Mittelalter wurde im Sandsteinfelsen unter der Kaiserburg ein Kellerlabyrinth geschaffen, um Bier zu kühlen. Im Zweiten Weltkrieg diente es als Luftschutzbunker – und heute als Kunstbunker, wo Schätze der Stadt eingelagert wurden, um sie bei einem neuen Krieg zu retten. Ein Film zeigt Nürnberg vor und nach dem Krieg. Ein Irrsinn. 25 Jahre hat es gedauert, die Stadt wieder aufzubauen.

Bergstr. 19 | Nürnberg | felsengaenge-nuernberg.de

KOLOSS AM DUTZENDTEICH
Die Kongresshalle auf dem Reichsparteitagsgelände ist das größte noch bestehende Relikt nationalsozialistischer Herrschaftsarchitektur

Chillen am Stadtstrand
Eine von sieben Brücken der Stadt ist die **Museumsbrücke.** Von hier geht es hinüber zur **Insel Schütt** mitten in der Pegnitz, auf der der Stadtstrand liegt. Willkommen in der Karibik! Unter hohen Palmen entspannst du im Sand oder Liegestuhl, schlürfst einen Sommercocktail, die Füße im Wasser, Live-Reggae im Ohr. Mit Kinderbadebecken und sauberen Toiletten. *Infos: sommer-in-der-city.com*

Der Szene auf der Spur
Das Nürnberger **Szeneviertel GoHo** alias Gostenhof, hört sich nicht nur an wie Soho, der Stadtteil im Londoner West End. Ebenso anders, stylish und vielseitig präsentiert sich das fränkische Szeneviertel südwestlich der Altstadt. Vom poppigen Designershop bummelst du zum crazy Vintageladen und stärkst dich in der Kaffeerösterei Machhörndl. Im Lotos, Nürnbergs ältestem Naturkostladen, gibt es neben viel Unverpacktem auch vegetarisch-liebevoll Gekochtes zum Vor-Ort-Verzehr. Everything is possible. *Infos: in-goho.de*

Stöbern und sich treiben lassen
Die kleinen Läden im **Handwerkerhof** direkt am Hauptbahnhof zeigen – vom Glasbläser über den Puppenmacher und Blechspielzeugladen bis zum Goldschmied –, wie Handwerk funktioniert und warum Qualität ihren Preis hat. Wer vom Stöbern hungrig wird, probiert in einem der fränkischen Restaurants die Speisekarte durch. Das Logo „Original Regional" kennzeichnet heimische Produkte und stärkt dadurch die regionale Landwirtschaft. *Infos: Königstr. 82 | Nürnberg | handwerkerhof.de*

95
Regensburg
Königin an der Donau

Keine geringeren als Venedig und Paris waren einst enge Handelspartner der „Königin" an der Donau. Sicher haben die Händler schon im späten Mittelalter den Regensburger Dom bestaunt, der so hoch ist, wie 1050 aneinandergereihte Regensburger Knacker, die zehn cm langen Bratwürste – eine Spezialität der Stadt. Der mittelalterliche Stadtkern ist UNESCO-Welterbe, die engen Gassen, Flusspromenaden, die besiedelten Donauinseln oberer und unterer Whörd sowie das Viertel Stadt am Hof sind einfach nur hinreißend. Und wieso heißt es Regensburg? Weil der Regen hier in die Donau mündet!

NICHT VERPASSEN

An der Brücke Bratwürstl essen
Die älteste Bratwurststube der Welt steht gleich an der **Steinernen Brücke**. Das hat seinen Grund: Als die Bauarbeiter die gigantische Brücke im 12. Jh. schufen, gönnten sie sich zur Stärkung ein Würstl vom Holzkohlegrill einer Garküche, aus der später die **Historische Wurstkuchl** wurde. Die Brücke – die älteste Deutschlands – überwand 800 Jahre lang als einzige beide Donauarme. **Infos:** *Thundorfer Str. 3 | Regensburg | wurstkuchl.de*

Im Reichstagsmuseum frösteln
Wo heute der Bürgermeister sitzt und Paare sich das Ja-Wort geben, fanden zur Zeit des Heiligen Römischen Reiches Deutscher Nation Reichsversammlungen statt. Und nicht nur das. Auf dem „spanischen Esel" oder der „schlimmen Liesl" wurden in Deutschlands einziger original erhaltener „Fragstatt" im Keller des **Alten Rathauses** Menschen so lange gefoltert, bis sie gestanden. Bei Führungen lassen Schauspieler das Grauen wieder lebendig werden. **Infos:** *Rathausplatz 4 | Regensburg | regensburg.de/museen/die-museen/documente/document-reichstag*

Neandertaler und Kelten besuchen
In und um Kehlheim lebten vor etwa 2000 Jahren Kelten. Auf einer 39 km langen geführten Route durch den **Archäologie-Park Altmühltal,** die du am besten entlangradelst, siehst du, wie sie wohnten, schliefen, kochten. Wer nicht genug

---

Regentag – was nun? 🌧️

Über Mammuts staunen

Eine weltweit einzigartige Projektion auf die Tropfstein-Höhlenwände katapultiert dich mitten in die Zeit der Mammuts und Neandertaler. Im Jurameer schwimmen Dinos vorbei und schließlich flutet die Ur-Donau die Höhle Schulerloch. Und ganz nebenbei beeindrucken die Tropfsteine.

Am Schulerloch 1a | Essing | schulerloch.de

von der Vergangenheit bekommen kann: Im **Archäologischen Museum Kelheim** geht die Zeitreise weiter mit Funden von Neandertalern und Co. ***Infos:*** *naturpark-altmuehltal.de/sehenswertes/archaeologiepark_altmuehltal-2251; Museum: Lederergasse 11 | Kehlheim | archaeologisches-museum-kelheim.de*

In die Ruhmeshalle schauen

Die **Walhalla,** benannt nach einer Prachthalle der nordischen Mythologie, ist ein Ruhmestempel, eingeweiht 1842 zu Ehren namhafter Deutscher seit der Germanenzeit. Vorbild war kein geringerer als der Parthenontempel der Göttin Athena auf der Akropolis. Über 130 Büsten und mehr als 60 Gedenktafeln erinnern an Personen und Taten, darunter 13 Frauen. Jeder kann einen Vorschlag für eine Ehrung in der Walhalla machen, die Person muss nur schon 20 Jahre tot und „teutscher Zunge" sein. Ob's klappt, entscheidet der Bayerische Ministerrat. ***Infos:*** *Walhallastr. 48 | Donaustauf | www.walhalla-regensburg.de*

Im Auer Bräu ratschen

Im Biergarten sitzt man herrlich unter großen Bäumen bei bayerischen Schmankerln und kühlem Kneitinger Bier. Auch für Vegetarier ist gesorgt. Die Schwammerl mit Semmelknödel sind besonders zu empfehlen. Auch die historische Gaststube mit dem Kachelofen ist ein Juwel der bayerischen Wirtshauskultur. ***Infos:*** *Schwandorfer Str. 41 | Regensburg | auerbraeu-regensburg.de*

MONUMENTAL
Das Nationaldenkmal Walhalla erhebt sich bei Regensburg über der Donau

96
München
Geliebte Landeshauptstadt

„Das ist Bayern" – durchfährt es wohl jeden, wenn er am Marienplatz mitten in München steht. Hier wehen die blau-weißen Fahnen am traditionsreichen Brauhaus Donisl, das ein guter Ort ist, um „zu sehen und gesehen zu werden". Die Fans des FC Bayern zeigen deutlich, dass es für sie keinen besseren Verein auf der Welt gibt. Beim richtigen Timing bekommt man um 11, 12 und 17 Uhr sogar das Glockenspiel am Rathaus mit, ein Moment, bei dem alle Passanten verweilen und lauschen. Gleich um die Ecke erheben sich dann die Zwiebeltürme der Frauenkirche, Münchens Wahrzeichen, die sich mit ihren knapp 99 m hohen Turmhauben bestens als Orientierungshilfe eignen.

Einen Nachmittag im Englischen Garten genießen

Mittendrin statt nur dabei! Bei schönem Wetter mischt man sich am besten unter die Münchner und hängt ein bisschen im großen Englischen Garten ab, den Kurfürst Karl Theodor um 1789 eigentlich zur Erholung für Soldaten geplant hatte, schließlich aber auch dem Volk gönnte. Die Wiesen um den Schwabinger Bach sind zum Planschen besonders beliebt. Und im **Biergarten am Chinesischen Turm** gibt's danach ein Frischgezapftes zur Brotzeit mit Obatzda.

Über die Surfer auf der Eisbachwelle staunen

Surfen im Englischen Garten? Geht nicht. Doch! Und zwar auf dem Eisbach. Eine große Steinstufe lässt die rauschende Welle entstehen, auf der die Wellenreiter Tag und Nacht aktiv sind. Noch mehr staunen? Nebenan zeigt das **Haus der Kunst** Gegenwartskunst auf Weltniveau. *Infos: Prinzregentenstr./Eisbachbrücke | München | eisbachwelle.de | hausderkunst.de*

Mit dem Radel durch die City

Per Rad auf Entdeckungstour durch München, das ist bequem, zeitsparend

Alles Technik, oder?

Das **Deutsche Museum** ist das größte **Technikmuseum** der Welt und das Mitmachmuseum schlechthin. Wobei sich die interaktiven Angebote nicht nur an Kinder richten. Von Astronomie über Bergbau, Energie, Informatik bis hin zu Verkehr und Umwelt wird echt viel geboten.

Museumsinsel 1 | München | deutsches-museum.de

APPLAUS
Dicht gedrängt steht man an der Eisbachwelle, um die Kunststücke der Isarsurfer zu bejubeln.

und du bekommst einen anderen Blickwinkel auf die Highlights. Das Team von **Munich Walk Tours** führt dich in dreieinhalb Stunden zu den wichtigsten Sehenswürdigkeiten Münchens, Biergartenbesuch inklusive. Ein Leihrad wird zur Verfügung gestellt, Voranmeldung ist erwünscht. *Infos: Marienplatz 8 | München | munichwalktours.de*

Schauen, wie der Adel im Schloss Nymphenburg lebte

Die ehemalige Sommerresidenz der Wittelsbacher aus dem frühen 18. Jh. zeigt eindrücklich die Pracht und den Prunk vergangener Zeiten. Das Schlossgebäude samt Flügel zieht sich über 630 m hin. Der gepflegte **Schlosspark** ist mit seinen 180 ha größer als Lichtenstein. Stundenlang kann man durch den Park bummeln, in den königlichen Räumen wandeln oder eines der vier ansässigen **Museen** besuchen. *Infos: Schloss Nymphenburg 1 | München | schloss-nymphenburg.de*

Kuchen hoch oben

In einem Turm des Isartors auf 14 m Höhe befindet sich das **Café Turmstüberl**. Die Wände sind voll mit alten Bildern und Kuriositäten, die Kuchen vom Feinsten. „Mei is des griabig hia!" Beim Aufstieg passiert man das **Valentin Karlstadt Musäum** – eine Sammlung über das Leben des Schauspielers. *Infos: Tal 50 | München | turmstüberl.de | valentin-karlstadt-musaeum.de*

SPIEGELGLATT
Da auf dem nahe gelegenen Obersee keine Boote verkehren und er sehr geschützt liegt, ist seine Wasseroberfläche meist vollkommen ruhig

97
Königssee
Zu schön, um nicht da zu sein

Blaugrün schimmert der Gebirgssee, umrahmt von steil aufragenden Felswänden, grünen Almwiesen, imposanten Bergspitzen. Der größte Teil des Königssees liegt im Nationalpark Berchtesgadener Land. An seiner tiefsten Stelle misst er beeindruckende 190 m. Das kleine Städtchen Schönau am nördlichen Ufer ist der Ausgangspunkt für Ausflüge um und auf dem See. Der ca. 50 km lange Seerundweg ist wunderschön, aber anspruchsvoll. Man kann auch bequem und entspannt über den See schippern.

Zur Fischunkelalm wandern

Per Schiff geht es zunächst bis zum Ende des Königssees nach **Salet** und anschließend 20 Minuten zu Fuß zum **Obersee,** der von den Felswänden des Watzmannmassivs eingerahmt wird. Eine Moräne, der Geröllwall eines Gletschers, trennt ihn vom Königssee. Klar, grün und ruhig liegt der Obersee vor dir und lässt den Alltag vergessen, so schön ist der Anblick. Am Westufer führt ein 1,7 km langer Wanderweg zur Fischunkelalm, teils über steile Felsstufen mit Halteseilen, die vor allem bei Regen nützlich sind. Danach kommt die Brotzeit auf der Alm als Stärkung gerade recht. 2,2 km weiter erreichst du Deutschlands höchsten Wasserfall, den 470 m hohen Röthbachfall. Ein wunderbares Tourziel! **Infos:** seen schifffahrt.de/de/koenigssee

Sich frei wie ein Vogel fühlen beim Paragliden

Den Königssee aus der Adlerperspektive erleben – oh ja, das hat was. Im Tandemflug schwebst du über den Nationalpark Berchtesgaden, der Blick richtet sich gebannt auf die Berge und das Wasser. Und bei dem lustigen und professionellen Team von **FlyTandem** fühlst du dich rundum in guten Händen. **Infos:** Jennerbahnstr. 18 | Schönau | flytandem.at

Im Gänsemarsch die Wimbachklamm entdecken

Nicht weit von Ramsau liegt das Naturspektakel des Nationalparks Berchtesgaden. Seit Millionen von Jahren schneidet sich der Wimbach hier durch die verschiedenfarbigen Gesteinsschichten. Auf atemberaubenden 200 m wanderst du durch die enge Klamm über abenteuerliche Holzstege und Brücken, bis sich das gewaltige Tal zwischen Watzmann und Hochkalter öffnet. **Infos:** berchtesgaden.de/wimbachklamm

Nervenkitzel im Rennbobtaxti

Crazy, was so möglich ist. Ein Rennbobfahrer nimmt dich auf der **Weltcupstrecke** der Kunsteisbahn bei Berchtesgaden mit auf die wilde Fahrt im Bob, der mit bis zu 120 km/h durch die Kurven rast. Unten angekommen, sorgt die Dosis Adrenalin, getankt in nur 60 Sekunden Fahrspaß, noch mehrere Tage für gute Laune. **Infos:** Riesenbichl 1 | Ramsau | rennbob-taxi.com

Gesalzene Erinnerung

Ein echt salziges Erlebnis ist der Besuch im Souvenirshop **Salz und Körper,** den du gleich mit einem Bummel durch die hübsche Salzstadt **Bad Reichenhall** verbinden kannst. Neben besonderen Salzen für die Küche gibt es viele Naturprodukte im Beautybereich. Ergänzt wird das Sortiment um typisch regionale Mitbringsel. **Infos:** Salzburger Str. 2 | Bad Reichenhall | fb.com/SalzundKoerper

---

Regentag – was nun?

Ab in die Tiefe!

Im **Salzbergwerk Berchtesgaden** zuckelst du zunächst mit der Grubenbahn 650 m tief in den Berg hinein. Über Rutschen geht es weiter hinab und dann mit dem Floß über den unterirdischen Spiegelsee. Die kurzweilige Führung über die Arbeit unter Tage dauert ca. 60 Minuten. Warme Kleidung und festes Schuhwerk sind angesagt. Einen Overall stellt das Werk bereit.

Bergwerkstr. 83 | Berchtesgaden | salzbergwerk.de

98
Salzburg
Mehr als Mozart und Mirabellgärten

Mozartstadt, Festspielstadt, Salzstadt – das sind einige der Zweitnamen, mit denen sich Salzburg schmückt. Mal kommen Kultur und Geschichte pompös und protzig daher, mal urig und verspielt, mal sind sie einfach nur schön anzusehen. Die Natur ist nah und das Salzburger Umland bekannt für seine ökologische Landwirtschaft. Nachhaltigkeit und Kultur – diese gesunde Mischung aus imposanter Vergangenheit und modernem Lifestyle macht den besonderen Reiz eines Salzburgbesuchs aus.

WEITHIN SICHTBAR
Die Festung Hohensalzburg ist ein echter Blickfang hoch über den barocken Türmen der Stadt

Durch historische Gassen streifen
Die berühmteste Straße Salzburgs ist die **Getreidegasse** – die kunstvollen Zunftzeichen an den alten Häusern sind noch gut erhalten. Es gibt wohl kaum eine Geschäftsstraße, in der die Namensbanner moderner Handelsketten so gekonnt in antikem Gewand für sich werben.

Mit Mozart auf Tour gehen
Mozart lebte und arbeitete viele Jahre in der Stadt, in der er im Januar 1756 zur Welt kam. Ob als Statue auf dem Mozartplatz, mit seiner Musik auf zahlreichen Festspielen oder als Namensgeber der süßen Kugeln in den Confiserien: Das musikalische Genie ist allgegenwärtig. Mehr erfährst du in den **Mozartmuseen** im Geburts- und im Wohnhaus. *Infos:* Getreidegasse 9 und Makartplatz 8 | Salzburg | mozarteum.at

Das Mittelalter erleben
Seit dem 11. Jh. thront die **Festung Hohensalzburg** über der Stadt auf dem Stadtberg und ist nicht wegzudenken aus der Skyline Salzburgs. Hinter den massiven Steinmauern verbergen sich wahrhaft prunkvolle Innenräume mit echtem Wow-Effekt. Doch ganz besonders beliebt ist der 360-Grad-Blick vom Turm aus. Hoch zur Burg geht's mit der der Festungsbahn. *Infos:* Mönchsberg 34 | Salzburg | salzburg-burgen.atg

Im Sommer ins Eis steigen
Eine Welt aus Eis im Berg mitten im Sommer, wenn drumherum alles grünt und die Sonne scheint: verrückt. Irre auch, dass sich der Eiszauber der **Eis-RiesenWelt** jedes Jahr im Frühling erst neu bildet. Es ist die größte Höhle ihrer Art und auch wenn von den insgesamt 40 km Höhle nur etwa ein km begehbar ist – es ist echt aufregend, nur mit einer Hand-Karbidlampe ausgerüstet, die faszinierende Eislandschaft zu erkunden. Und zu erfahren, wieso, weshalb und warum es diese Höhle eigentlich gibt. *Infos:* Eishöhlenstr. 30 | Werfen | eisriesenwelt.at

Schleifen und schmieden
Bei **RK Messermacher Kappeller** in der Salzburger Innenstadt gibt es nicht nur unfassbar schöne Messer; der Meister selbst lehrt Interessierte auch, wie man so ein Unikat selber schmiedet oder wie ein Profi die Messer schärft. *Infos:* Getreidegasse 25 | Salzburg | messermacher.at

Imlauer Skybar & Restaurant
Aus Zutaten der Region werden nationale und internationale Gerichte gezaubert. Bei gutem Wetter sitzt man am besten draußen unter einem der schattenspendenden Sonnenschirme und genießt den Blick von oben auf die Stadt. *Infos:* Rainerstraße 6 | Salzburg | imlauer.com/imlauer-sky-bar-restaurant

Regentag – was nun?

Natur und Wissenschaft hautnah

In der Ausstellung im **Haus der Natur** lernst du Mammuts und Dinosaurier kennen, aber auch in Aquarium und Reptilienzoo gibt es viel zu entdecken. Richtig spannend wird's im Science Center, in dem viele interaktive Experimente nicht nur Kinder begeistern. Toll ist es z. B., Mozart nicht nur zu hören, sondern auch zu spüren.

Museumsplatz 5 | Salzburg | hausdernatur.at

99
Passau
Hippe Studentenstadt an drei Flüssen

Das Leben in Passau ist vom Wasser geprägt. Die Altstadt mit ihren verwinkelten Gassen scheint auf einer Insel zu liegen. In Wirklichkeit ist sie umrahmt von Inn, Donau und Ilz, die sich gemächlich ihren Weg bahnen und hier das Dreiflüsse-Eck bilden. So viel Wasser ist wunderbar, auch für die 12 000 Studenten der Stadt, die nach den Vorlesungen die Innpromenade bevölkern. Doch Wasser birgt auch Gefahr. Am Rathaus sind die Pegel des Hochwassers markiert. Erst 2013 stand ein Großteil der Stadt unter Wasser – die bisher zweitschlimmste Flutkatastrophe in ihrer Geschichte.

In der Höllgasse Kunst von Nahem betrachten
In der engen mittelalterlichen Gasse stehen alle Häuser unter Denkmalschutz. „Höll" hat hier nichts mit Satans Reich zu tun, sondern ist Althochdeutsch und bedeutet enger Raum oder lauter Schall. Probier's aus! In der Höll samt Seitengassen haben viele Künstler ihre Ateliers. Sie sind es auch, die das Kopfsteinpflaster regelmäßig bunt bemalen. Schau in **Die offene Werkstatt** *(Pfaffengasse 2)* oder gönn dir was Süßes im **Hansel und Gretel** *(Pfaffengasse 3)*. Zur **Kunstnacht** im Juli wird die Höllgasse zur Open-Air-Bühne für Kunst. *Infos:* kunstnachtpassau.de

Ins Dreiflüsse-Eck schippern
Donau, Inn und Ilz – gleich drei Flüsse fließen an der östlichen Spitze der Altstadt zusammen. Vom Wasser aus ist es beeindruckend, wie die unterschiedlich gefärbten Flüsse ineinanderfließen, der Inn hell, die Ilz ganz dunkel und die Donau irgendwas dazwischen. 45 Minuten dauert die **Dreiflüsse-Stadtrundfahrt** mit Infos und Anekdoten zu Passau. *Infos:* donauschiffahrt.de

Den Kopf frei wandern
Mal wieder richtig abschalten bei tollen Ausblicken und naturbelassenen Uferhängen? Der **Donau-Panoramaweg** zwischen Neustadt und Passau immer entlang der

---

Regentag – was nun?

Vorsicht, zerbrechlich!

Wofür Glas alles genutzt und wie kunstvoll es geformt werden kann, wird im **Glasmuseum** offenbar. Die Bedeutung des flexiblen Materials in verschiedenen historischen Epochen und Regionen ist in der Ausstellung wunderschön inszeniert. Dagegen sind wir heute glastechnisch eher langweilig unterwegs.

Schrottgasse 2 | Passau | glasmuseum.de

Donau ist die beste Therapie. Der schöne Abschnitt bei Passau bietet viel Natur und das ganz nah der Stadt. Mit etwas Glück kannst du am Donauufer Wasserschildkröten entdecken. Vom Dreiflüsse-Eck geht's über die Prinzregent-Luitpold-Brücke und dann über den Ludwigsteig durch den Wald zur Veste Oberhaus. *Infos: donau-panoramaweg.de*

Ultimativer Stadtblick

Dieses Panorama von der **Veste Oberhaus** solltet ihr euch nicht entgehen lassen: die Flüsse in ihren drei Farben, die engen Gassen, die hohen Türme und die schicken Altbauten. Dazu gönnt ihr euch ein Bier und bei Interesse einen Abstecher ins **Museum** in der Burg, das über die Geschichte der Burg und das Leben der Rittersleut aufklärt. Vom Besucherparkplatz fährt ein Aufzug zur Veste hoch. *Infos: Oberhaus 125 | Passau | oberhausmuseum.de*

Die Welt der süßen Sünden

In der **Lebkuchenwerkstatt Greindl** gibt es außer Herzen mit schnulzigen Sprüchen auch Lebkuchen in Form von Lederhosen oder Dirndl. In einem Workshop kannst du sogar dein persönliches Lebkuchenherz kreieren. Neben Cupcakes und handgefertigten Pralinen sind die pastellfarbenen Macarons unwiderstehlich. **Greindl-Cafés** gibt es mehrere in der Stadt *Infos: Steinweg 2 | Passau | greindl-passau.de*

IN ALLE RICHTUNGEN
Die Drei-Flüsse-Stadt ist aufgrund ihrer Lage Knotenpunkt für Fernradwege

100
Wien
Kaiserliches Erbe und moderner Lifestyle

Alte Stadthäuser und moderne Architektur, gediegene Kaffeehauskultur und vegane Trendrestaurants, Klassik und Techno, urbanes Leben, Picknick im Park und Strandbars an der Donau – darüber legt sich als Sahnehäubchen die Wiener Gemütlichkeit. Erst einmal in Ruhe einen Kaffee trinken und lesen, gucken, reden. Eine gute Idee, oder? Sightseeing-Stress war gestern.

JUHU! Spaß haben und genießen – so lautet das Praterprinzip

Ins Machtzentrum vordringen
Die **Hofburg,** der einstige Regierungssitz der Habsburger (13. Jh. bis 1918), ist einer der größten Kaiserpaläste der Welt. Und nicht nur der Prunksaal der Nationalbibliothek ist unfassbar herrschaftlich. Gern besucht wird auch die Spanische Hofreitschule, die seit eh und je klassische Reitkunst auf Lipizzanern lehrt. *Infos: hofburg-wien.at*

Vom Ruhmestempel zum Speisesaal flanieren
Ein unbedingtes Muss für k.u.k.-Fans ist **Schloss Schönbrunn,** die ehemalige Sommerresidenz der Habsburger. Nach dem Besuch der prachtvollen Innenräume solltest du dir auch Zeit für den in barockem Stil angelegten Schlosspark mit Palmenhaus nehmen. Einen super Blick auf Wien gibt's von der Aussichtsplattform der Gloriette. *Infos: schoenbrunn.at*

Den Steffl besuchen
Der von den Wienern liebevoll Steffl genannte **Stephansdom** gilt als das Wahrzeichen der Hauptstadt. Er hat eine lange Geschichte zu erzählen, von der sowohl die Fassade als auch Gegenstände und Gräber im Inneren Zeugnis ablegen. Aufbau, Brände, wechselnde Herrscher: Viel ist passiert an diesem Ort. Kein Wunder, entstand doch bereits im 12. Jh. eine erste Kirche an dieser Stelle. Heute ist der Steffl wegen seiner großen Glocken weltbekannt. *Infos: stephanskirche.at*

Bunte Architektur bestaunen
Friedensreich Hundertwasser, dem Künstler mit der Mission „Kampf dem Grau", hat Wien das **Hundertwasserhaus** in der Kegelgasse 36–38 zu verdanken. Seit 1985 leben hier Menschen umgeben von viel Grün. Gegenüber liegt das **Hundertwasser Village,** ein Bazar mit Shops und Bar. Und nahebei im frisch renovierten **Kunsthaus Wien** gibt es eine Dauerausstellung von Hundertwasser-Werken. *Infos: hundertwasser-haus.info | hundertwasser-village.com; Kunsthaus: Untere Weißgerberstr. 13 | Wien | kunsthauswien.com*

Graffiti, Sand und Pool
Am **Donaukanal** zeigt sich das junge Wien mit Graffiti und Strandbars. Die **Open-Air-Ausstellung** ohne Kurator lohnt z. B. ab der Strandbar Herrmann, vorbei am Badeschiff und über die Marienbrücke bis zur Strandbar Neni am Wasser. Tipp: Mach in einer der Bars Pause und entspanne mit den Füßen im Sand. *Infos: strandbarherrmann.at; badeschiff.at; neni.at/restaurants/am-wasser*

Im Figlmüller Schnitzel verputzen
Bereits 1905 eröffnete Urgroßvater Figlmüller sein Wirtshaus in der Wollzeile. Bis heute gilt das Figlmüller als das Schnitzelparadies. Es gibt aber auch andere heimische Köstlichkeiten wie Spinatknödel oder Kaiserschmarrn; dazu Wein und frisch gezapftes Bier. *Infos: Wollzeile 5 und Bäckerstraße 6 | Wien | figlmueller.at*

Regentag – was nun?
Virtuell unterwegs durchs alte Wien
Schon mal eine Virtual-Reality-Brille ausprobiert oder im 5D-Kino einen Film nicht nur gesehen, sondern auch gefühlt? Wie wäre es mit einer Reise in die Vergangenheit bei Time Travel und Sisi's Amazing Journey mit neusten technischen Möglichkeiten?

Habsburgergasse 10a | Wien | timetravel-vienna.at

REGISTER

Ahrenshoop 60
Ammersee 7, 212
Amrum 7, 32
Amsterdam 11, 84
Augsburg 214

Bad Wildbad 188
Bamberg 158
Basel 11, 180
Bergen 80
Berlin 134
Bern 182
Bodetal 130
Bregenz 198
Bregenzerwald 198
Bremen 11, 40
Breslau 140
Brocken 13, 128
Brügge 90
Brüssel 92
Burg Eltz 114

Calw 188
Carolinensiel 26
Coburg 154
Cochem 114
Colmar 178
Cuxhaven 38

Den Haag 86
Domburg 7, 88
Dresden 148
Düsseldorf 11, 98

Eisenach 13, 144
Emden 24
Engadin 202
Essen 96

Fehmarn 50
Feldberger Seen 70
Feldbergregion 9, 186
Fichtelgebirge 9, 160
Flensburg 36
Frankenwald 152
Frankfurt 112
Freiburg 184
Füssen 208

Goslar 13, 128
Groningen 20

Hamburg 44
Hannover 124
Heidelberg 174

Immenstadt 12, 204
Innsbruck 210

Juist 22

Kaiserslautern 172
Karlsbad 162
Kassel 126
Kiel 42
Koblenz 110
Köln 100
Königssee 8, 222
Konstanz 196
Kopenhagen 52

Lechtal 206
Leer 24
Leeuwarden 18
Leipzig 10, 142
Lübbenau 136
Lübeck 48
Lüneburg 46
Lüneburger Heide 46
Luxemburg 118

Marburg 104
Monschau 106
Montafon 200
München 220
Münster 94
Münsterland 94
Müritz 13, 68

Nationalpark Eifel 106
Nationalpark Vadehavet 28
Nationalpark Wollin 72
Neustrelitz 70
Norddeich 7, 22
Norderney 7, 22
Nürnberg 216

Oberstdorf 12, 204

Passau 226
Pfälzerwald 172
Pilsen 164
Posen 138
Potsdam 132
Prag 166

Quedlinburg 130

Regensburg 218
Reichenau 196
Ribe 28
Rostock 58
Rügen 64

Sächsische Schweiz 150
Salzburg 224
Sauerland 9, 102
Schwäbische Alb 194
Schwerin 56
Sigmaringen 194
Spreewald 6, 136
Stettin 74
St. Peter-Ording 9, 34
Stralsund 62
Straßburg 176
Stuttgart 190
Sylt 30

Travemünde 48
Trier 116
Tübingen 192

Usedom 66

Vulkaneifel 13, 108

Wangerooge 26
Waren 13, 68
Weimar 146
Wien 228
Winterberg 9, 102
Wismar 54
Würzburg 156

Zwolle 82

IMPRESSUM

Titelbild: Tretboot Hafen Konstanz (laif: D. Schwelle)

Fotos:
AdobeStock: A. Ilmberger (111), A. Protasov (11), Adrian72 (12), Andre (126), Animaflora PicsStock (35), Composer (6), creativenature.nl (88), D. Feldmann (119), D. Schartner (58), Dawid (74), E. Pokrovsky (181), ecstk22 (116), EKH-Pictures (165), F. Westermann (212), FLei-Photo.de (65), frankaterhardt (99), HeinzWaldukat (69), I. Bartussek (154), jovannig (142), K. Koehler (199), lassedesignen (26), lebaer (195), Leinemeister (125), LianeM (137), M. Lutz (8), M. Mareen (72), M. Otto (222), M. Schönfeld (190), Marcus (161), matho (112), Olena Zn (84), Orca Endaevours (108), P. Pajor (156), penofoto.de (42), powell83 (2l., 33, 44), pusteflower9024 (14+15), R. Ködder (67), Ralf (144), S. Dannhauer (189), S. Ettmer (105), S. Peters (102), VanderWolf Images (138), venemama (83), Елизавета Завьялова (166); DuMont Bildarchiv: T. Rötting/S. Pollex (70); huber-images: K. Kreder (49), L. Da Ros (2r., 134); Laif: D. Schwelle (95, laif: D. Schwelle (196)), M. Kaupat (31); mauritius images: Alamy Stock Photos / Alexandre Rotenberg (221), Alamy Stock Photos / Pavel Dudek (217), B. Kickner (158), Prisma / Himsl Leo (226), R. Sysa Moiola (202), Stephan Schulz (131); mauritius images/imagebroker: M. Siepmann (152); mauritius images/Westend61: G. Wojciech (3l., 106), K. Thomas (228); R. Johnen (80); shutterstock: Adisa (90), Arcady (3r.), B. Marty (183), canadastock (120+121, 209), E. Martin (204), ecstk22 (224), FooTToo (214), franticoo (100), G. Rhode (47), INTREEGUE Photography (20), J. C. Munoz (13), J. Steber (172), J. van der Wolf (19), J. Wackenhut (9), JC_Silver (28), Joppi (76+77), Kadagan (210), Leonid Andronov (175), M. Mareen (4/5), Majonit (25), Marcus_Hofmann (128), mitch-FOTO (61), O. Senkov (10, 148), ON-Photography Germany (96, 192), panoglobe (38), Perekotypole (132), ricok (62), RossHelen (41, 176), RudiErnst (146), S. Bernsmann (23), S. Carnevalino (140), S. Milivojevic (219), SCStock (115), Sina Ettmer Photography (36), skyfish (92), StayArt media (7), theplaceweare (200), tichr (184), Toazty (168+169), Traveller70 (178), U. Riba (150), Umomos (186), W. Spremberg (207), Z. Jacobs (86), Zdenek Matyas Photography (163)

1. Auflage 2024
© MAIRDUMONT GmbH & Co. KG, Ostfildern
ISBN 978-3-575-01894-6

Printed in Slovenia

Autor:innen:
Der Inhalt dieses Buches basiert auf bereits veröffentlichten Beiträgen der Reiseführerreihe und der Camper Guides von MARCO POLO sowie von Baedeker Reiseführern und Dumont Auf alles vorbereitet – Lifehacks für unterwegs.

Lektorat: derschönstesatz
Kartografie: ©KOMPASS-Karten GmbH unter Verwendung von © OpenStreetMap Contributers (www.openstreetmap.org)
Repro: typopoint GbR, Ostfildern
Gestaltung Umschlag & Layout: Sofarobotnik, Augsburg & München

Lob oder Kritik? Wir freuen uns auf deine Nachricht!
Trotz gründlicher Recherche schleichen sich manchmal Fehler ein. Wir hoffen, du hast Verständnis, dass der Verlag dafür keine Haftung übernehmen kann. Wir freuen uns aber, wenn du uns schreibst: MARCO POLO Redaktion • MAIRDUMONT • Postfach 31 51 • 73751 Ostfildern • info@marcopolo.de

Lifehacks für den Kurzurlaub

Gut gestopft
Mehr Platz beim Kofferpacken kannst du herausholen, indem du den Hohlraum in Schuhen nutzt: das ist ein praktischer Stauraum für Socken und technische Kleingeräte.

Kunst für lau
Einige Sehenswürdigkeiten und Museen bieten einmal wöchentlich freien Eintritt. Deshalb lohnt es sich, bereits vor der Reise die Websites deiner Favoriten zu besuchen und nach Gratistagen oder Nachlässen zu schauen.

Klo-Radar
Der „Toilett Finder" spürt ein stilles Örtchen im Umkreis auf. Rund 150 000 WCs sind erfasst. Für IOS und Android kostenlos!

Durchschaut!
Die Bahn verteilt Sitzplatzreservierungen ausgehend vom Speisewagen in beide Richtungen. Heißt: In den Wagen, die sich am weitesten vom Bordrestaurant entfernt befinden, ist die Chance auf einen nicht reservierten Platz am höchsten.

Auslaufschutz
Damit Haarshampoo, Duschgel & Co. nicht auslaufen, schraube den Deckel ab, lege ein Stück Klarsichtfolie auf und schraube den Deckel wieder zusammen. Die Gefäße sollten möglichst auch nicht ganz gefüllt sein.